孙玉华·主　编　　任雪梅/徐海燕·副主编

“一带一路”背景下的欧亚人文交流研究

时事出版社
北京

目录 CONTENTS

001 中国—亚美尼亚关系的历史、现状及前景展望 | 孙玉华 任雪梅

014 “一带一路”人文合作组织要素“俄语”的区域一体化整合功能 | 孙玉华

028 浅析民族主义与亚美尼亚的政治发展 | 张弘

039 民族主义治理与亚美尼亚的政党政治 | 徐海燕 冯永平

046 亚美尼亚经济在“一带一路”与欧亚经济联盟对接中的发展机遇与一体化选择 | 徐坡岭 那振芳

067 亚美尼亚经济发展的思路、模式与成果 | 易礼群

093 中国与亚美尼亚的教育合作 | 任雪梅

102 亚美尼亚：历史与现实的困境中艰难求生 | 徐海燕

112 与时俱进 修宪为民——《亚美尼亚共和国宪法修正案》解读 | 冯永平

125 亚美尼亚文学在中国的译介情况 | 杨曦

135 亚美尼亚社会保障法律文本分析 | 魏新

147　亚美尼亚媒体发展现状 | 刘永烨

162　亚美尼亚移民概况 | 王琛琛

172　亚美尼亚的人口发展趋势及其影响 | 王鸣野

187　哈萨克斯坦教育改革与创新研究 | 李发元　何纪君

203　区域学人才培养视角下的课程体系改革——以大连外国语大学俄语专业为例 | 安利红

210　“一带一路”背景下俄罗斯民众眼中的中国形象 | 董玲

223　杜金“新欧亚主义”及其发展评析 | 荆宗杰

230　“一带一路”建设背景下中国国家形象塑造话语建构 | 王楠楠

中国—亚美尼亚关系的历史、现状及前景展望*

孙玉华　任雪梅

以“和平、合作、互利、共赢”为核心的“一带一路”倡议，是充分依靠中国与相关国家既有的双多边机制和行之有效的区域合作平台，积极发展各国之间的经济合作伙伴关系，“共同打造政治互信、经济融合、文化包容的利益共同体、命运共同体和责任共同体”（张小平，2015）。

随着“一带一路”倡议的不断深入，国家越来越意识到对沿线相关国家认知的匮乏及其与中国关系历史梳理的不足将直接影响“一带一路”建设的实施和推进。因此，我国近年来愈发重视区域国别研究，特别是“一带一路”沿线国家、周边地区国家和发展中国家的区域国别研究。亚美尼亚位于古老的丝绸之路沿线，地处欧亚交界的高加索地区，独特的地理位置决定了其在“一带一路”建设中的重要性，其与中国自古以来的友好历史和渊源也为“一带一路”倡议的实施提供了有利的先决条件和基础。中国是最先承认亚美尼亚独立的国家之一，两国建交25年来，政治互信不断加深，经贸、教育、文化等方面的交流与合作不断扩大，2015年两国签署了《中华人民共和国与亚美尼亚共和国关于进一步发展和深化友好合作关系的联合声明》，2009年起中国成为亚美尼亚第二大贸易伙伴，2017年中亚双边贸易额达到4.36亿美元，同比增长12.4%。但有

---

* 作者简介：孙玉华，女，大连外国语大学俄语学院教授，博士生导师，研究方向为俄语教学法、政治语言学、区域学；任雪梅，女，大连外国语大学俄语学院教授，硕士生导师，研究方向为俄语语言学、区域学、翻译。

基金项目：教育部区域和国别研究中心项目资金资助项目“‘丝绸之路经济带’建设视域下的亚美尼亚与阿塞拜疆‘纳卡问题’：影响与对策”（2017）和辽宁省教育厅一般项目资金资助项目“学术期刊‘欧亚人文研究’建设项目”（2016JYT22）的阶段性成果。

关亚美尼亚的研究却是凤毛麟角，涉及中国与亚美尼亚关系的研究更是寥寥无几。作者认为对亚美尼亚及其与中国关系的历史及发展现状进行梳理，并展望未来两国关系的发展前景具有必要性和现实意义。

一、亚美尼亚概况

（一）曲折多棘的命运

亚美尼亚是世界上最古老的民族之一，据莫夫希斯·寇伦纳西（Хоренаци Мвсес）的《亚美尼亚历史》（《История Армении》）记载，公元前2107年建立了第一个亚美尼亚王国，公元前1824年形成了地理概念上和政治概念上的亚美尼亚，公元前9世纪至公元前6世纪建立的乌拉尔图王国是今亚美尼亚领土上出现的最古老的奴隶制国家。公元301年，亚美尼亚将基督教定为国教，成为历史上第一个基督教国家，而亚美尼亚使徒教会却一直保持独立并对世界有重大影响，参与管理耶路撒冷的圣墓教堂。如今亚美尼亚94%的居民为基督教信徒。

公元前后的亚美尼亚曾是高加索地区最强大的民族，横跨欧亚大陆，多次击败过罗马人。公元387年亚美尼亚被拜占庭与萨珊波斯占领和分割，此后，先后被罗马、波斯、奥斯曼土耳其和俄罗斯等国统治了长达1000多年。16世纪又被奥斯曼土耳其和波斯瓜分，波斯所占部分称为东亚美尼亚（包含今天的亚美尼亚共和国），奥斯曼帝国所占部分称为西亚美尼亚。1828年俄罗斯打败波斯，占领了东亚美尼亚。19世纪末到20世纪初，奥斯曼帝国衰落，失去了在欧洲的绝大部分领土，开始与亚美尼亚人敌对，造成1915—1923年150万亚美尼亚人死亡，史上称为“亚美尼亚大屠杀”，为此，双方至今纠缠不休。1920年，亚美尼亚并入了外高加索苏维埃联邦社会主义共和国，同年随该共和国一起加入苏联。从1936年开始，亚美尼亚成为苏联加盟共和国之一，1991年苏联解体，亚美尼亚成为独立国家。

不过，包括亚美尼亚历代多个首都以及该国精神象征的阿拉拉特山如今均坐落在土耳其境内。大屠杀、经济萧条以及俄罗斯优厚的移民政策使亚美尼亚人口大量流失，目前境外的亚美尼亚后裔多达800万人，而国内则只有不足300万人口。

亚美尼亚位于亚美尼亚高原，境内水资源奇缺，不适合农业生产，且矿产资源稀少。亚美尼亚独立之后，其在苏联时期依靠外来资源发展起来的制造业优势瞬间丧失，工业一度基本瘫痪。而1988—1994年的亚美尼亚—阿塞拜疆“纳卡冲突”[①]，使亚美尼亚经济陷入了崩溃边缘。之后，亚美尼亚经济虽有了一定增长，但资源稀缺严重掣肘了该国经济的快速发展。工作岗位不足使大量亚美尼亚人举家迁往俄罗斯、乌克兰、美国、格鲁吉亚等国，国内大部分青壮年劳动力也到俄罗斯打工，以此支付国内亲属的日常生活。

（二）复杂的周边环境

亚美尼亚与东邻阿塞拜疆，因“纳卡问题”冲突不断，西邻土耳其，因支持阿塞拜疆，尚未与亚美尼亚建交，两国边境仍未开放，两国间每年数亿美元的贸易需经伊朗或格鲁吉亚中转实现。近年来，亚土两国元首一直努力希望达成谅解，开放边境，但因预设条件难以调和，此事尚未有实质性进展。出于国土安全考虑，亚美尼亚请俄罗斯驻军为其守护亚土边境。

南部的伊朗是亚美尼亚最可靠的邻邦，双方各有所需，伊朗希望天然气能从波斯湾经由亚美尼亚和格鲁吉亚进入黑海运往欧洲，而亚美尼亚则竭力希望从伊朗打开通道来突破土耳其和阿塞拜疆的经济封锁。21世纪初，两国贸易额开始上升，双方启动了“（伊朗）天然气换（亚美尼亚）电能”计划，并希望修建连接两国的铁路以缓解公路运输受天气条件影响的压力。但2011年后俄罗斯强势回归高加索，亚伊贸易额开始下滑，目前的合作仅限于尝试性项目。

---

① “纳卡冲突”，即亚美尼亚与阿塞拜疆因纳戈尔诺—卡拉巴赫（即卡拉巴赫高山地区）的归属问题而发生的武装冲突。1923年前该地区属亚美尼亚管辖，1923年7月该地区成立自治州，联盟中央政府决定将其划归阿塞拜疆管辖。该地区面积4400平方公里，人口18万人，1988年发生冲突时该地区80%人口为亚美尼亚族人。纳戈尔诺—卡拉巴赫地区普遍被国际承认为阿塞拜疆的一部分，但大部分地区为纳戈尔诺—卡拉巴赫共和国实际控制。

亚美尼亚身负巨债，无力承担修建铁路所需费用，也不敢贸然挑战俄罗斯的地缘政治利益，可以说，亚美尼亚与伊朗的关系是“政热经温”，经贸关系短期内难有大幅提升。

格鲁吉亚是亚美尼亚对外交流的主要通道，俄罗斯的石油、天然气也需要过境格鲁吉亚运达亚美尼亚。但俄格两国2008年“南奥塞梯冲突”使亚美尼亚这一重要通道具有了诸多不确定因素。

（三）俄罗斯与西方大国博弈场

亚美尼亚所处的外高加索地区是俄美两国的重要博弈场，是双方渗透与反渗透的重要区域。俄罗斯是亚美尼亚的盟友，是亚美尼亚最大的贸易伙伴和投资国，为亚美尼亚提供价格低廉的石油、天然气，解决了亚美尼亚最为迫切的能源问题。而亚美尼亚的蔬果产品、乳制品和酒类产品主要出口俄罗斯，因俄罗斯提供价格低廉的能源而使亚美尼亚对俄罗斯形成了根深蒂固的经济依附。驻扎在亚美尼亚的俄军协助亚美尼亚守卫亚土边境，俄罗斯在亚美尼亚的军事存在，也加强了对该地区的震慑力。俄罗斯对亚美尼亚政治也有较大影响力。2008年亚美尼亚政府在俄罗斯的支持下顺利解决了政治危机。2015年，亚美尼亚加入俄、白、哈等国组建的关税同盟和欧亚经济共同体，进一步加强了与俄罗斯的经贸合作并深化了两国的战略同盟关系。但由于外高加索的特殊地理位置，俄罗斯在外高加索地区采取了内部制衡的政策，使得亚美尼亚的美好愿景化为泡影。2015—2016年，俄土关系因土耳其击落俄罗斯战机而紧张，俄罗斯对土耳其实施制裁，亚美尼亚从中获益，获得了难得的发展机遇，但随后俄土关系正常化，亚美尼亚农产品再度滞销。

与此同时，外高加索也是美国近年来亚太地区战略转移的重点，美国既要考虑争取阿塞拜疆的丰富油气资源，开辟新的能源通道，又希望进一步挤压俄罗斯的战略空间（张建勋，2009）。以美国为首的西方国家通过经济援助和银行贷款等形式对亚美尼亚政府施加各种影响，“……亦或是亚美尼亚前总统列翁·捷尔—彼得罗相与美国有着密切的联系，并得到了美国的支持”（张翔宇，2014：34）。“美国和欧洲有大量的亚美尼亚侨民与后裔（大约为400万人），美国国会也有亲亚集团存在，对美国和欧洲重视亚美尼亚起到了极大的促进作用”（陆齐华，2001）。亚美尼亚历届政府也一直在俄罗斯与西方国家之间进行周旋，从而争取更大的利益。

因此，身处邻国经济封锁和大国博弈中，背负巨额外债的亚美尼亚急于寻找一个更加稳定可靠的合作伙伴，开展务实合作，振兴经济。

二、中国与亚美尼亚关系的历史和现状

（一）中国与亚美尼亚关系的历史

中国与亚美尼亚的友好往来源远流长。亚美尼亚是古代丝绸之路的必经之处。亚美尼亚商人将本国的珠宝、药材、染料、皮革运往中国，而中国的丝绸、陶瓷也被带到亚美尼亚。亚美尼亚地毯上至今还保留着中国龙的形象。亚美尼亚流传着亚美尼亚人是三国名将马超后裔的传说，其民族英雄马米科尼扬为马超的后裔马抗，“《亚美尼亚史》明确记载，马米科尼扬家族的始祖名为马抗（也译马姆贡）”（马良，2006），其于公元3世纪由中国迁徙而来。几百年来，许多亚美尼亚人居住在广东、哈尔滨、上海等地，不乏一些著名人物，其中包括19世纪将《圣经》译成汉语的奥万涅斯·拉扎里昂，20世纪初成为香港总督顾问的哈恰图尔·阿斯特瓦查特良等。20世纪40年代后，旅居中国的亚美尼亚侨民逐渐减少，大部分移居到美国和澳大利亚。20世纪90年代起，中国的亚美尼亚人再次增多，主要是学生和商人。目前，中国有亚美尼亚学生会、亚美尼亚中心和亚美尼亚研究中心。目前到中国的亚美尼亚团体已达500人次。2014年7月，关于亚美尼亚与中国历史渊源的电影《亚美尼亚之旅》在第十一届埃里温国际电影节上获得大奖。

（二）中国与亚美尼亚关系的现状

亚美尼亚独立后，1992年中国与亚美尼亚正式建立外交关系，签署了40余项合作协议，并不断推动两国的政治及外交关系。此后，中亚两国关系不断发展，一直保持政治互信和相互尊重。

第一，亚美尼亚独立以来，两国政府有着长期的友好磋商关系。

近两三年以来，两国关系进入了崭新阶段。2015 年，习近平主席与到访的亚美尼亚总统谢尔日·萨尔基相会面，双方就两国双边关系中的多个重要问题进行了磋商。2016 年 5 月，习近平主席特使、中共中央政治局委员、中央政法委书记孟建柱访问亚美尼亚，与萨尔基相总统就加强反恐和安全合作等问题进行了磋商，并签署了相关合作协议。2016 年 6 月，副总理张高丽对亚美尼亚进行正式访问，全面推动双边友好关系和各领域务实合作，并与亚美尼亚总统商定加强中小学生汉语学习，共同出席了援亚中文学校项目的启动仪式。

此外，中国政协与亚美尼亚国民议会、中国全国妇联与亚美尼亚执政党共和党妇联长期开展合作交流。近年来，中国向亚美尼亚捐赠了 200 余辆公共汽车以及大批警用和医疗急救车辆，极大地缓解了该国政府社会服务资金投入不足的困境。近年来，亚美尼亚政府积极响应我国的"一带一路"倡议，欢迎并渴望中国在亚美尼亚投资，期待与中国在更广泛领域开展卓有成效的合作。

第二，两国民间友好基础牢靠。亚美尼亚民众深信，亚美尼亚民族与中国有着血脉联系。亚美尼亚国民议会、国家各部委领导以及相关部门负责人经常参加孔子学院的文化活动。2013 年，亚美尼亚出版了《亚美尼亚人看中国》(《Китай глазами армян》) 一书[①]，包括国家政要、社会活动家以及著名学者在内的著名人物均在书中盛赞中国文化和中国经济奇迹，对中亚两国友谊充满期待。亚美尼亚人对中国抱有极大兴趣和好感，非常推崇中国的哲学思想，钦佩中医的神奇功效，对中国改革开放所取得的伟大成就赞叹不已。他们佩服中国人的勤劳善良和锐意进取，渴望到中国来旅游、学习和工作。据亚美尼亚埃里温"布留索夫"国立语言与社会科学大学孔子学院 2016 年底的调查问卷显示，学员学汉语的动因主要有：对汉语的兴趣（45.83%）、喜欢中国文化（25%）、工作需要（15.28%）。

亚美尼亚社会治安非常好，当地民众淳朴善良、热情好客，中国游客对当地淳朴的民风和世外桃源般的生活评价很高。

---

① Комитет мира Армении. Китай глазами армян. Ев.：Лимуш，2013.

第三，近年来，中亚两国间贸易取得了长足进展。中国从2009年起成为亚美尼亚第二大贸易伙伴。据中国海关统计，2017年1—12月，中亚双边贸易额为4.36亿美元，同比增长12.4%。亚美尼亚从中国进口服装、鞋、汽车、化工、机械、建筑、食品等产品，而中国从亚美尼亚进口矿砂、矿渣等。2010年亚美尼亚注册了41家中国企业，分别从事食品、烟、酒、纺织品、鞋等的批发和家电、医药、化妆品、装饰品等的零售，以及酒店等服务行业。亚美尼亚政府非常重视两国关系的发展，特别是萨尔基相总统访问中国后，两国建立了非正式经济合作关系，山西大同的中亚合资橡胶企业是其中的重要项目之一，该企业橡胶年产量3万吨，年收入1亿美元。中水电、中铁集团等中国企业积极参与亚国内道路交通，及水力、风力、太阳能发电等基础设施建设。除此之外，中亚两国在信息技术等领域也有合作，中国的中兴公司为亚美尼亚最大电信运营商“比兰”提供强大的技术支持。亚美尼亚政府2017年8月3日发布的该国《“经济外交”优先国家名录》中，中国仅次于俄罗斯和美国，位居第三①。

第四，两国农业领域的合作主要体现在农业知识和文化的交流、试验田培育技术交流等。山西省及河北省已经成功培育了亚美尼亚的杏和葡萄。2015年和2016年中国农业专家两次利用孔子学院平台赴亚讲学，为亚美尼亚农业发展出谋划策。

第五，中亚两国人文交流不断发展，合作日益深化。2008年，亚美尼亚孔子学院在埃里温成立，孔子学院成为亚美尼亚进行中亚文化交流的重要场所，2016年在全球500多所孔子学院中脱颖而出，成为全球先进孔子学院②。此外，两国实现了教育合作框架下的学生交换项目。1992年始，亚美尼亚留学生开始到中国学习，人数逐年增加，同时，亚美尼亚学习汉语的学生数量也不断壮大，以

① 根据该名录，今后亚美尼亚政府在经济发展中优先考虑合作的国家和组织分别是：俄罗斯、美国、中国、伊朗、格鲁吉亚、阿联酋、法国、德国、意大利、加拿大、黎巴嫩及比荷卢联盟。请参阅网址 http：//novostink. ru/armenia/209014 – armeniya-utverdi-la-prioritetnye-strany-dlya-ekonomicheskoy-diplomatii. html。

② 亚美尼亚孔子学院获“先进孔子学院”称号。请参阅网址 http：//www. gx211. com/news/20161215/n5113418932. html。

孔子学院为例，2013 年孔子学院学员规模不足百人，目前已达 1300 余人。

众所周知，公共外交在国家大外交上的影响力很大，很多外交问题得以妥善处理在某种程度上取决于其公共外交的有效性。语言在公共外交中发挥着尤其重要的作用。每个国家都有各自的语言政策，亚美尼亚官方语言为亚美尼亚语，其政府因后苏联空间的语言问题长期致力于普及亚美尼亚语，因为语言是民族认同的重要因素。亚美尼亚青年人一般都掌握包括俄语、英语在内的多种语言。近年来，亚美尼亚人学汉语的人数与日俱增，促进了中亚两国之间的关系。

孔子学院在亚美尼亚汉语推广及汉语教育方面起着不可或缺的作用。在孔子学院的推动下，2015 年亚美尼亚教育与科学部正式批准汉语课程进入亚中小学必修课程名录，标志着汉语被纳入亚美尼亚基础教育课程体系。目前已有五所中小学将汉语课程正式纳入必修课体系，有近十所中小学目前正在试行汉语课程教学。高校的汉语教育开始于 2014 年。俄罗斯—亚美尼亚（斯拉夫）大学人文学院，埃里温国立大学国际关系专业以及“布留索夫”埃里温国立语言与社会科学大学翻译专业分别开设了汉语及相关课程。2014—2017 年孔子学院学员人数每年按 50% 以上的速度递增，形成了亚美尼亚汉语教育小学—中学—大学和成人一体化的完整体系，形成了亚美尼亚孔子学院独特的办学模式。

目前，亚美尼亚孔子学院辐射三个孔子课堂和十个汉语语言文化中心。据 2017 年 2 月统计数据显示，亚美尼亚汉语学习人数 1350 人。而亚美尼亚国家广播电台播出的空中课堂《跟我学汉语》节目，2016 年 1 月至 2017 年 7 月听众累计达 4 万余人次。

同时，亚美尼亚长期致力于中国的亚美尼亚语言及文化推广，中国已有个别高校开设亚美尼亚语专业。2015 年，大连外国语大学同亚美尼亚“布留索夫”埃里温国立语言与社会科学大学合作，共同建立了亚美尼亚研究中心，亚美尼亚驻华大使阿尔缅·萨尔基相认为，该中心将成为中亚两国教育、科研和文化交流合作的重要平台，促进两国政治、经济、贸易等领域的交流与合作，为两国世代友好做出贡献。

三、中国与亚美尼亚关系的前景展望

中国一直奉行“和平共处五项原则”基础上的独立自主和平外交政策，努力与世界各国保持紧密的外交往来，习近平总书记提出的“一带一路”倡议开创了我国外交的新局面。而亚美尼亚则急需稳定可靠的合作伙伴，急需外国投资为其经济发展注入强心剂，对中国的“一带一路”倡议表现出了极大的兴趣和热忱。两国关系及合作前景乐观，但也存在一些问题和困难。

（一）前景乐观

从整体来看，中亚两国关系的前景非常乐观。两国在教育、经贸、科学、经济等多领域建立了紧密的合作关系，合作领域越来越广泛和富有成效，亚美尼亚将成为中国在高加索地区重要的合作伙伴。

第一，亚美尼亚是古代丝绸之路重要地段以及“一带一路”沿线国家，中亚两国友好合作具有扎实基础，对区域合作和区域发展具有重要作用。

亚美尼亚是外高加索的文明古国，曾是西亚最强大的国家之一，其疆域从今天的里海、地中海一直延伸到埃及，在其悠久的历史长河中创造了灿烂的文化。

亚美尼亚地处横跨欧亚大陆的外高加索中心地带，是整个高加索地区的核心，其特殊的地理位置使其在历史上就是兵家必争之地。同时，由于亚美尼亚处于欧亚两大洲的咽喉之地，其历史上又是从中国西安出发到罗马帝国的古代丝绸之路的必经之路，是古丝绸之路上的重要驿站。而且亚美尼亚与中国有着悠久的交往历史，据亚美尼亚科学院学者考证，中国和亚美尼亚之间第一份商务合同可追溯至公元2世纪。

不断加深的政治互信有助于两国之间的多领域合作。2017年正值两国建交25周年。在此之际，亚美尼亚外交部长纳尔班江在致信中强调，经济合作是中亚两国关系的重要组成部分，亚方愿意扩大与中国的经济合作，包括双方均有兴趣的、前景广阔的新项目。王毅部长强调说，25 年来双方关系取得了健康、平稳的发展，政治互信不断提高，经贸、安全、人文等领域的合作取得重大成效，希望在国际问题和地区问题上密切联系、加强合作。中方认为亚美尼亚是重要的合作伙伴，发展与亚美尼亚的关系具有重要意义。

第二，亚美尼亚与中国在区域贸易合作领域的前景广阔，亚美尼亚将成为中国投资者实现区域贸易合作的重要平台。

1991 年底，亚美尼亚独立以来，由于苏联解体，"纳卡问题"等因素的冲击，经济持续不振，2001 年以后开始逐步回升。经过连续几年的快速发展后，2008 年的国际金融危机严重地影响了亚美尼亚的经济发展。为了摆脱危机的影响，亚美尼亚也加强了地区一体化进程的参与力度。2015 年初亚美尼亚加入了欧亚经济联盟，同时也非常重视与中国发展经贸合作关系，近些年中亚两国的贸易额不断增加，规模不断扩大。特别是 2013 年中国提出"一带一路"倡议以来，两国经贸关系不断深化，各种贸易发展机制也不断建立和完善，2013 年"中国新疆—亚美尼亚经贸合作工作组"成立。亚美尼亚鼓励中国企业积极参与亚国内道路交通、水力、风力、太阳能发电等基础设施工程的竞标。随着中国高铁品牌的崛起，亚方也欢迎中方积极参与亚美尼亚至伊朗的铁路建设。近日，中国土木建设集团公司表示有意将该项目纳入我国"一带一路"建设项目参与建设。中国连续多年是亚美尼亚第二大贸易伙伴国。亚美尼亚政府高度评价"一带一路"倡议，多次表达了积极参与的意愿。在两国政府的积极推动下，2016 年 5 月，中国水电建设集团国际工程有限公司成功中标承建亚美尼亚南北公路，这个被誉为"交通大动脉"的项目开启了两国在基础设施领域合作的新篇章。

2017 年是中亚两国建交 25 周年。随着双方全面落实两国领导人达成的合作共识，共同推动两国关系实现新突破，特别是在推进"共建丝绸之路经济带"倡议框架内充分发掘合作潜力，亚美尼亚必将成为中国对外投资的重要地区和区域贸易合作的重要伙伴。

第三，"平衡互补"外交政策为中亚友好关系进一步发展奠定基础。

亚美尼亚目前奉行"平衡互补"的外交政策，外交重点方向是发展与欧盟、美国、俄罗斯等具有世界重要影响力的行为体的关系，加入欧盟是亚美尼亚长期的外交政策目标，同时，亚美尼亚又是俄罗斯主导的欧亚经济联盟成员国，亚美尼亚在巩固与俄罗斯战略同盟关系的同时，还积极发展同美国和欧盟等第三方的关系。这主要是由于亚美尼亚独立以后因“纳卡问题”与阿塞拜疆和土耳其长期处于对立关系，作为内陆小国的亚美尼亚必须争取大国的支持，这是其一；其二是为了维持自己的独立自主，亚美尼亚又必须争取更多大国支持，力求在大国平衡中寻求最大的利益。

随着中国对外交往的不断扩大，亚美尼亚也毫不例外地表示要加强同中国的双边关系。中亚两国自建交以来，两国关系发展顺利，高层交往密切，达到政治互信。中国也可以通过加强与亚美尼亚的关系，凭借亚美尼亚与地区大国的友好关系推进“丝绸之路经济带”在当地的建设，比如，当前中国公司十分关注的亚美尼亚—伊朗铁路项目，就是伊朗与亚美尼亚关系友好的产物，这为中国在亚美尼亚和伊朗的基础设施建设中提供了广阔的前景和机遇。

作为欧亚联盟的成员，亚美尼亚与中国在经贸上的分歧最小，互补潜力巨大，发展与亚美尼亚的经贸关系，可以更有力地促进“丝绸之路经济带”与“欧亚经济联盟”的对接合作。

在中国推进“丝绸之路经济带”建设过程中，作为历史上古丝绸之路重要节点的亚美尼亚，凭借其重要的战略地理位置和与中国悠久的历史友好关系，以及奉行的“平衡互补”外交政策，必将在促进地区经济合作和东西方贸易过程中发挥更大的作用，为中亚两国友好关系的全面发展奠定基础，两国合作前景乐观。

（二）问题及对策

中亚两国友好关系虽有良好基础和美好愿望，但问题和困难仍旧存在，主要体现在以下几方面：

第一，两国民众缺乏对彼此足够、深入的了解。语言是最重要的障碍之一，其极大地阻碍了两国间的彼此了解、交流与合作。亚美尼亚缺乏语言与文化推广的有效手段和机制，缺乏提升国家形象的公共外交手段，中国对亚美尼亚政治、经济、历史、文化等相关信息知之甚少。虽说孔子学院作为公共外交平台已经发挥了十分重要的作用，但仍旧需要其他相应的公共外交手段。目前，亚美尼亚只有一个关于亚美尼亚及其历史、文化的汉语网站（www. newsilk-road. am），需要更多的传播手段、传播平台以及媒体的积极介入，利用更多的公共外交手段扩大两国在对方国家的认知度，树立良好的国家形象，这对提升两国人民互信以及双边关系发展具有重要意义。

第二，两国基于资源互补的互利合作尚有很大的发展空间，两国旅游业合作可有效推进。中国人口众多，近年来旅游业发展迅猛，出国旅游不再是奢侈的选择，世界各地均可见到中国游客，但亚美尼亚的旅游尚未开发。两国旅游业合作需有效推进。亚美尼亚的饮用水、水果和酒类等在世界市场上具有较强竞争力，但目前并没有进入中国市场。为此，需要两国政府共同推动，搭建平台，加强合作。

第三，亚美尼亚距中国较远，且一直是俄罗斯的传统优势所在，中国企业在亚美尼亚投资门槛高、成本高、利润低，因此，两国的交往和合作相对乏力。为此，近年来，两国政府加大了高层互访频率，旨在推动和促进双方之间的贸易和投资。在亚美尼亚孔子学院搭台、中亚企业共同参与的“一带一路”论坛上，两国工商业代表呼吁亚美尼亚政府为双边合作提供优惠政策，建立免税区。因此，政府层面推动两国之间经贸合作是发展两国关系、推动双方合作的重要基础。

第四，由于亚美尼亚与阿塞拜疆、土耳其的紧张关系，外高加索三国短期内难以看到推动经济一体化的希望，这给中国与亚美尼亚之间的经济合作造成了一定的障碍。目前，亚美尼亚与土耳其正在就开放两国边境进行谈判，期待亚土边境的重新开放，推动区域经济合作和一体化进程。

四、结语

中亚两国友谊源远流长，具有良好的民心基础。建交以来，两国关系发展顺利，政治互信不断加深，高层互访频繁，经贸、人文合作不断扩大。孔子学院项目作为公共外交手段为中国与亚美尼亚关系的进一步深化发挥着重要作用，“一带一路”倡议的提出和推进，对深化两国多领域合作提供了新的平台和路径。虽然存在问题和困难，但我们完全有理由相信，中国与亚美尼亚的关系还有很大的发展空间，有广阔的合作前景。

参考文献

[1] 陆齐华：《美国地缘战略中的亚美尼亚》，《东欧中亚研究》，2001 年第 5 期，第 83—89、96 页。

[2] 马良：《三国大将马超后代扎根亚美尼亚》，《西部时报》，2006 年 10 月 27 日。

[3] 张建勋：《制约美国在中亚和外高加索战略利益的俄罗斯因素探析》，《西伯利亚研究》，2009 年第 2 期，第 23—27 页。

[4] 张小平：《用全球化视野看“一带一路”的信息化建设》，《国际公关》，2015 年第 2 期，第 13 页。

[5] 张翔宇：《新世纪以来外高加索地区形势及发展前景》，外交学院，2014 年。

“一带一路”人文合作组织要素“俄语”的区域一体化整合功能*

孙玉华

一、问题的提出

从地缘政治维度看，21 世纪将是区域国家间大规模一体化整合进程形成、发展及相互促进的时代。尽管当今世界政治、经济及社会发展复杂多变，走向各异，但人类文明的一体化趋势变得越来越清晰，成为当代国际关系发展的主导因素之一。近年来，经济全球化和区域一体化研究方兴未艾，既有宏观理论思索，又有对特定区域一体化进程结构、特征以及内在矛盾性的实证研究和个案分析。

中国政府提出的“一带一路”倡议，作为经济全球化及区域一体化的理论构建与现实推动，越来越受到各国政府与学界的关注。针对上述问题，虽然学界已经取得了许多成果，但对“一带一路”沿线国家不同民族、语言与文化间一体化整合的理论与实践研究却远远落后于现实发展。学界有责任厘清“一带一路”区域一体化进程中人文交流的角色与作用，明确语言作为“一带一路”人文交流决定性组织要素的基础地位与整合功能，以此为前提，提出“一带一路”人文交流与合作的原则、策略、路径与方法，为推进“一带一路”国家间民心相通做出应有的贡献。为方便讨论，下面我们将以“一带一路”俄语国家为例，从俄语作为人文交流与合作组织要素角度，探讨俄语在区域一体化进程中的整合功能，希望抛砖引玉，就教方家。

---

* 作者简介：孙玉华，女，大连外国语大学教授，博士生导师，研究方向为俄语教学法、政治语言学、区域学。

二、"一带一路"俄语国家与语言的区域一体化整合问题

(一)语言作为区域一体化人文交流组织要素的整合功能

美国著名学者亨廷顿(S. Huntington)认为,文化认同与归属感是凝聚人类社会的基础,文化在各民族国家间起到了"桥梁"的作用。历史经验证明,具有文化共性的国家,国家间政治、经济整合程度越高,一体化进程也越顺利。21世纪南美洲一体化进程的不断加深和欧盟一体化的初步形成均有赖于语言与宗教为主导的文化共性带来的各民族文化认同的心理基础。

不同国家、不同民族间文化共性与文化认同的形成,起决定作用的正是语言。这一认识可以上溯到德国哲学家洪堡特著名的语言世界观理论,他详细阐明了语言在民族文化形成中的重要作用。20世纪中叶,新洪堡特主义代表人物德国学者魏斯格贝尔进一步发展了语言世界观理论,他指出,语言涵盖一切现象,任何生命都不能自外于语言。语言创造世界。语言就是一个民族的世界观,一种语言决定一个民族看待世界的方式,不同民族看待世界的方式也不同。

这一思想启发了语言与文化研究者,语言文化学应运而生。学者们从文化对话角度,探讨民族间跨语言、跨文化的理解与阐释问题,从而确立了语言在民族文化形成与发展中的核心地位,确立了语言在跨民族理解与对话中的组织要素作用及其整合功能。英国著名学者戴维·克里斯特尔(David Crystal)深入阐发了语言的文化整合作用,人文语言可以实现跨民族的文化共性与认同。他认为,语言国际影响力的加强与该语言国家经济、技术和文化的进步紧密相关。俄罗斯学者奥巴托娃也认为:"语言的全球化同时加强了该语言国经济、思想、文化的影响力,并且成为国家文化软实力的一部分。"

由此我们可以得出以下关于语言作为区域一体化人文交流组织要素及整合功能的两个理论假说:

一是在某一区域一体化跨民族共性进程中，多元语言与文化差异性是该区域国家与民族间跨文化交际有效性的障碍，阻碍了区域一体化进程的深度与广度。

二是在某一区域一体化跨民族共性进程中，语言的一体化整合功能将在跨民族文化对话中促进共同文化价值观的形成，有效降低跨文化交际障碍风险，有助于区域一体化进程顺利展开。

（二）"一带一路"俄语国家语言状况与文化认同问题

"一带一路"倡议辐射覆盖地域广阔，民族众多，以政策沟通、设施联通、贸易畅通、资金融通、民心相通为主要内容，旨在建立政治互信、经济融合、文化包容的经济利益共同体、命运共同体和责任共同体，在某种程度上是我国应对政治、经济、文化全球化的一种尝试性解决方案。

"一带一路"倡议辐射亚欧非等区域的65个国家。其中，俄语在独立后的原苏联15个加盟共和国中是官方语言或通用语。同时，由于历史原因及原华约国家组织影响，俄语在蒙古国、芬兰、波兰、罗马尼亚、捷克共和国、斯洛伐克、保加利亚、匈牙利、阿尔巴尼亚等国都有一定的影响。此外，由于同属印欧语系，俄语与塞尔维亚语、克罗地亚语、马其顿语等是亲属语言，这些国家居民听说及理解俄语并不困难，我们把这些国家和地区定义为广义的俄语区。据不完全统计，目前全世界有1.4亿俄语母语人口，同时还有4500万人将俄语作为第二语言使用。

这样，为方便讨论，排除政治因素，比照"英语国家"概念，我们就以俄语在各国是否具有官方语言地位、是否属于通用语、是否能够交际理解，将符合上述标准之一的国家泛指为俄语国家。由此形成一个由三个闭环组成的俄语国家圈：位于中心的是以俄罗斯、白俄罗斯、哈萨克斯坦、吉尔吉斯坦等国为代表的俄语官方语言圈；处于中间层的是以乌克兰、塔吉克斯坦、亚美尼亚、土库曼斯坦等原苏联解体后独立的民族国家，俄语在这些国家中是事实上的母语、通用语或第二语言；处于外圈的是中东欧及南欧各国，俄语在这些国家中具有一定的影响力和接受度，可以借助俄语进行交际。这些国家构成了"一带一路"俄语国家圈的基本框架。

如何发挥语言在区域一体化进程中的整合功能，克服可能出现的跨文化交际障碍、误解，从而最大程度地避免亨廷顿所谓“文化冲突论”，是摆在国家、非政府组织及个人作为人文交流与合作行为体面前的重要课题。

（三）俄语作为区域一体化组织要素整合功能实现的现实问题

此前，在“一带一路”框架下探讨俄语国家区域一体化问题的研究还不多见。我们认为，“一带一路”作为经济全球化和区域一体化战略构想，早已突破单一国家地理界限，应将研究重心转向“一带一路”区域一体化进程，探讨其现实性和可能存在的问题，厘定那些具有整合功能的组织要素，以克服区域国家间客观存在的文化及历史矛盾。“丝绸之路经济带”俄语国家涵盖俄罗斯、白俄罗斯、中亚和外高加索各国。这些国家存在着特定历史条件下形成与发展的民族个性、语言个性，以及独特的精神文化和世界观。一般认为，这些民族文化差异和矛盾对区域一体化进程形成现实障碍。分析表明，这一区域的俄语国家间存在以下五点民族文化差异与冲突：

第一，短暂的统一历史。历史上，由于俄罗斯帝国在19世纪末进行军事扩张，中亚大部分领土都转变为俄语区。高加索地区也有200—250年说俄语的历史。

第二，剧烈的种族冲突。多个世纪以来，中亚和高加索地区种族冲突不断，至今仍未平息。阿塞拜疆与亚美尼亚纳卡地区冲突只是最新的例子。塔吉克斯坦与吉尔吉斯斯坦之间也存在种族冲突。这些都严重阻碍了区域一体化发展。

第三，宗教差异。俄罗斯与哈萨克斯坦是多宗教国家，宗教在日常生活中占有重要地位。塔吉克斯坦、乌兹别克和吉尔吉斯是以逊尼派穆斯林为主的国家。阿塞拜疆则以信仰什叶派为主。亚美尼亚和格鲁吉亚信仰基督教，与信仰东正教的俄罗斯存在显著差异。因此，宗教无法在上述地区作为组织要素发挥整合功能。

第四，经济差异。后苏联时代，一些国家经济发展面临重重困难。由此带来的不仅有贫穷和腐败，还是民族主义和极端主义思想产生的根源。

第五，欧亚之别。俄罗斯和其他斯拉夫国家传统上是欧洲的一部分，同时也带有地缘政治意义上的欧亚性特征。中亚国家则与亚洲文化联系在一起。高加索地区则具有地缘政治上的特殊性，无法按照"欧亚"标准对其进行明确描述。

限于篇幅，我们不再对上述问题进一步展开。同时，我们也必须指出，那种认为上述差异性和矛盾性根深蒂固，必然成为阻碍了区域一体化进程的观点存在一定片面性。事实是，历史上该地区曾经实现过政治、经济和文化一体化。未来，"一带一路"俄语国家凭借其独特的地缘政治因素、共同的经济利益和区域一体化进程的不断加强，在主权独立、相互尊重、利益共享、多元文化认同基础上发展国家间关系，实现"一带一路"与欧亚经济联盟的对接，必将促进俄语国家区域一体化的形成与发展。

上述俄语国家间民族个性、文化传统、宗教信仰差异与冲突，与复杂的政治、经济利益相互影响呼应，不可避免地成为"一带一路"俄语国家区域一体化进程的障碍。既然单凭政治、经济因素无法实现区域一体化长期稳定施行，就需要考虑超越政治经济层面利益考量的第三方因素。人文交流与合作因其超越国家与民族界限的跨文化对话功能，在推动多元文化认同方面具有不可替代的独特地位，在"一带一路"俄语国家区域一体化进程中起到根本性作用。俄语作为"一带一路"俄语国家区域一体化组织要素，必将发挥其核心的整合功能，在"一带一路"俄语国家人文交流与合作中起到跨语言、跨文化、跨民族对话与理解作用，推动基于俄语语言意识下的多元文化认同，形成超越国家个体的文化价值体系基础上的区域一体化。

三、"一带一路"俄语国家区域一体化与俄语整合功能：平台与基本原则

（一）"一带一路"俄语国家区域一体化与国际化平台建设

目前，"一带一路"框架下的人文交流与合作还处于拓展外延合作阶段，旨在促进国家互信、文化互鉴、民族和解、民心相通。

在此基础上，主要确立了五个主要合作领域：文化与教育、旅游、医疗卫生、科技合作以及公共外交。上述领域的人文交流与合作基本上以特定的人文交流机制和项目推动，形成了政府主导、政策驱动、项目先行、民间参与的基本模式。

我们认为，“一带一路”俄语国家人文交流与合作未来将向着以促进区域一体化内涵发展为主的方向前进。我们可以将这一过程分为三个阶段：一是经验积累阶段。此前，“一带一路”框架下中国同俄语国家双边及多边人文交流与合作就属于这个阶段。二是相互适应阶段。目前，中国计划并已经实施的与“一带一路”俄语国家间人文交流与合作项目正在多层次、宽领域、全方位展开，机制化项目规模与数量前所未有。这些机制及其项目的成功实施，将使其导向进入第三个阶段。三是深化整合阶段。其光明前景促进了“一带一路”俄语国家区域一体化的形成与不断发展，这一阶段还仅仅停留在战略设计层面上。

我们认为，在现阶段，结合俄语在“一带一路”人文交流与合作过程中整合功能的实现，应当考虑在前期工作基础上，思考这些国际化平台在区域一体化进程中的角色与地位，充分发挥其平台功能。一是继续扩大“一带一路”俄语国家双边与多边机制化人文合作项目，例如上海合作组织大学五个方向的国际教育合作；二是建立“一带一路”俄语国家媒体合作国际化平台，建立国家间全新的信息交流与互动媒体平台；三是建立“一带一路”俄语国家人文交流与合作一体化进程方案，该方案将以区域经济一体化为基础，并以国家间制度保障与立法前提下展开。

在上述理论构想与实践操作基础上，应当在“一带一路”俄语国家人文交流框架下建立新的国际化合作平台，在我们看来，俄语的区域一体化整合功能将在这些平台建设与项目实施中发挥不可或缺的作用。这些国际化平台可以分为以下十类：

1. “一带一路”国家间人文交流机制与合作平台

这一人文交流机制与合作平台代表“一带一路”人文交流与合作的最高层次，涵盖多种形式的人文交流机制化项目。例如中俄人文交流机制，独联体国家人文交流合作基金等。它们为人文交流项目在文化、教育、科学、信息与大众传媒、体育、旅游、生态、青年交流等领域提供政策和财政支持与保障。在这一层面的俄语国家间的人文交流中，语言占有重要地位。这些国际化平台推动了语言一体化进程，为“一带一路”俄语国家语言一体化进程提供了可能。

2. 社会团体建立的人文交流合作平台

这些平台主要从事本国语言与文化海外推广事业，推动国家间多层次、高水平的人文交流与合作。这些平台在国家人文交流政策框架内开展活动，同时也能获得一些非政府的财政支持。例如俄罗斯世界基金会俄语中心、国家汉办孔子学院。在“一带一路”俄语国家人文交流与合作中，以俄语为基础开展项目交流，推动俄语中心与孔子学院深度合作，促进俄语国家语言一体化进程。

3. 政府部门建立的研究机构或文化中心

一国政府建在其他国家的研究机构或文化中心，具有人文交流框架下的某种特定功能。例如俄罗斯科学与文化中心、乌克兰研究中心、哈萨克斯坦研究中心、亚美尼亚研究中心等。这些机构能够为“一带一路”俄语国家提供高水平人文合作项目，建立地区性专门机构从事推广工作，特别是提供语言培训课程，俄语在其中占有主导地位，可望为区域内俄语一体化进程服务。

4. 语言培训中心

例如俄罗斯建设在各国的俄语教学中心，专注于从事俄语推广的一个方面——俄语培训。

5. 国家及地区间的人文交流合作项目

这些项目也可成为高效率的国家间人文合作机制。例如俄罗斯推动建设的“俄语”项目，该项目从 2002 年起实施并一直延续至今，目的是保障后苏联时代俄语作为国际交流语言的优势地位。这类大规模项目可以作为高水平教育机构的后备力量，并在特定的人文合作战略领域发挥关键作用。

6. 机制化活动平台

例如各种国际论坛、国家会议、展览、音乐会等。这些活动也为国家及民间人文交流提供了平台。建设这类平台并非长期战略性目标，但针对不同区域建设这样一些活动平台，可以使语言一体化项目在俄语国家普及。

7. 人文合作交流信息平台

信息社会条件下数字化是人文交流与合作的一种形式，推动“一带一路”俄语国家语言一体化的有效手段。在当代教育体制中，类似的虚拟平台已成为远距离教学课程的传播媒介，为教学资源较为稀缺的地区提供有效的教学内容。我们认为，未来应该进一步扩充这一人文合作交流信息平台的功能。

8. 大学及大学联盟

作为人文交流与合作重要平台的高等教育机构，尚未得到足够重视。高校不仅承担着人才培养和科学研究职能，同时肩负社会服务和文化传承使命。在这方面，大学联盟可以充分实现上述功能。例如，上海合作组织大学加强了中、俄及中亚地区各国人文教育领域合作与交流，在国内实施了多个填补空白的国际教育合作项目，成为我国与俄语国家人文交流与合作最好的平台之一。

9. 公共外交平台

例如中俄大学生交流基地、各国海外侨胞联盟，成为俄语国家人文合作组织的有效形式，促进了俄语的境外传播。这些平台的活动可以与规模更大的组织机构合作，例如俄罗斯的“俄罗斯世界”基金会、戈尔恰科夫公共外交援助基金会（俄罗斯人文合作领域首个国家合作伙伴机制）以及独联体地区的国际青年组织“团体”等。

10. 商业及社会组织

即具有俄语一体化功能的组织机构。例如传媒公司、媒体、咨询公司、智库等，可望为区域人文交流提供项目合作、宣传、咨询与研究服务等。

上述“一带一路”俄语国家区域人文交流国际化平台，为俄语区域一体化整合功能提供了机会与舞台，区域内俄语整合功能作用的发挥，将直接决定俄语国家间人文交流与合作的广度深度。俄语在区域一体化进程中的作用不仅与语言教学及语言政策问题直接相关，实际上还构成了这一进程的重要组成部分和内在基础，也是俄语国家间人文交流的主要语言媒介和桥梁。这一进程仍然在持续进行中，政府与学界应当加深对俄语在区域一体化进程中整合功能的理解和认知，有针对性地加强研究，以提出相应的原则、策略与方法。

（二）“一带一路”俄语国家区域一体化与俄语整合功能运用的基本原则

我们认为，在“一带一路”俄语国家区域一体化框架下，俄语作为人文交流组织要素整合功能实施的根本问题在于，将俄语作为跨文化交际的区域性语言（通用语原则），以及在中亚国家及外高加索地区人文交流与合作中与民族语言共同使用（语言多样性原则）。

分析表明，适应阶段的俄语国家间人文交流，俄语整合功能的发挥主要在于保障人文交流中跨文化交际有效进行、减少交际障碍以及保障各国参与一体化机制的平等权利等方面。随着区域一体化进程的不断加深，俄语通用语原则应当成为人文交流与合作新战略实施的基础。俄语通用语原则将不仅具有双边及多边性质，还将覆盖区域一体化机制内的所有成员国。

在经历了适应阶段后，语言多样化原则将取代俄语通用语原则，成为俄语整合功能的题中应有之意。语言多样化原则作为区域内民族交际工具，将加强中亚及外高加索地区各国对民族语言、俄语，甚至汉语的使用。

我们认为，中国与“一带一路”框架下俄语国家人文交流与合作过程中，俄语一体化整合功能将越来越成为关键因素。俄语整合功能的发挥，取决于以下四项原则：

1. 语言与文化的对话性原则

俄语作为实现“一带一路”项目的一体化工具，应当以语言与文化的对话性原则为基础。此原则意味着在建立中亚和高加索的民族语言和多元文化意识对话性过程中，俄语不仅是一种跨文化交际手段，而且对保护并发展当地语言、文化具有重要作用。由于跨文化交际的潜在风险，必须尽快将这一原则从理论上升到实践。可以将俄语用于本国语言文化的教学与传播，在跨文化交际领域，培养具有俄语、母语及汉语知识的专业人才。

2. 人文合作中语言政策和实践的统一原则

这一原则意味着有目的性和针对性地制定、实施“一带一路”

俄语国家语言政策。其核心原则是：语言政策的制定应为国家间人文交流与合作提供有利的先决条件。我们所探讨的语言政策，作为人文合作项目的必要成分，应保障与交际任务具有协调性和一致性，缓和在使用语言一体化工具过程中可能存在的困难和矛盾。

3. 非语言专业人才培养中俄语优先原则

"一带一路"俄语国家区域一体化框架下，人文交流与合作项目的实施不仅仅局限于科学教育领域，而且在旅游、艺术、体育、医疗等领域广泛展开。这些领域都需要俄语作为通用语保障跨文化交际的成功进行。长期以来，除了高等教育领域，其他领域的非语言专业人才的俄语教学问题一直未能得到解决。我们认为，应当加强高校与行业企业的协同创新，发挥高校语言服务职能，在文化、艺术、旅游业、餐饮业、体育、卫生和医疗等领域，将俄语教学纳入非语言专业人才培训。这样，就能够大大加强俄语作为"一带一路"俄语国家通用语地位，扩大国家间人文交流与合作领域，深化合作内涵，从限制性人文交流方式转向泛而直接的人文交流模式。

4. 俄语国家科学研究与成果传播中的俄语优先原则

"一带一路"框架下俄语国家人文交流与合作的重要领域，即科学研究领域，也应当采取俄语优先原则。国内外科学合作项目需对其前景、可行性及相关倡议进行科学规划和分析，并评估其有效性。科研合作的成果传播不能是单语单向的，而应为所有成员国公民所共享。俄语作为后苏联时代俄语国家区域科学通用语，理应成为该区域科研成果跨文化传播的统一工具。

俄语区域一体化整合功能运用原则的提出可望为"一带一路"俄语国家人文交流与合作提供具有可操作性的策略与方法。

四、"一带一路"俄语国家人文交流与合作：策略与方法

我们认为，"一带一路"俄语国家可以采取以下策略与方法，为区域一体化视角下的国家间人文交流与合作提供智力支持和人才保障。

一是建立多元文化认同人才培养的合作模式。“一带一路”俄语国家人文交流与合作需要国际化、创新型、复合型人才储备。我们认为，“一带一路”俄语国家高校应当以大学合作为基础，建立各国高校间多元文化认同人才培养的合作模式。人才培养对“一带一路”俄语国家间人文交流具有基础意义。分析表明，具有多元文化认同及跨文化能力的各国人才培养合作模式可以从以下几个方面着手：其一，探讨建立“一带一路”俄语国家大学联盟或联合大学的可行性。其二，加强各国高校对象国语言文学相关学科专业建设。各国语言学习与教育发展不平衡。我们建议，加强各国高校高等教育合作，将俄语专业教育与区域学专业方向相结合；同时建立区域学、俄语与民族语言双语或多语教育人才培养体系。其三，加强“一带一路”俄语国家对象国区域学、语言学、社会与文化师资队伍建设。

二是建立多元文化认同科学研究的合作机制。“一带一路”俄语国家基于历史与现实的国家利益与意识形态，推行各自的国家观、历史观和文化观。在区域一体化人文交流框架下，推动建立多元文化认同科学研究的合作机制，对增进“一带一路”俄语国家间相互理解、信任与合作具有重要意义。

我们认为，应当在“一带一路”俄语国家各国政府支持下，整合大学及科研院所科研力量，建立由各国多学科学者共同参加的非官方区域文化研究中心，共同制定合作科研项目，在人文交流框架下，就国家认同、历史认同、文化认同等主题联合展开科学研究，在课题设计、资料公开、科研合作、分歧讨论与解决、成果发表与共享等具体问题进行研讨，在制度化安排、政策与资金支持和科研成果推广等可操作性问题上形成结论，由研究中心负责具体落实。

此外，应当在联合科研机制框架下，加强俄语国家区域国别问题研究，民族文化语言对比研究，对各国间频繁出现的文化误解误读，国家及国民刻板印象、定型观念，大众传播中的国家形象塑造与传播中的不平衡现象，民族语言世界图景共性与差异等问题进行实证研究，形成科学严谨的结论，供决策部门参考。

我们认为，多元文化认同的联合科研攻关十分重要。“一带一路”俄语国家各国学者就上述问题进行科研合作，以最终达成共同可接受的科研成果为目标，这对逐步建立各国多元文化认同的最大公约数，形成对合作方核心国家利益关切的同情与理解，建立国家及民众间相互认同与信任，构筑民间友好合作的民意基础具有重要意义。

三是加强多元文化认同智库建设，为"一带一路"俄语国家人文交流提供智力支撑。多元文化认同需要各国智库交流与合作。我们建议，"一带一路"俄语国家高校联合各国科研机构，推进智库建设。智库的建立可望为"一带一路"俄语国家人文交流提供有力的政策咨询、项目调研、风险评估等智力支持。同时，各国际化平台也应发挥智库功能，为具体项目建设提供科研与实务服务。

应当指出，本文提出的理论、原则、策略与方法，并不局限于"一带一路"俄语国家区域一体化进程的实施。语言应在更加广阔的多民族和多元文化区域所能起到区域一体化整合功能，将为更多的理论与实践研究成果所证实。在国际人文交流与合作规模极具扩张之前，随着国际人文交流从双边向多边互动机制的过渡，国内学界应当及时跟进该领域相关问题，为经济全球化及区域一体化顺利实施，提供有解释力的理论、原则、策略与方法。

参考文献

外文：

[1] Crystal, David: English as a global language. Cambridge: Cambridge University Press, 2003. ISBN: 978 - 0 - 511 - 07862 - 0; 222 P.

[2] Schlögel, Karl: Die Mitte liegt ostwärts. Europa im Übergang. München u. a.: Carl Hanser Verlag 2002. ISBN: 3 - 446 - 20155 - 6; 252 S.

[3] Аврамов Г. Г. Язык. Культура. Межкультурная коммуникация (к вопросу о синтезирующем характере межкультурной коммуникации) /Сборник материалов конференции 《Язык и право: актуальные проблемы взаимодействия》 г. Ростов-на-Дону, 2012 г. //http: //www. ling-expert. ru/conference/langlaw2/avramov. html.

[4] Алпатов В. М. Языковая политика в России и мире / Языковая политика и языковые конфликты в современном мире. – М. , 2014. – С. 11 – 24.

[5] Бокань Ю. И. Глобальная гуманитарная миссия России в XXI веке // Международная жизнь, №2, 2010, С. 147 – 152.

[6] Большедворова Л. С. Гуманитарное сотрудничество в современных международных отношениях. /Доклад на семинаре《Белорусско-итальянское гуманитарное сотрудничество》25 апреля 2013 года, Белорусский государственный университет. //centis. bsu. by/ \ new_ site \ news \ sem25. 04 \ Bolshedvorova. doc.

[7] Борисова Е. Г. Роль русского языка в интеграции постсо ветского пространства. //http: //vitanar. narod. ru/autors/borisova. htm.

[8] Вопросы использования русского языка в странах СНГ / Доклад аналитического отдела информационно-аналитического департамента Исполнительного комитета СНГ, 2011. //http: // www. cis. minsk. by/page. php? id = 18144.

[9] Горобец Л. А. Гуманитарное сотрудничество России и Китая в Дальневосточном регионе //Дискуссия - №1 (42), 2014 Цитируется по http: //journal-discussion. ru/publication. php? id = 999.

[10] Гришакова Л. В. Проблема интеграции и реинтеграции пространства СНГ в современных исследованиях (историко-экономический аспект) // Вестник ОГУ №11, 2014. – с. 217 – 223.

[11] Гухман М. М. Лингвистическая теория Л. Вейсгербера /" Вопросы теории языка в современной зарубежной лингвистике". М. , 1961. с. 123—162.

[12] Лебедев С. Н. СНГ - территория реального сотрудничества // Международная жизнь, №2 – 3, 2009 – С. 13 – 19.

[13] Мухаметшин Ф. М. По делам и сотрудничество // Российская газета №4977 (153), 19 августа 2009 года.

[14] Председатель Правительства Д. А. Медведев принял участие

в совещании руководителей представительств Россотрудничества за рубежом // председательправительствароссийскойфедерации. рф/transcripts/item/145/.

[15] Тавровский Ю. В. Си Цзиньпин: по ступеням китайской мечты. - М.: ЭКСМО, 2015. – 272 с.

[16] Хантингтон С. Столкновение цивилизаций. - М.:《Издательство АСТ》, 2003. – 603 с.

[17] Чечевишников А. Л. Гуманитарное сотрудничество в СНГ // Вестник МГИМО, №6, 2011. - С. 47 – 50.

中文:

[1] 海力古丽·尼牙孜、李丹:《"丝绸之路经济带"的建设基础——人文合作》,《新疆大学学报(哲学人文社会科学版)》,2013年第41卷第6期,第28—30页。

[2] 江秋丽:《中俄两国人文领域合作研究》,《黑河学院学报(俄罗斯研究)》,2014年第4期,第12—17页。

[3] 强晓云:《人文合作与"丝绸之路经济带"建设——以俄罗斯、中亚为案例的研究》,《俄罗斯东欧中亚研究》,2014年第5期,第26—33页。

[4] 刘利民:《"一带一路"框架下的中俄人文合作与交流》,《中国俄语教学》,2015年第34卷第3期。

[5] 张全生、郭卫东:《中国与中亚的人文交流合作——以孔子学院为例》,《新疆师范大学学报(哲学社会科学版)》,2014年第35卷第4期,第64—71页。

[6] 谢锋斌:《"一带一路"背景下中国与吉尔吉斯斯坦战略合作探讨》,《商业时代》(原名《商业经济研究》),2014年第34期,第37—39页。

浅析民族主义与亚美尼亚的政治发展*

张　弘

亚美尼亚的政治发展始终伴随着民族主义的嬗变。在国家独立之初，政治转型与民族国家体系的建构过程中，民族主义扮演着重要的角色。民族主义与当代亚美尼亚政治发展存在着结构性的矛盾。从全球化与现代化的角度看，当代亚美尼亚民族主义并没有衰落，而只是处于转型阶段。当代亚美尼亚政治发展只能超越历史上的民族主义，而不能超越民族主义的历史。其面临的困境不能简单地归结为民族主义的制约，更不能以超越民族主义作为解决的途径。民族主义与亚美尼亚政治发展的关系更多地体现为相互扬弃，两者统一于亚美尼亚国家自身政治发展道路的探索。

不同于其他原苏联国家的政治转型，亚美尼亚的独立过程与民族矛盾相伴而生。早在苏联末期，在亚美尼亚和阿塞拜疆这两个加盟共和国之间的民族矛盾已经产生，跨境散居在南高加索地区的各民族关系因此变得紧张，历史问题、领土问题和政治问题伴随着苏联的解体逐渐浮出水面。其中以阿塞拜疆与亚美尼亚之间的纳戈尔诺—卡拉巴赫（简称“纳卡”）矛盾最为突出，实际上已经成为影响亚美尼亚政治转型的一个重要因素。民族问题始终是影响转型国家发展的一个重要问题，民族主义伴随着资本主义制度的兴起而发展，带有强烈的情感色彩，这种凝聚民族感情的意识形态在民族国家塑造中具有积极和消极两方面的作用。一方面，民族主义的兴起促进了长期困于被侵略、被压迫民族的民族解放运动，通过宣扬民族主义思想构建新的国家认同。另一方面，民族主义被认为是国家分裂动荡的始作俑者，它破坏稳定，造成分裂。消极的民族主义影

---

* 作者简介：张弘，博士，中国社会科学院俄罗斯东欧中亚研究所研究员。

响民族国家的发展，破坏社会的安定，使其脱离现代化的步伐，甚至引发政治发展的极端化。

亚美尼亚独立以来，民族主义成为其国内政治发展的重要因素之一。亚美尼亚的政治转型过程大致经历三个阶段，其中包括了国家制度的构建阶段（1991—1995 年）、国家制度的适应阶段（1995—2005 年），以及 2015 年以后的政治制度变革。

一、当代亚美尼亚民族主义的兴起与发展

亚美尼亚人是欧洲南高加索地区的古老民族，但是作为一种意识形态的亚美尼亚民族主义却出现在 18 世纪之后。欧洲的民族国家兴起，一定程度上激发了亚美尼亚资产阶级的觉醒，民族独立意识开始在亚美尼亚社会出现。亚美尼亚民族在历史遭遇的大屠杀事件，以及近代历史上追求民族独立的文化，使得民族主义情结在亚美尼亚社会有着深厚的社会基础。相对于早期的亚美尼亚民族主义思潮，当代的亚美尼亚民族主义兴起于 20 世纪 80 年代，戈尔巴乔夫推进的政治改革，使得被苏联共产党长期控制的民族、历史和领土矛盾不断重新提起，使苏联潜伏着的民族矛盾逐步表面化。1988 年 2 月，主要由亚美尼亚人组成的纳卡州苏维埃通过决议，要求把该州划归亚美尼亚共和国管辖。亚美尼亚加盟共和国苏维埃积极响应，而阿塞拜疆当局则坚决反对，与此同时，在阿塞拜疆的苏姆盖特市，阿、亚两族居民因“自决”问题发生流血冲突，导致 30 多人死亡，200 人受伤。其后又发生了阿、亚双方相互驱赶对方在本国的居民的事件，到 1988 年底就产生了 3 万多难民。冲突双方谁也不肯妥协，阿当局坚决拒绝变更领土的要求，表示不惜用武力维护共和国的“主权”和“领土完整”。亚美尼亚的知识分子，包括地方苏维埃领导人要求解决历史问题的呼声很高，并且在 1988 年爆发了大规模冲突，苏联政府为平息这一事件做了努力，但未能达到预期目标。

苏联后期，亚美尼亚和阿塞拜疆之间不断激化的民族矛盾不仅掺杂着政治问题，还有着一定的宗教和文化分歧。应该说，从沙皇俄国开始，俄罗斯族与亚美尼亚族之间就存在着这种文化和宗教上

的亲近感。处于信奉伊斯兰教民族包围的亚美尼亚族自身实力弱小，曾长期受奥斯曼帝国的统治，他们将维持民族独立和生存希望寄托于外部盟友，俄罗斯族成为其宗教和文化上的紧密盟友。在整个苏联时期，亚美尼亚和阿塞拜疆为民族和领土问题在不断角力，而且联盟中央更偏向于亚美尼亚。[①] 苏联解体后，亚美尼亚重新获得国家独立。1991 年 9 月，纳卡州成立共和国，宣布脱离阿塞拜疆；阿当局立即采取行动，并从 11 月开始对亚美尼亚共和国实施经济封锁。随着苏联解体后民族主义的进一步膨胀，这场延续数年的族际冲突很快形成了大规模流血厮杀。亚美尼亚人追求国家独立的过程也是恢复民族利益和民族正义的过程，政治家和知识分子在国家政治转型中发挥了极为重要的作用。

在苏联后期，亚美尼亚民族主义的兴起与争取民族国家独立一同成长。苏联后期，发生在 20 世纪 80 年代的民族矛盾，一定程度上促进了当代亚美尼亚民族主义的复兴。由亚美尼亚知识分子组建的“卡拉巴赫委员会”成为推动该地区寻求脱离阿塞拜疆，要求在政治上回归亚美尼亚的主要力量。民族主义思潮的兴起使得该地区的民族关系更加紧张，也为后来的亚美尼亚脱离苏联争取独立积累了大量的政治精英。在 1990 年，亚美尼亚的民族主义派别开始走上政治舞台，成为议会中的主导力量，亚美尼亚的独立过程实际上是在这场民族冲突和战争中进行的。苏联后期，政治上主张民族主义的政党——亚美尼亚民族运动党（ANM）主席彼得罗相在 1990 年当选最高苏维埃主席。彼得罗相是亚美尼亚的“卡拉巴赫”委员会成员和亚美尼亚民族运动党的领导人之一。该党奉行的积极民族主义立场，使该党在 1990 年的最高苏维埃选举取得胜利，成为议会中的最大政党。1991 年 10 月，彼得罗相顺理成章地以 83.4% 的得票率当选亚美尼亚首任总统。

首先，民族主义成为亚美尼亚最主要政治力量的意识形态基础。

政党作为现代民族国家人民参与国家治理的重要手段之一，发挥着反映和聚合民意，整合政治体系，动员和发展政治力量，通过

① 道明：《外高加索格局中的纳卡问题》，载《国家关系学院学报》，2012 年第 2 期。

竞选以获取或参加国家政权，执掌国家政权，影响立法、行政、司法过程，通过参与选举获取政权或者监督政府。当代民族主义的基本立场是：本民族的命运要交给本民族的精英集团手里，无论这个精英集团以什么方式产生，倡导什么样的价值观。在民族主义的语境里，只有本民族的精神才能维护本民族的利益，同时对该民族产生影响力，这种立场也是民族主义政治权力合法性的来源。[①] 当东欧和苏联的社会主义政治意识形态破产后，种族和宗教划分便成为民族主义生成的主要动因。在民族主义的驱动下，本民族政治精英更加倾向于高效的行政体制，其中“超级总统制”成为议会中多数党领导人的最佳选择。由于纳卡冲突的激化，刚刚独立的亚美尼亚面临着巨大的安全和领土压力，支持总统的议会制宪委员会在制宪过程倾向于赋予总统更多的权力。因此，在亚美尼亚的 1995 年宪法中，半总统制规定的总统权力十分大，议会缺乏制约总统的行政权，司法在一定程度也接受总统的指导。[②] 权力巨大且缺乏制约的总统制使得亚美尼亚的政治和民主建设进展缓慢，直到 1995 年 7 月，亚美尼亚的首部宪法才得以全民公决通过。在 1995—1997 年期间，这部“超级总统制”宪法虽然确立了三权分立的制度，但是行政、立法和司法都一定程度上从属于总统。这种强调执行力和效率的“超级总统制”具有一定的反危机特点，赋予总统在内政和外交上的“超级权力”，特别是在应对与阿塞拜疆的领土冲突问题上具有较大的决断力。但是，由于总统具有的“超级权力”缺乏有效的监督和制衡，对总统彼得罗相的政治腐败和滥用权力的质疑越来越多。

其次，民族主义也成为亚美尼亚政治不稳定的重要因素之一。

亚美尼亚独立以后，在俄罗斯的支持下，取得了在纳卡地区的军事优势。但是，由于亚美尼亚不仅占领了纳卡地区，还占领了纳卡地区周边的部分阿塞拜疆领土，被国际社会视为违反国际法的行为。土耳其基于宗教和文化的因素，同情阿塞拜疆的领土要求，对

---

① 戴金发：《论后现代时期的民族主义》，载《江西社会科学》，2000 年第 7 期。

② 1995 年《亚美尼亚宪法》详见亚美尼亚总统网站，http://www.president.am/ru/constitution。

亚美尼亚实行了外交孤立和经济封锁。尽管亚美尼亚赢得了纳卡战争，但是经济封锁也给这个国家带来严重的能源危机和经济衰退，许多居民被迫靠烧家具和砍柴来取暖。在1991—1993年期间，亚美尼亚经济下降达41%。[①] 虽然在战争结束后的1994年有所恢复，但是通货膨胀水平在2014年上半年仍处于40.5%的高位，直到6月份开始才下降至7%的水平[②]。一半以上的人口生活在贫困中。紧迫的经济形势迫使执政的首位总统彼得罗相试图缓和与土耳其的关系，就历史问题展开对话，并表示愿意与阿塞拜疆就纳卡问题进行务实对话。

亚美尼亚独立以后，国内政治多元化趋势发展迅速，与此同时"超级总统制"也暴露出越来越多的弊端，亚美尼亚社会要求将国家制度从独立之初的反危机模式逐渐向调整正常的权力平衡模式过渡。由独立之初的民族主义政治力量逐渐分化为温和的和解派和激进的强硬派。和解派要求政府推动国家的政治改革，通过在领土和历史问题上进行妥协，缓和与周边邻国——阿塞拜疆和土耳其的关系。而强硬派拒绝在纳卡问题上让步，特别是拒绝退出占领的阿塞拜疆领土。1998年2月，和解派以捷尔·彼得罗相为代表，主张接受进行斡旋的欧安会明斯克小组提出的和平方案，以纳卡地区"高度自治"换取和平；科恰良总理以及国防部、内务和国家安全部等强力部门领导人则组成强硬派，指责总统在谈判中让步太大，无异于"出卖民族利益"。执政联盟因此发生分裂，尽管在1996年举行的大选中，彼得罗相以51.75%的得票率再次当选总统，还是不得不宣布辞职，提前举行总统大选，代表强硬派政治力量的候选人科恰良在提前举行的大选中获胜，并且随即开始亚美尼亚的修宪历程。

来自纳卡地区的政治家科恰良对于纳卡冲突的立场比较强硬，

---

① 世界银行数据，https://data.worldbank.org/indicator/NY.GDP.MKTP.KD.ZG?locations=AM。

② 阿尔门·哈拉扬：《亚美尼亚政治观察》，1995年第1期，国际人道主义研究所。Армен ХАЛАТЯН, АРМЕНИЯ в январе 1995 года, Политический мониторинг №1(36) от Международный институт гуманитарно-политических исследований, http://www.igpi.ru/monitoring/1047645476/1050414836/Armeniya0195.htm.

以他为首的政治力量被称之为“卡拉巴赫政治集团”。科恰良与其政治盟友，时任国防部长和国家安全局局长的谢尔日·萨尔基相共同构成了强硬民族主义的政党。

执政的科恰良同样面临着国家发展与民族感情的矛盾，拒绝在纳卡问题与邻国进行妥协则意味着亚美尼亚失去经济发展的机会，无法分享地区经济一体化的机会。与此同时，由于车臣恐怖事件，俄罗斯为了获得西方的理解，在纳卡问题上的立场开始松动。亚美尼亚希望俄罗斯能继续支持自己，抵御来自土耳其和阿塞拜疆的军事压力，但俄罗斯出于对车臣问题的担忧，希望在纳卡问题上有所突破，以期形成解决车臣问题的良好环境。自俄罗斯在纳卡问题上的态度有所变动后，亚美尼亚国内出现了分歧。其中一些极端民族主义组织分子在1999年的议会中发动武装袭击事件，枪手打死了包括政府总理在内的多名高官。虽然自1994年以来，亚美尼亚经济有所增长，但社会财富分布严重不均，下层居民的生活依然十分艰辛，失业率超过30%，贫困人口超过一半。严峻的经济形势和失败的外部安全环境使得极端民族主义分子铤而走险，制造血案。极端民族主义的兴起反映出，在困难的地缘政治环境下，在民族主义的压力下，亚美尼亚的政治转型和经济改革实际上问题很多，越来越落后于周边国家。

二、民族主义与亚美尼亚的政治转型

亚美尼亚民族作为生活在南高加索地区的古老民族之一，有着自身独特的文化和历史。在一些亚美尼亚知识分子和政治家的领导下，亚美尼亚人逐渐形成了追求民族权力和独立建国的民族主义思想。早期的亚美尼亚民族主义运动兴起于17世纪，信奉基督教的亚美尼亚政治家希望借助欧洲帝国摆脱穆斯林的统治，当时的亚美尼亚教会大主教可特里克斯向信奉东正教的沙皇俄国，以及信奉天主教的欧洲诸国求援，结果并不顺利。直到一次大战之后，东亚美尼亚才划归苏联，摆脱了土耳其的统治。

首先，苏联后期的政治民主化改革激化民族矛盾。

苏联后期，戈尔巴乔夫开启了一系列政治和经济改革，其中的经济自由化和政治公开化在一定程度上放松了对各加盟共和国的权力控制。各加盟共和国政府在扩大政治权力的过程，也扩大了本民族文化和经济的自主权，这无形之中就会波及少数民族的利益。政治改革不仅打开了政治自由化的大门，也使得被苏共中央长期压制的民族矛盾和历史积怨重新成为社会热点问题。历史上的南高加索是一个多民族混居的地区，各种宗教和文化不断融合，同时也积累了大量的民族矛盾，处于混居的南高加索各民族分离主义也很活跃。早在 1987 年，被划为阿塞拜疆共和国管辖的纳卡自治州发生了阿塞拜疆人与亚美尼亚人之间的冲突，两个加盟共和国因该自治州的归属问题爆发了持久的对立，苏联中央政府通过行政手段和经济安抚暂时搁置了矛盾。但是，在苏联后期，两国之间围绕该地区的经济和文化政策再次升级，苏联政府的撤出使得矛盾激化，造成两个民族之间的敌对和仇视情绪越来越深。

苏联时期，俄语作为官方语言得到普遍的使用，各加盟共和国的少数民族主要使用俄语和本民族语言。对于民族分布较为复杂的南高加索国家而言，加盟共和国的语言反而很边缘化，基本上没有特别的传播空间。苏联末期，政治自由化改革使得各个加盟共和国的权力逐渐扩大，地方政府纷纷加强宣传本民族文化，扩大主体民族语言的教育力度；纷纷通过行政立法，将主体民族语言作为官方语言。1990 年 4 月 10 日，戈尔巴乔夫在同苏联列宁共产主义青年团第二十一次代表的公开谈话中强调：“应该让各共和国的主权变为现实，赋予他们经济自主权、自由发展语言文字、文化传统，等等。对待自治共和国、自治州、民族区、任何一个民族，也是如此。我们已经走上这条路，我坚信这条路是正确的。”① 戈尔巴乔夫的“公开性”政策为暗流涌动的族群矛盾公开化。

纳卡地区位于阿塞拜疆境内，苏联时期这个地区的亚美尼亚人主要使用俄语和亚美尼亚语，阿塞拜疆语反倒很少使用。独立以后，这个问题在纳卡地区的亚美尼亚人中尤为突出，在法律上隶属于阿塞拜疆的亚美尼亚人要求文化、经济和语言自由，到了 1988

---

① 左凤荣：《戈尔巴乔夫民族政策的失误与苏联解体》，载《探索与争鸣》，2015 年第 1 期。

年，他们转而要求并入亚美尼亚。巴库和苏姆盖特爆发了针对亚美尼亚人的骚乱，数千名亚美尼亚人殒命。而在纳卡地区也爆发了针对阿塞拜疆人的攻击，并扩散至亚美尼亚全境。1991 年 9—10 月，亚美尼亚和阿塞拜疆相继独立，纳卡地区也于 12 月宣布从阿塞拜疆独立。作为对纳卡地区独立的回应，阿塞拜疆取消了纳卡地区的自治地位，纳卡战争全面爆发。直到 1994 年 5 月，双方在俄罗斯的调停下于 1994 年 5 月 12 日达成停火协议。

从苏联统治下和平地获得民族国家独立，不仅极大地增强了其民族自信心，也使得被压制百年的民族国家认同得到恢复。亚美尼亚的政治转型过程有着特殊的地缘政治背景和民族主义压力。无论是历史上的奥斯曼帝国对亚美尼亚人的大屠杀，还是苏联时期的民族矛盾，都是亚美尼亚政治无法回避的问题，并成为独立以后的政治核心议题。亚美尼亚的独立过程也是解决历史问题，处理现实民族矛盾的过程。成熟政府在处理国家关系时都会选择对话和谈判，尽量避免使用武力。而处在政治转型中的国家却存在着非理性的选择，特别是在民族问题和领土冲突问题上，强烈的民族主义情绪和恢复“历史正义”诉求使得矛盾升级，甚至导致地区局势的失控，突然开启的政治民主化转型可能引起一系列民族主义灾难。

苏联后期，中央政府对地方民族事务控制力的下降，以及自由化和公开化政策导致了地方民族主义情绪的高涨，一方的极端行为往往会遭致另一方更为极端的反应。对新兴转型国家来说，战争风险尤高，这些加盟共和国一旦失去强大的苏联中央政权的约束，来推行稳固规则以规范人民的政治参与并增强国家权威。因此，民主化没有为高加索地区带来自由，反而使历史沉积的民族仇恨和历史矛盾重新活跃起来。在亚美尼亚政治转型之初，知识分子和政治精英们都认识到，说服大众的方法就是争夺选票，除了自由主义的意识形态外，利用民族矛盾进行政治动员是最好的方式。在国家转型的起始阶段，不仅普通选民对新的政治制度不了解，精英本身同样也未必说得清楚，双方之间难以有效的沟通。在难以认同理性说服的情况下，民主就很容易异化为极端政治。这就如斯奈德指出的，一国经济发展的状态、制度的程序设计、社会现状的不合理以及媒体的发育水平，综合地决定了公众和政治家政治行动的水准。[①]

其次，民族主义绑架政治民主化。

历史问题和民族矛盾的久拖不决严重影响了政治转型的质量和速度，激化的民族主义不仅导致民族情绪的高涨，也会导致政治秩序的非理性。这种非理性政治秩序应该包括两个方面：一个是政治决策程序的非理性。高涨的民族主义会严重限制国家决策选择空间，政治族谱呈现两头大、中间小的结构。甚至会出现极端民族主义绑架社会大多数的情况，通过合法或者非法的手段阻碍政府决策过程。另一个是影响政治精英的素质。政治民主化的过程不仅是制度的程序化，还包括精英的民主化。民族主义是伴随着近代民族国家的构建而产生的，是意识形态的一种表现形式。[②] 民族主义在民族国家构建和发展、权力的合法性及政府行为合理性、民族经济增长以及协调民族国家内部各利益集团之间的关系等方面具有正向功能。美国政治学家杰克·斯奈德所著的《从投票到暴力：民主化和民族主义冲突》深入研究了民族主义的四个经典案例：曾处于历史转折点上的德国、英国、法国和塞尔维亚。并指出民族主义狂热和族群暴力并非源于敌意文化间的“古老仇恨”，而是由于精英阶层为维持现有统治秩序所做的冒险决定。[③]

亚美尼亚独立以来，长期受纳卡问题和历史问题影响处于地缘政治的困境中。由于纳卡问题和亚美尼亚大屠杀问题，来自阿塞拜疆和土耳其的经济封锁使得亚美尼亚难以融入地区经济一体化，以致亚美尼亚在安全、外交和经济等方面严重依赖俄罗斯。近年来，受全球金融危机影响，加之由于乌克兰危机导致的西方经济制裁，俄罗斯经济大幅衰退，使得严重依赖俄罗斯市场的亚美尼亚经济更是雪上加霜，地缘政治的困境也难以突破，国家整体形势越来越被动。

外部地缘政治压力也是导致民族主义情绪居高不下的重要原因，

① 吴强、任剑涛：《全球化时代的新民族主义浪潮》，“东方历史沙龙”（第124期），http：//www. sohu. com/a/159498660_ 120776。

② 马宝成：《试论民族主义的意识形态功能》，载《西北师大学报（社会科学版）》，1999年第2期。

③ 同上。

这在一定程度上绑架了其国内政治和解的进度。目前执政的亚美尼亚共和党领导人多来自卡拉巴赫，主要以罗伯特·科恰良和内政部长兼国家安全部长谢尔日·萨尔基相为代表，该党不仅长期掌控亚美尼亚政治，而且在此基础上形成了控制国家经济命脉的寡头集团。瓦兹根·萨尔基相的弟弟阿拉姆·萨尔基相短暂出任总理，2003 年罗伯特·科恰良连任总统，2007 年谢尔日·萨尔基相出任总理。在 2008 年总统选举中，来自共和党的萨尔基相击败了前总统彼得罗相和前议长阿尔图尔·巴格达萨良，当选总统，谢兰·奥加尼扬任国防部长。2013 年谢尔日·萨尔基相击败首任外长拉菲·奥瓦尼相连任总统。卡拉巴赫集团掌权后，逐渐形成共和党影响力超过半数的局面，强硬的民族主义政党在国家政治生活中形成了主导地位。与此同时，亚美尼亚共和党的政治伙伴——亚美尼亚革命联合会也是一个民族主义色彩较强的政党。该党又称达什纳克楚琼党，是亚美尼亚议会的主要反对党。该党是一个激进主义政党，其思想基础是民族民粹主义，1995—1998 年曾因为涉嫌恐怖主义活动而被禁止在亚美尼亚活动，该党主张纳卡地区与现土耳其境内的部分地区合并，并要求国际社会承认 1915 年奥斯曼帝国对亚美尼亚人实行的“宗族屠杀”事件等，在海外侨民中享有较高声望。可见，目前亚美尼亚的政治精英仍然热衷于民族主义话题。亚美尼亚的反对党同样在纳卡问题上态度强硬，主张在搁置冲突的前提下实现与欧洲一体化，发展与俄罗斯的传统盟友关系。在 2017 年的议会选举中，加吉克·察鲁基扬领导的繁荣亚美尼亚党（察鲁基扬曾是摔跤世界冠军，2004 年他创立了繁荣亚美尼亚党，现在是亚美尼亚第二大党）、前总统彼得罗相领导的“亚美尼亚前途联盟”都反对在纳卡地区撤军。①

亚美尼亚的政治精英普遍具有的民族主义立场不仅来自他们的政治选举策略，更来自其民族文化中的悲情情结。长达一百年的外族统治历史，特别是大屠杀事件是这个民族难以跨越的心结。在与土耳其、阿塞拜疆等邻国化解民族矛盾和历史问题之前，极端的民

① 详见维基百科俄文版“亚美尼亚共和党”，http：//www. ru. wikipedia. org/Республиканская_ партия_ Армении。“繁荣亚美尼亚党”主页，http：//www. bhk. am/。

族主义仍然是亚美尼亚社会的主要压力。民族主义一定程度上影响着政治转型的速度，他们不同于俄罗斯、乌克兰，以及一些中东欧国家的政治精英，不仅将民族主义意识形态应用于国家主权和独立，而且还应用于国内政治斗争和竞争。

三、小结

亚美尼亚的民族主义有其特殊的历史渊源，作为南高加索地区的一个弱小民族，长期受到周围帝国和不同宗教的统治。政区民族国家独立和恢复历史和民族的正义是民族主义的主要意义之一。苏联的解体和冷战后全球化的兴起为亚美尼亚人创造了难得的历史时机，但是民族国家不仅要追求主权独立，还面临着现代化和全球化的任务。

强硬的民族主义可以给亚美尼亚社会凝聚国家认同，为民族国家独立提供意识形态上的支持。但是，民族国家的发展又离不开地缘环境，离不开国际政治和世界经济体系。南高加索地区各民族长期以来不断融合，有着密不可分的交流历史。许多历史矛盾、宗教矛盾和领土纠纷都难以通过战争，或者国际诉讼分辨出是非曲直。因此，超越历史的民族主义也是亚美尼亚国家发展需要解决的课题。理性的民族主义才能造就理性的政治文化和理性的民主社会。

民族主义治理与亚美尼亚的政党政治*

徐海燕　冯永平

2015年12月，亚美尼亚颁布了宪法修正案，将国家政体由总统制转变为议会制，议席数量从原有的131个缩减为101个，议员的任期也由原有的四年修改为五年，总统作为国家元首成为礼仪性职务，影响力下降，政党则在国家政权中发挥愈加重要的作用。2017年4月，按照新宪法原则举行的第六届议会选举是亚美尼亚政治发展史上里程碑式的事件。在获得选举资格的九大政党和党派联盟中，最终有四大政党进入议会。从政治主张上看，尽管各政党的政策取向不同，但都具有较强烈的民族主义色彩。本文通过对亚美尼亚政党政治的发展进行回溯，对民族主义作为亚美尼亚政治发展中的独特现象进行探究，并结合亚美尼亚国情，分析在这一政策取向下国家发展的未来前景。

一、亚美尼亚民族主义的发展历程

作为外高加索最古老的民族，亚美尼亚人拥有源远流长的历史，创造了灿烂辉煌的文明。但亚美尼亚民族的命运十分多舛。由于地处欧亚大陆分界线，自近代以来成为列强俎上肉，饱受列强的瓜分和反复蚕食。亚美尼亚民族主义的历史情结正是来自这段既自豪又屈辱的历史记忆。与此同时，沉重的历史遗产对亚美尼亚现代国家的发展产生了消极影响。从20世纪开始，亚美尼亚与土耳其两国之间的1915年奥斯曼土耳其是否对亚美尼亚人进行过种族灭绝式的大屠杀，展开了长达一个多世纪的争论，至今阻碍了两国关系正常

---

* 作者简介：徐海燕，中国社科院政治学研究所研究员；冯永平，中国社科院MPA中心。

化发展。亚美尼亚与邻国阿塞拜疆之间就纳戈尔诺—卡拉巴赫地区的归属问题（以下简称“纳卡问题”）导致了两国迄今国门禁闭，对外经贸发展受到严重影响。

1990 年 8 月，亚美尼亚正式宣布独立。从苏联的一个加盟共和国成为主权国家，极大地增强人民的自信心和自豪感，民族主义也成为了亚美尼亚国家形塑特定文化与政治主张的理念基础。在亚美尼亚官方文献中，20 世纪以来的亚美尼亚历史，就是一部在民族主义旗帜下争取国家独立和民族解放的历史：1918 年 5 月亚美尼亚纳什达克楚琼党建立的共和国为第一共和国阶段；1920 年 1 月成立的亚美尼亚苏维埃社会主义共和国为第二共和国阶段；1990 年 8 月 23 日，亚美尼亚最高苏维埃通过的《独立宣言》则是第三共和国成立的标志。与此同时，亚美尼亚政党从起初的反对封建殖民的政治运动成长为在国家政治生活中发挥着重要作用的政治力量。

在第一共和国时期，1890 年成立的反抗土耳其殖民统治而建立了达什纳克楚琼党是亚美尼亚历史上最早成立的政党，也是第一个民族主义政党组织，因建立第一共和国而载入史册。到了第二共和国时期，苏联共产党作为统筹亚美尼亚社会、政治、经济和文化发展的核心力量，淡化了包括亚美尼亚加盟共和国在内的民族主义色彩，做出了苏联已经形成“各族人民新的历史共同体——苏联人”不切实际的判断来指导民族工作，导致包括亚美尼亚在内苏联各民族之间的积怨和矛盾长期潜伏，并在 20 世纪 80 年代末，在戈尔巴乔夫“民主化”“公开性”的口号下集中爆发，引发了悲剧性的后果。苏联解体末期，亚美尼亚政治家和知识分子在纳卡地区组建成立卡拉巴赫政治委员会及卡拉巴赫自卫军军事委员会等多个民族主义机构，形成了具有强烈的民族主义色彩的“卡拉巴赫集团”，卡拉巴赫政治团体诸多成员在亚美尼亚独立后成长为驰骋亚美尼亚共和国政治舞台上的风云人物，卡拉巴赫地区由此也成为培养亚美尼亚第三共和国政治精英的摇篮，形成了带有民族主义色彩的政治力量，在亚美尼亚政坛中稳固而持续地发挥着作用。

二、民族主义视域下亚美尼亚政党格局

独立后，亚美尼亚共和国经过了宪法和宪法修正案、三届总统选举、六届议会选举，政治体制从总统制走向了议会制，三权分立的政治体制不断巩固。1991 年 2 月 27 日，亚美尼亚最高苏维埃会议通过了共和国《社会政治组织法》，确立了多党制。此后，各类政党如雨后春笋般建立起来。在目前注册的 73 个政党中，以亚美尼亚民主党、共产党为代表的左翼政党分裂为亚美尼亚共产党、亚美尼亚进步联合共产党和亚美尼亚联合共产党，以公有制、消灭阶级、集体主义政治思想为主张的共产主义政党，在理论内涵和组织形态上发生了深刻变化。在纳卡问题提出寄托于第三方的调节方案后，缺乏相应的政治吸引力。加之受“去苏联化”的消极影响，其政治地位、作用和影响力都非常有限，因此，无论是在议会选举，还是在总统选举中的表现都不尽如人意。

与左翼政党一样，以法治党、新时代党为代表的诸多中派主义政党迎合了苏联解体后亚美尼亚民众反激进化改革的心态，从而具有一定的民意基础。法治党曾在 1999—2012 年的国民议会获得了一席之地。但作为在议会多党制的框架内活动的、非执政党身份存在的体制外政党，充当着不妥协反对派的角色，在纳卡问题上也秉持不温不火、不偏不倚的“中派主义”态度，自 2003 年后影响力不断下降，在 2017 年甚至失去了进入议会的资格。

与上述相反，包括共和党、繁荣亚美尼亚党、遗产党、自由民主党、泛亚美尼亚民族运动、亚美尼亚革命联合会、社会民主主义党在内的诸多右翼政党，其成员涵盖了政权精英、大资本家、社会名流等诸多社会群体，成为政坛上举足轻重的力量。他们不仅迎合了苏联解体后亚美尼亚社会亲西方的社会氛围，凭借雄厚的资金、广泛的人脉、积极的竞选策略积极参加选举和各项社会运动，将权力掌握在自己手中。共和党凭借着两届总统的支持，从 2007 年开始成为共和国规模最大的政党，并稳居第一大党的地位；繁荣亚美尼亚党党首则是参加过世界摔跤比赛并获冠军的体育明星，现为亚美尼亚国家奥林匹克委员会主席，在国内拥有较高的知名度和影响

力，该党仅在成立三年后就在议会选举中胜出，并稳居第二大党的地位；由共和国首位外交部长在2002年创立的亚美尼亚遗产党在2007—2012年的国民会议选举成功获得席位，等等。在上述政党中，以民族主义政治意识形态主张划分，可分为以共和党为代表的，包括民族团结党、国家民主联盟、宪法权利联盟、法律团结党在内的民族保守主义政党，以重视本民族利益与传统家庭社会的稳定为主要政治主张①；以繁荣亚美尼亚党为代表的，以提倡经济自由主义与建立传统、尊重权威与宗教价值兼得的自由保守主义政党②；以亚美尼亚革命联合会（其前身为达什纳克楚琼党）、亚美尼亚雅利安联盟为代表的右翼民族主义政党，以民族、人种与国家三种认同合一为前提，秉持激进民族主义理念，在海外侨民中享有较高声望，成为政坛上的常青树，2017年议会选举中获得第四大政党的地位。

从上文看出，受民族、宗教和领土争端的影响，亚美尼亚民族主义思想具有强大的感召力和吸引力，民族主义的表态甚至成为检验各大政党政治生命力的试金石。可以说，在亚美尼亚，无论左、中、右翼政党只有遵循"政党+民族主义"的取向才有机会获得更长期、稳固的执政地位。

三、对民族主义色彩分析

应当看到，沉重的历史记忆，长期受压抑的历史悲情，使得独立后的亚美尼亚人长期受抑制的屈辱感得以释放，这是亚美尼亚民族主义情绪高涨的主要原因。亚美尼亚政坛浓郁的民族主义色彩还与执政精英的政治经历有关。从独立以来当选的三任总统来看，他们要么出生于民族主义氛围浓郁的纳卡地区，要么曾经在政治生涯中在此地区担任过重要的政治职务。在"民族自决"旗帜下产生的

---

① Rosenberger, Sieglinde. Europe is swinging towards the right-What are the effects on women?（PDF）. University of Vienna. 2002.

② "Full text of David Cameron's speech to the Conservative Party conference", BBC, October 2006.

第一任总统列翁·捷尔·彼得罗相虽出生在叙利亚的阿勒颇，但有着担任过卡拉巴赫委员会主席的经历；宣称自身核心价值体系是“民族”“土地”和“国家统一”的第二任总统罗伯特·谢德拉科维奇·科恰良，曾是纳卡地区的卡拉巴赫运动的主要成员，并创建并领导了卡拉巴赫运动的社会政治组织“米阿楚姆”（亚美尼亚语，意为“统一”——笔者注）；将“团结、自由和爱”作共和国精神基础的第三任总统谢尔日·萨尔基相在1989—1992年曾担任卡拉巴赫地区自卫队委员会司令。经过20多年的政治历练，亚美尼亚的政治精英们深谙以民族主义旗帜作为政治动员的奥妙之处：民族主义的话语是国家政治中较少有风险的领域，且可以同时满足政府的需要、社会自我表达以及其他政治团体参与政治生活的渴望。民族主义的政治取向成为了执政合法性的来源。

亚美尼亚民族主义的价值取向与亚美尼亚侨民强大的政治影响力有关。国家因特殊历史经历造成了亚美尼亚国内人口已不足300万，但有约700万侨民散居在世界其他国家。但与生俱来的认祖归宗的传统、对民族共同体强烈的归属意识和认同意识，使侨民们与“历史的祖国”保持着千丝万缕的联系。苏联时期，亚美尼亚早期的居民点和公共建筑大都由侨民的赞助而建立的。20世纪20—30年代，亚美尼亚的国家教育机构从侨民那里获得了丰厚图书基金和教育捐款①。1988年斯皮塔克地震后到国家独立后发展不同时期，都受到了遍布美欧的侨民基金会、侨民组织、侨商的援助、投资与支持。② 侨民的特殊地位和作用使国家政治精英都非常重视侨民的政治地位和民族主义诉求。共和国第二任总统取消了双重国籍的宪法禁令。1998年设立侨民执行秘书处，以及隶属于外交部的侨民关系办事处，不断加强与海外侨民议的关系。③ 第三任总统则成立了亚美尼亚移民部，举办定期的侨民会议机制。与此同时，亚美尼亚

① Badalyan A., The Stages of History of Armenia-Diaspora Relations, Armenian Immigrations and Homland-Diaspora Relations in 1918 - 1985 ss., Yerevan, 2011, p. 71. (Arm.).

② Petrosyan K., Armenia-Diaspora Relations in 1988 - 2001, Yerevan, 2011, p. 65. (In Arm).

③ Hovhannisyan Edgar, The Development of Relations between Armenia and Armenian Diaspora in 2008 - 2016, 21st Century, № 6 (70), Yerevan, 2016, p. 27. (In Arm).

各主要政党也提出多项议案迎合侨民的政治诉求，如共和党提出推动国内外亚裔大联合的主张，亚美尼亚革命联合会则提出应与现土耳其境内的西亚美尼亚的领土予以合并；繁荣亚美尼亚党则列举了发展与海外侨民关系的系列举措等，加重了国家政治发展中的民族主义色彩。

亚美尼亚民族主义的政治取向，还必须将其纳入全球民族主义浪潮中加以解读。在第三次民族主义浪潮中，亚美尼亚以西方社会为模板开启了独立建国的历程。但同样遭遇了与西方国家一样的问题：新独立的国家面临意识形态的多元化、政治诉求的多元化、社会层级多元化的挑战，以及民众集体主义意识、奉献意识、责任感不断弱化的困境。一盘散沙式的社会状况，使政治精英面临能否在西方式选举中成功进行政治动员的考验。政党精英中以往那些“以人民名义”构建的理性主义话语体系、普适而雷同的价值观，对于分裂的公众而言早已失去了应有的力量。2017 年 6 月以英国大选中出现悬浮议会表明，从政党到民众的撕裂都成为了西方式民主制国家的政治常态。与此相反，那些特有的传统、文化和语言，超越了阶层、意识形态作为选举动员的方式，却能发挥出“我们是同一个民族”的政治隐喻，为分裂的民众勾勒出一个“想象的”共同体，民族主义由此顺理成章地成为政治动员的有效手段。由此，通过民族主义话语体系赢得了国家独立后，亚美尼亚各路精英也十分热衷于在日后的党争中，将民族主义政治意识形态当作一剂处理社会问题的“万灵药”，通过党争选战“普及”给所有亚美尼亚人，最终使民族主义成为亚美尼亚国家治理的主要策略。

四、民族主义与国家的未来发展

概括地说，亚美尼亚强烈的民族主义色彩就是一把双刃剑：鉴于悠久的文化传统和特殊的历史经历，在政党政治中以历史记忆带动民族主义情绪的社会动员方式与亚美尼亚悠久的文化传统相得益彰，因此颇具成效。应该说，亚美尼亚民族主义情绪是对迄今仍然客观存在的外部压力的一种“应激性反应”，是国家达成社会共识、增强民众凝聚力的积极因素。但亚美尼亚还肩负着发展的艰巨任务，存在诸多现实的瓶颈：没有出海口，经济发展又存在着严重的外贸依赖，因边境对抗造成的封锁进一步恶化了外部的交通环境等。

因此，国家必须警惕因传统、历史，以及迄今尚未停止在边境地区的武装冲突而引发的民族主义情绪的激化。如何解决这一问题，在独立后，第一任总统和第二总统就纳卡问题出现了“和解派”和“强硬派”两种治理策略的交锋，最终不得不以“和解派”为代表的彼得罗相总统宣布辞去总统职务而结束。这一重大政治事件反映了亚美尼亚民族主义治理的困境。自 2008 年以来，新当选并获连任的、奉行温和民族主义政策的第三任总统萨尔基相虽然主张用和平手段解决历史问题，但鉴于与邻国过深的历史积怨，并没有取得相应的进展。由此可见，无论是民族主义的“和解派”，还是“强硬派”，都不得不承认与邻国关系难以改善的事实。

为了突破国家当前发展的瓶颈，政治精英也重新审时度势，对民族主义采取较为谨慎的态度，在搁置与阿塞拜疆、土耳其之间争议的前提下，另辟蹊径，积极利用自身处于欧亚大陆结合部的地缘环境的优势，推行“平衡互补”政策，将欧盟、美国、俄罗斯、中国作为外交重点方向，将亚美尼亚打造成为全球经济循环中的多元开放的一员。巩固加强与俄罗斯传统的战略同盟关系，于 2015 年正式加入俄罗斯主导的欧亚经济联盟；发展同美国及欧盟关系，积极参与北约“和平伙伴关系”框架内的各项活动；将与中国的友好关系视为国家关系重要组成部分，响应并参与“一带一路”合作倡议。当前，中国已经成为仅次于俄罗斯的第二大进口国，在亚美尼亚振兴经济的计划中扮演越来越重要角色。

虽然亚美尼亚面临的发展困境不能简单的归结为民族主义的制约，但在亚美尼亚国家自身政治发展道路的探索中，实现民族主义与国家整体发展的相互扬弃依然是亚美尼亚政治精英需要谨慎对待的问题。

亚美尼亚经济在“一带一路”与欧亚经济联盟对接中的发展机遇与一体化选择*

徐坡岭　那振芳

亚美尼亚作为一个具有悠久文化传统的民族，其作为一个国家可谓是命运多舛。1991 年苏联解体后，亚美尼亚成为一个独立的现代民族国家，但过去积累的与周边国家的历史包袱仍然制约着自身的发展。由于自身所处的地缘政治和经济环境，亚美尼亚与阿塞拜疆的边界纠纷，与土耳其的历史恩怨，使得亚美尼亚在对外经济关系选择上受到严酷的约束。为了保持自己的主权独立和领土完成，亚美尼亚在国防、安全、经济等方面形成了对俄罗斯单方面依赖的关系。

在 2014 年 5 月俄罗斯、白俄罗斯和哈萨克斯坦启动签署《欧亚经济联盟条约》之后，亚美尼亚在 2014 年 10 月启动加入欧亚经济联盟的程序，2015 年欧亚经济联盟启动后，正式成为欧亚经济联盟成员国。从亚美尼亚自身经济结构和目前面临的经济增长和发展问题看，亚美尼亚的这种单向一体化选择不利于解决经济中面临的固定资产投资率低、经济增长潜力差和经济安全极其脆弱的问题。2013 年中国提出建设“一带一路”倡议，之后亚美尼亚与中国的经贸关系快速发展。作为欧亚经济联盟成员国和“丝绸之路经济带”沿线国家，亚美尼亚迎来了重要的发展机遇。作为内陆国家，亚美尼亚在开放经济和对外经济合作领域的方向和政策选择将对亚美尼亚的经济发展带来重要影响。

---

* 作者简介：徐坡岭，男，经济学博士，中国社会科学院俄罗斯东欧东亚研究所研究员；那振芳，女，辽宁大学世界经济专业博士研究生。

基金项目：2014 年度教育部人文社会科学重点研究基地重大项目“转型国家与美国的共生与博弈研究”（批准号：14JJD810021）。此篇文章发表于《俄罗斯学刊》2018 年第 1 期。

一、亚美尼亚的基本经济状况及其外部经济关系

1991年底，亚美尼亚成为独立的现代民族国家之后，经历了充满震荡的由计划经济向市场经济的转型。经过20多年的市场化转型和经济发展，目前亚美尼亚已经建立起一套基本符合现代市场经济特征的经济制度，在价格机制、市场竞争、对外开放和货币金融制度方面，基本完成了经济市场化的转型任务。

（一）亚美尼亚的基本经济状况

亚美尼亚是一个人口将近300万，面积约2.9万平方公里的内陆国家。在苏联加盟共和国时期，积累了一定的现代化经济基础，2016年的城市化率为63.6%，无论在城市还是乡村，居民100%可以用上经过处理的饮用水，城乡通电率达到100%。1991年成为独立主权国家之后，经历了比较严重的经济衰退，在20世纪末经济增长趋于稳定，进入21世纪后经历了一段时期的经济增长。但作为小国开放经济，亚美尼亚的经济自生能力较差，且容易受外部因素的影响，2008年全球金融危机和2014年俄罗斯石油和卢布危机都给亚美尼亚经济带来不小的冲击。

根据亚洲开发银行2017年发布的基础数据统计，亚美尼亚是一个经济相对欠发达的小国开放经济。2016年GDP总量105亿美元，人均GDP为3500美元，劳动人口人均月工资收入393美元，在全球排名第133位。[①] 作为一个人口只有300万，面积只有2.9万平方公里的位于南高加索的国家，处于土耳其、格鲁吉亚、阿塞拜疆、伊朗的包围之中。因“纳卡冲突”与阿塞拜疆敌对，与土耳其有世仇，阿、土对亚美尼亚进行政治和经济封锁，因此，资源相对匮乏、基础施设薄弱的亚美尼亚经济发展比较困难。

① Евразийский экономический союз в цифрах 2017，http：//eec. eaeunion. org/ru/act/integr_ i_ makroec/dep_ stat/econstat/Documents/Brief_ Statistics_ Yearbook_ 2017. pdf【2017 - 08 - 05】.

1. 近五年来经济增长逐渐放缓并趋于停滞

2012—2016 年，以亚美尼亚本币德拉姆现价计量的 GDP 总量分别为 4.27 万亿、4.56 万亿、4.83 万亿、5.03 万亿和 5.07 万亿德拉姆，折算成现价美元分别是 106 亿、111 亿、116 亿、105 亿和 105 亿美元。扣除物价上涨因素，经济增速分别为 7.2%、3.3%、3.6%、3.0% 和 0.2%。与经济增长放缓相对应，物价指数也从温和的通货膨胀转为 2016 年的通货紧缩。2012—2016 年的物价指数分别为 102.6、105.8、103.0、103.7 和 98.6。（见表 1）

作为经济扩张和萎缩的最主要指标，亚美尼亚近年来的固定资产投资规模不仅占 GDP 的比重小，而且固定资产投资增速多年呈负增长或微弱增长的趋势。这严重削弱了亚美尼亚经济的产业和技术基础。2012 年固定资产投资增长率为 -2.6%，2013 年达 -7.7%，2014 年和 2015 年恢复微弱的正增长，2016 年再次转为负增长，且达到 -10.8%，2016 年固定资产投资率仅为 7.6%。

与此同时，亚美尼亚的对外贸易也呈现萎缩的态势。这一方面与亚美尼亚货币德拉姆贬值有关，另一方面也与其主要贸易伙伴俄罗斯的经济危机有关。德拉姆贬值降低了亚美尼亚的购买力，导致进口下降。但德拉姆贬值带来的出口产品竞争力上升却没有得到产业支持。

表 1　亚美尼亚 2012—2016 年主要经济指标

	2012 年	2013 年	2014 年	2015 年	2016 年
GDP 总量（亿美元）	106	111	116	105	105
GDP 增长率（%）	7.2	3.3	3.6	3.0	0.2
固定资产投资（亿美元）	12	11	11	10	8
固定资产投资增长率（%）	-2.6	-7.7	0.7	0.3	-10.8
商品零售总额（亿美元）	35	37	37	28	27
欧亚经济联盟外出口贸易（亿美元）	11	11	12	12	14
欧亚经济联盟外进口贸易（亿美元）	32	33	33	22	22
欧亚经济联盟内贸易排名	3	4	3	3	4

续表

	2012 年	2013 年	2014 年	2015 年	2016 年
总出口增速（%）（比上年）	-1	3.4	8.1	0.7	13.3
总进口增速（%）（比上年）	-1.2	5	-0.9	-32.5	-2.2

资料来源：欧亚经济联盟出版《Евразийский экономический союз в цифрах 2017》, http：//eec.eaeunion.org/ru/act/integr_ i_ makroec/dep_ stat/econstat/Documents/Brief_ Statistics_ Yearbook_ 2017.pdf【2017-08-05】。

2. 经济结构及其变化趋势与经济现代化方向背道而驰

欠发达国家的经济现代化，其核心是制造业能力的增强和现代技术水平的提高。在此基础上，发展出具有较高水平的现代服务业和相关的具有一定国际竞争优势的特色产业，从而保证国家经济在一定程度上的自主性和独立性。但在亚美尼亚的经济结构中，物质生产部门比重逐年下降，其中的制造业部门逐渐萎缩。这反映出亚美尼亚经济发展的长期隐忧。

在亚美尼亚2016年的GDP产出结构中，制造业产出占45.3%，第三产业产出占54.7%。在制造业部门中，农业和采矿业产出占了制造业部门产出的绝大部分份额，机械加工产值占比很小。与此同时，近年来亚美尼亚的服务业产值已经超过第一、二产业产值的总和，产业轻型化、轻资产化趋势明显。

从国内生产总值增加值[①]的角度看，2012—2016年，亚美尼亚第一、二产业产值在GDP的比重从51.3%下降到45.3%，服务业比重从48.7%上升到54.7%（见表2）。不考虑各产业的税收负担，则亚美尼亚2012—2016年间农林渔业产出占比下降2.3个百分点，工业增加0.6个百分点，建筑业下降3.3个百分点。与此相对应的是，服务业在经济中的占比有了较大幅度上升。在制造业部门产出不存在扩张的背景下，服务业部门产出占比的上升实际上是产业轻型化和轻资产化的表现，而且属于生产性服务业的批发零售、维修

① 国内生产总值增加值在统计中不包括产品净税收（总产品税减去补贴等转移支付）。在国民经济统计中，从收入法的角度，总产出包括制造业部门（第一、二产业）产出、服务业（第三产业）部门产出和净产品税。

服务和交通运输以及信息通信业产出占比下降（分别减少 1.7 和 0.8 个百分点），说明亚美尼亚的包括制造业在内的物质生产部门总体产出能力在下降。

表 2　亚美尼亚 2012—2016 年 GDP 增加值的结构变动情况
（现价；百分比）

	2012 年	2013 年	2014 年	2015 年	2016 年
GDP 增加值	100	100	100	100	100
包括：					
制造业部门	51.3	50.8	48.9	48.1	45.3
包括：					
农业、林业和渔业	20.1	20.7	20.4	19.3	17.8
工业	18	18.3	18	18.2	18.6
建筑业	13.2	11.8	10.5	10.6	8.9
服务范畴	48.7	49.2	51.1	51.9	54.7
包括：					
批零贸易；汽车等维修	13.5	13.5	13.3	12.2	11.8
交通、仓储与信息、通讯	7.3	6.7	7.2	6.4	6.5

数据来源：同表 1。

从包含净产品税的产业构成看（见表 3），亚美尼亚经济结构的逆工业化和轻型化趋势明显。特别是农业、采矿、加工制造业等物质生产部门的逐年萎缩，并且其税收贡献能力也在下降。表 3 的数据显示，从 2012 年到 2016 年，农业产出在 GDP 中的占比下降了 1.9 个百分点，建筑业下降 3.7 个百分点，加工工业下降 0.2 个百分点。与表 2 一样，这种变化反映了亚美尼亚经济发展缺乏良好的成长性。

由于包括制造业部门在内的整体物质生产部门萎缩，导致为物质生产部门服务的生产性服务业也出现萎缩。商品批发零售、机械维修服务、工程设计、交通运输与仓储服务、信息与通讯服务、金融保险服务、场地管理与活动支持等生产性服务业部门的产出占 GDP 的比重逐年下降，非生产性服务业产出比重上升。这种结构变动损害了国民经济的技术基础。

表 3 亚美尼亚 2012—2016 年 GDP 产业占比构成

	2012 年	2013 年	2014 年	2015 年	2016 年
国内生产总值 GDP	100	100	100	100	100
增加值	89.3	88.9	88.7	89.4	90
包括：					
农业、林业和渔业	17.9	18.4	18.1	17.3	16
采矿与采石	2.7	2.3	2.1	2.1	2.6
制造业	9.4	9.7	9.7	9.3	9.2
供气供电	3.6	4	3.9	4.5	4.5
供水；污水及废弃物处理	0.3	0.3	0.3	0.3	0.3
建筑业	11.7	10.5	9.3	9.5	8
批零贸易；汽车及摩托维修	12.1	12	11.8	10.9	10.6
交通与仓储	3.1	2.6	3	2.4	2.6
信息与通讯	3.4	3.3	3.4	3.3	3.3
金融保险业	4	4	4.3	3.8	4.1
不动产交易	8.2	8.1	8.4	8.7	9.5
科学与科技活动	1	1	1.1	1.2	1.1
场地管理与活动支持	1	0.9	0.9	0.9	0.9
餐饮与住宿服务	0.9	1	1.1	1.3	1.4
公共管理与国防和义务教育	3.7	4	4.3	4.7	5.1
社会保障	3	2.9	2.8	2.9	2.9
教育	3.5	3.8	3.8	3.9	3.9
医疗与社会服务	1.3	1.4	1.8	3.3	4.8
艺术娱乐和其他服务业	0.7	0.6	0.6	0.7	0.8
家政服务	0	0.1	0.1	0.1	0.1
金融中介服务	-2.2	-2	-2.1	-1.8	-1.8
产品净税收	10.7	11.1	11.3	10.6	10

数据来源：同表 1。

3. 低人均收入和高失业率并存

从经济总量和收入水平看，2016 年亚美尼亚 GDP 总量为 105 亿美元（美元现值），人均 GDP 为 3500 美元。从就业部门的劳动报酬状况看，劳动人口人均月工资收入 393 美元，在全球排名第 133 位。①

与上述低收入水平相对应的是，亚美尼亚经济受高失业率和人口流失的困扰。在亚美尼亚 300 万总人口中，16—65 岁的劳动人口共 131.64 万，占总人口的 43.88%。适龄劳动人口中，海外移民人口居高不下。据亚美尼亚民政部门统计，尽管亚美尼亚总人口只有 300 万，其海外移民人口也达到了 300 万人。赴海外劳务，一方面为亚美尼亚带来了大量的侨汇收入，成为亚美尼亚国民收入的重要来源，2015 年这一收入占 GDP 的比重达到将近 20%；另一方面，海外移民也正在损害亚美尼亚国内的人力资本质量。但大量人口移民海外正是由于国内经济不景气和就业机会减少造成的。

受经济衰退的影响，2016 年就业人口只有 107.26 万人（其中农业就业人口 37.9 万），2015 年和 2016 年的失业率达到了 18.5% 和 18.3%。2016 年，在 15—24 岁的青年人中，既没有接受教育或培训，也没有就业的人口占到了 35.6%（其中，女性占 34.8%，男性 36.4%）。在亚美尼亚的就业人口中，2016 年月均工资为 393 美元。按照亚洲开发银行的统计，亚美尼亚日均消费少于 1.9 美元（PPP）人口比例（2014 年）2.3%，但按照亚美尼亚的贫困线标准，2015 年生活在贫困线以下的人口达 29.8%。尽管亚美尼亚整体收入水平不高，但贫富差距不大，2014 年基尼系数为 31.5。②

（二）亚美尼亚的对外经济关系

由于苏联计划经济时期形成的地区分工结构和加盟共和国之间的分工关系，亚美尼亚在 1991 年底独立之后，俄罗斯一直是其最主要的经济贸易伙伴。这一方面是既有的技术体系和分工关系决定的，另一方面也是由亚美尼亚所处的地缘经济环境决定的。在亚美

① Евразийский экономический союз в цифрах 2017，http：//eec. eaeunion. org/ru/act/integr_ i_ makroec/dep_ stat/econstat/Documents/Brief_ Statistics_ Yearbook_ 2017. pdf【2017 - 08 - 05】.

② 以上数据来源：basic-statistics - 2017，https：//www. adb. org/data/statistics【2017 - 07 - 24】。

尼亚的邻国中，其与土耳其的关系长期无法正常化，经贸关系甚至需要经第三国实现。与阿塞拜疆存在“纳卡冲突”，边境处于封锁状态。其他两个邻国伊朗和格鲁吉亚的经济技术水平也无法为亚美尼亚经济的国际化提供足够的市场和产业技术支持。为了国家安全和经济发展，亚美尼亚长期以来一直把俄罗斯作为最主要的合作伙伴，与此同时，也在积极地发展与欧盟和美国、加拿大的经济关系。“一带一路”倡议提出后，中国与亚美尼亚的经贸合作关系也得到了快速发展。

1. 2008 年以来亚美尼亚的经贸伙伴国发生了积极的变化

2008 年金融危机之前，亚美尼亚的外部经贸伙伴中，俄罗斯不但一家独大，而且占据绝对的统治地位。2008 年经济危机暴露了俄罗斯经济的结构性问题，2014 年的卢布和石油危机更打击了俄罗斯对周边国家的经济影响力，亚美尼亚这一时期的外部经贸伙伴也发生了一些带有多元化性质的积极变化。

表 4　2008—2015 年亚美尼亚的前十大出口国（单位：百万美元）

年份	2008	2009	2010	2011	2012	2013	2014	2015
出口总额	1057. 2	697. 8	1041. 1	1334. 3	1428. 1	1480	1519. 3	1486. 9
1. 俄罗斯联邦	208. 2	107. 8	160. 5	222. 3	280	334. 5	308. 4	225. 9
2. 德国	183. 7	114. 9	132. 6	158	153. 1	85. 6	158. 5	145. 1
3. 保加利亚	59. 6	60	156. 6	152. 2	129. 3	152. 2	85. 6	78. 9
4. 伊朗	25. 1	19. 1	84. 8	106. 3	97. 8	95. 5	84. 6	78. 0
5. 中国	1. 8	17. 9	30. 9	16. 3	31. 3	68. 8	171	165. 3
6. 加拿大	15. 9	34. 3	29. 6	70. 4	85. 1	87. 4	93. 3	112. 2
7. 比利时	89. 6	46. 8	72. 5	70. 5	127. 2	131. 1	62. 4	47. 6
8. 格鲁吉亚	81. 8	52. 8	49	61. 9	81. 6	86. 1	84	116. 1
9. 美国	52. 8	67. 3	82. 9	100. 7	87. 5	89	87. 5	54. 6
10. 荷兰	130. 9	52. 2	98. 6	117. 2	79. 7	66. 4	74. 3	47. 3

数据来源：亚洲开发银行，Key Indicators for Asia and the Pacific 2016，https：//sdbs. adb. org/sdbs/【2017 - 08 - 06】。

表 4 显示了 2008—2015 年亚美尼亚的前十大出口国。尽管俄罗

斯排在第一位的地位无可动摇，但中国、加拿大、格鲁吉亚、保加利亚、伊朗等国作为亚美尼亚产品的出口目的地，在其出口总额中所占的比重有了较大幅度的上升。与亚美尼亚出口目的地的较大变化相比，其产品进口来源国的位次表现相对稳定，表5显示了这一结构。

表5　亚美尼亚2008—2015年前十大进口来源国（单位：百万美元）

年份	2008	2009	2010	2011	2012	2013	2014	2015
进口总额	4426.1	3304.2	3749	4144.6	4264.8	4476.8	4401.6	3254
1. 俄罗斯联邦	851.2	793.6	853.3	886.4	1059.2	1110.9	1094.3	948.0
2. 中国	382.2	288.1	404	405.1	400.5	386.5	417.5	316.0
3. 德国	255.2	177	210.7	245.6	265.2	280.6	283.5	201.9
4. 伊朗	203.0	134.3	199.9	217	219.9	198.5	206.5	198.3
5. 土耳其	268.2	178	210.4	240.5	213.6	210.9	232.4	137.0
6. 乌克兰	314.8	203.1	229.9	232.6	216	226.6	201.9	124.7
7. 意大利	157.3	113.9	122.2	170.1	169	164.6	180	148.5
8. 美国	218.9	121.1	111.3	147.6	144	137.9	133.7	108.5
9. 瑞士	19.7	123.1	69.5	78.4	87.1	172.4	146.1	51.6
10. 日本	168.9	76.4	83.3	72.4	98.8	96.3	113.9	57.5

数据来源：同表1。

在亚美尼亚的出口市场中，2015年排在前五位的国家中，俄罗斯和格鲁吉亚属于地缘邻国，中国、德国和加拿大则主要是由对方市场购买力、已有贸易网络等因素决定的。其中，限制亚美尼亚产品出口的一个重要因素是和距离相关的贸易成本。"一带一路"建设的进展将为亚美尼亚克服这方面的障碍提供条件。

2. 亚美尼亚在加入欧亚经济联盟之后出现了贸易转向

在关税同盟和自贸区理论中，关税同盟和自贸区的建立具有贸易创造效应和贸易转移效应。其中，贸易创造效应来自于关税壁垒和非关税壁垒的降低使得原先的不可贸易品成为可贸易品，同时，随着市场扩大和分工细化，将出现贸易品种类和数量的扩展。贸易转移效应则是因为随着成员国之间关税壁垒和非关税壁垒的降低，使得原先与第三方的贸易转向关税同盟和自贸区成员国之间。通常认为，贸易创造效应将从整体上扩展经济福利，而贸易转移效应则主要涉及贸易福利在不同贸易合作伙伴之间的重新分配，同时，贸易转移效应有可能使得合作伙伴从技术和生产率水平更高的伙伴国替换为技术和生产率水平更低的伙伴国，可能引发福利损失。

亚美尼亚在成为欧亚经济联盟成员国之后，尽管2015年当年由于本币汇率贬值，对外贸易总额有所下降，对外贸易总规模没有扩展，但合作对象在欧亚经济联盟内和欧亚经济联盟外发生了较大变化。

表的数据显示，受经济低迷和德拉姆贬值的影响，亚美尼亚2015年对外贸易总额出现了较大幅度下降（-20.9%），其中，自联盟外的进口从2014年的33亿美元减少为2015年的22亿美元，但与欧亚经济联盟成员国的贸易只有小幅下降，从14.31亿美元减少为13.36亿美元，2016年回升到14.71亿美元。这说明，在经济低迷和德拉姆贬值背景下，亚美尼亚与联盟成员国之前的贸易被联盟内贸易替代，欧亚经济联盟在成员国之间的关税减免和非关税壁垒降低使得亚美尼亚的对外贸易发生了一定程度的转向。

2015年1月1日欧亚经济联盟正式启动之后，很快进入了关税壁垒和非关税壁垒的清理阶段。按照欧亚经济联盟的议程设定，到2025年除了实现进出口关税达到零水平（特定成员特定产品的例外除外），非关税壁垒的负面清单也要实现最小化。在亚美尼亚签署的加入欧亚经济联盟的协定中，为亚美尼亚的肉类和谷物进口关税设定了一个过渡期，但在2025年也要达到与其他成员国相同的水平。

经过2015年的运行，2016年欧亚经济联盟的贸易转移效应迅速显现。在由于2014年卢布危机和石油危机双重影响下，俄罗斯对外贸易在2015年比2014年减少了1/3，进而导致亚美尼亚与俄罗斯和其他欧亚经济联盟成员国相互贸易负增长（-20.9%）的背景下，2016年亚美尼亚对欧亚经济联盟成员国的贸易比2015年增长了53%（表6）。

表 6　亚美尼亚 2012—2016 年与欧亚经济联盟成员国及外部贸易状况

	2012 年	2013 年	2014 年	2015 年	2016 年
对外贸易总额（亿美元）	56.41	58.65	59.71	47.25	50.65
增速（与上年比）	103	104	101.8	79.1	107.2
其中：总出口（离岸价，亿美元）	13.80	14.79	15.47	14.85	17.92
包括：对联盟外出口（亿美元）	11.00	11.00	12.00	12.00	14.00
总进口（到岸价，亿美元）	42.61	43.86	44.24	32.39	32.74
包括：自联盟外进口（亿美元）	32.00	33.00	33.00	22.00	22.00
欧亚经济联盟内贸易总额（亿美元）	12.46	13.82	14.43	13.36	14.71
欧亚经济联盟内部相互贸易变动%	24.5	21	-7.7	-20.9	53

数据来源：亚美尼亚国家统计局，http://www.armstat.am/ru/?nid=12&id=10001&submit=Поиск【2017-08-06】；欧亚经济联盟出版《Евразийский экономический союз в цифрах 2017》，http://eec.eaeunion.org/ru/act/integr_i_makroec/dep_stat/econstat/Documents/Brief_Statistics_Yearbook_2017.pdf【2017-08-05】；亚美尼亚国家统计局：《Статистический ежегодник Армении，2016》，http://www.armstat.am/ru/?nid=586&year=2016【2017-08-06】。

二、亚美尼亚经济增长和发展的核心问题

从亚美尼亚经济结构可以看出，作为一个以农业和采矿业为主要支柱，并具有一定的现代经济基础的内陆国家，亚美尼亚的经济发展主要取决于两个方面的因素。一方面，在开放经济条件下，在亚美尼亚经济融入外部经济循环时，发挥自身的比较优势，并形成竞争优势，从而与外部建立有利于本国经济发展的分工与经济合作关系。另一方面，亚美尼亚经济增长必须建立在提高投资率的基础上。投资率的提高可以通过两个途径实现，一个途径是提高自身的积累率，另一个途径是引进国际资本，利用外资构建本国的产业技术基础。

（一）自然资源匮乏、现代产业基础落后和地缘经济环境恶劣是经济发展的最大障碍

亚美尼亚地处南高加索内陆地区，周边地缘政治经济环境对经

济发展带来很大障碍。与邻国土耳其的关系无法正常化，因为边境争端受到阿塞拜疆的封锁。格鲁吉亚和伊朗作为邻国，都是经济发展程度相对较落后的国家，无法为亚美尼亚经济发展提供市场和资本支持。

自然资源方面，亚美尼亚一直无法实现粮食自给。矿产资源方面主要有铜矿、铜钼矿和多金属矿，但缺少化石能源。工业基础薄弱，多数工业设备和制成品需要进口。原有的米沙摩尔核电站因为技术和安全问题需要关闭，新核电站建设需要45亿—49亿美元的资金，进入工程建设阶段还要克服许多困难。

（二）低固定资产投资率是制约亚美尼亚经济增长的最根本问题

现代经济增长理论认为，要素投入的增加和劳动生产率的提高是推动经济增长的两个根本途径。其中，高积累率和高投资率在现代经济增长中居于核心地位。劳动生产率的提高和技术进步主要依赖于产业集聚和分工的深化，“干中学”是劳动生产率提高和技术进步的主要源泉。对于大多数国家而言，技术革命引发的技术进步和劳动生产率提升是可遇不可求的事情。而对于那些不具有市场规模的国家而言，开放条件下加入国际分工，实现规模经济效应、产业集聚效应和分工深化效应，是提升本国劳动生产率的唯一途径。因此，投资增长和要素投入的增加是经济增长的前提条件。

表7　亚美尼亚2012—2016年的经济增长与投资状况

	2012	2013	2014	2015	2016
GDP总量（亿美元）	106	111	116	105	105
GDP增长率（%）	7.2	3.3	3.6	3	0.2
固定资产投资（亿美元）	12	11	11	10	8
固定资产投资增长率（%）	-2.6	-7.7	0.7	0.3	-10.8

数据来源：同表1。

在亚美尼亚，极低的固定资产投资率（见表7）是其经济增长和经济规模扩张的主要障碍。如上所述，由于资本匮乏，亚美尼亚经济在最近五年来出现了轻型化和轻资产化的发展趋势。这种趋势尽管可以在一定程度上回避资本积累不足的问题，但亚美尼亚服务业的发展并不是建立在服务业内部结构优化的基础上的，相反，生产性服务业的萎缩和消费性服务业的扩张意味着亚美尼亚经济的技术基础仍在恶化。

亚美尼亚的固定资产投资率一直处于一个很低的水平，不足以实现扩大再生产，甚至不足以维持简单再生产。2012—2016 年亚美尼亚的固定资产投资总额分别为 12 亿、11 亿、11 亿、10 亿和 8 亿美元，固定资产投资率分别为 11.2%、10.0%、9.6%、9.1% 和 7.8%。经济学揭示的现代经济增长规律表明，维持简单再生产的固定资产投资率需要保持在 20% 左右的水平，如果把固定资产投资率提高到 25%，经济增长将出现扩展的迹象，超过 30% 的固定资产投资率将推动下一个生产周期的大规模经济扩张。相反，低于 18% 的固定资产投资率预示着经济增长处于收缩甚至萎缩的状态。亚美尼亚的固定资产投资率不支持经济以较快速度增长。

不仅积累率和固定资产投资率低，而且亚美尼亚近年来的投资增速持续下滑，2012 年固定资产投资增长率 -2.6%，2013 年为 -7.7%，2014 年和 2015 年有微弱的增长，但 2016 年再次下降为 -10.8%（数据见表 1）。投资萎缩，使得经济增长的长期前景非常堪忧。

（三）高贸易赤字和较高的债务及财政赤字与低资本形成之间构成了恶性循环

亚美尼亚的低固定资产投资率与长期外贸逆差有很大的关系。一国新增国内生产总值在用途上分为消费、投资和净出口。其中，设备投资、存货投资和贸易顺差被视为净积累，贸易逆差则被视为净消费。亚美尼亚自 2000 年以来进口总额一直大幅超过出口总额，外贸逆差逐年扩大，如 2008 年进口总额 44.26 亿美元，出口总额 0.57 亿美元，外贸逆差达 44.69 亿美元，占当年国内生产总值的将近 40%。2012 年外贸逆差 42.39 亿美元，占当年 GDP（106 亿美元）的 39.99%。[1] 2012 年之后，亚美尼亚的外贸逆差总额有所下降，但仍维持在 10 亿美元至 35 亿美元之间。

由于外贸赤字和经济结构问题，亚美尼亚的国家债务负担持续上升。从 2012 年到 2016 年，主权债务总额从 1.763 万亿德拉姆上升到 2.872 万亿德拉姆，主权债务占 GDP 的比重从 44.1% 上升到 56.7%。政府财政赤字也从占 GDP 的 1.5% 上升到 5.6%（见表 8）。

由于缺乏经济基本面和储蓄率、积累率的支持，亚美尼亚的高主权债务水平、高财政赤字和高贸易逆差使得亚美尼亚的国家信用和在国际市场融资的能力都受到严重影响。高债务负担和高财政赤字将给国家的经济安全和经济稳定带来严重影响，并进一步影响到经济发展的长期潜力。

表 8　2012—2016 年亚美尼亚的债务和财政状况

	2012 年	2013 年	2014 年	2015 年	2016 年
国家债务总额（10 亿德拉姆）	1763.4	1860.3	2108.6	2455.4	2872.2
国债占 GDP 比重（%）	44.1	40.8	43.7	48.8	56.7
财政盈余（赤字）占 GDP 比重（%）	-1.5	-1.6	-1.9	-4.8	-5.6

数据来源：同表 1。

（四）小国开放经济特征使得经济自主性差，易受外部因素的影响和冲击

尽管亚美尼亚是一个居于内陆的小国经济，但经历了市场化经济转型之后，其经济的开放度已经达到了一个较高的水平，在 2012 年其进出口占 GDP 的比重达到了 53.1%，接近于 59% 的世界平均水平（见表 9）。

2015 年，受本币汇率贬值的影响，亚美尼亚的进口下降幅度很大，使得进出口总额占 GDP 的比重比上年减少了 6.7 个百分点，2016 年出口快速增长，一定程度上抵消了进口额的下降，使得

① 数据来源：亚美尼亚国家统计局，http://www.armstat.am/ru/?nid=159【2017-08-06】。

2016 年进出口总额占 GDP 的比重再次回升。更高的对外开放度意味着更高的对外经济依赖度。特别是对于那些国民经济体系不够健全的小国开放经济而言，更是如此。

表 9　亚美尼亚的经济开放度（进出口占 GDP 比重）

	2012 年	2013 年	2014 年	2015 年	2016 年
出口比重	13	13.3	13.3	14.4	16.9
进口比重	40.1	39.4	38	30.5	30.8
进出口比重	53.1	52.7	51.3	44.6	47.7

数据来源：同表 1。

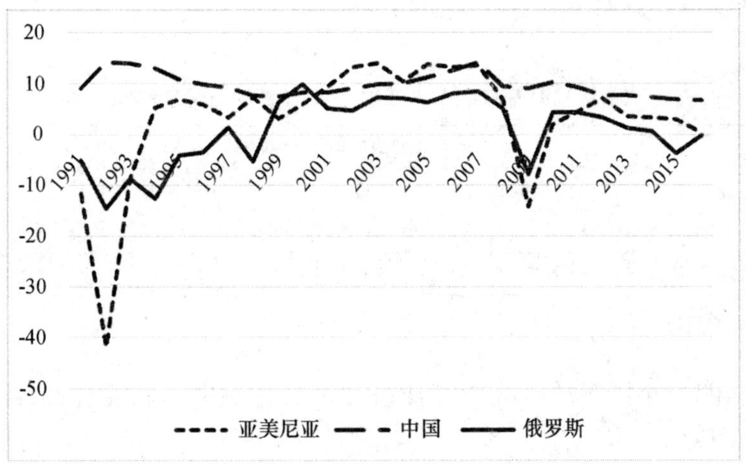

图 1　亚美尼亚、俄罗斯和中国 1991—2016 年间的 GDP 增长率（%）

数据来源：世界银行，http://data.worldbank.org.cn/country/armenia? view = chart【2017 - 08 - 07】。

由于亚美尼亚受到土耳其和阿塞拜疆的经济封锁，其传统的经济伙伴一直是俄罗斯，因此，对俄罗斯的经济依赖使得亚美尼亚与俄罗斯之间在面临经济危机时出现了相关度很高的共振现象。而且，从冲击的影响深度看，亚美尼亚的波动幅度更大（见图 1）。

（五）亚美尼亚现有的外部经济一体化方向存在隐患

由于地缘政治和地缘经济原因，亚美尼亚在独联体地区经济一体化的过程中，选择了由俄罗斯主导的欧亚经济联盟作为外部经济一体化合作的主要方向。

与俄罗斯和欧亚经济联盟的经济一体化对亚美尼亚经济的影响有其有利的一面，也有不利的一面。有利的一面是可以通过与欧亚经济联盟成员国的经济一体化，发挥本国的资源比较优势，提高经济增长潜力，获得分工的贸易收益和增长收益。不利的一面则是，欧亚经济联盟成员国经济并不处于世界先进的技术水平和劳动生产力水平上，无法对亚美尼亚经济的现代化发展提供足够的资金、技术和市场规模支持。与此同时，欧亚经济联盟成员国的经济结构存在很强的同构性，对自然资源的依赖以及基础设施均相对薄弱，使得亚美尼亚与成员国之间的经济一体化在很大程度上是低技术水平的一体化，这种一体化对亚美尼亚经济的现代化发展，其积极意义有限。

首先，从贸易结构来看，在与俄罗斯的经贸关系中，通过向俄罗斯出售农产品和矿产品换取外汇，并从俄罗斯进口食品和工业制成品。相对而言，比亚美尼亚大得多的俄罗斯国内市场为亚美尼亚的产品提供了价值实现的场所和渠道，并且由于两国经济在一定程度上的互补性，为亚美尼亚带来不少的分工和贸易的福利收益。但必须看到，在农产品和矿产资源类产品方面，俄罗斯与亚美尼亚之间也存在很强的竞争性。这使得相互贸易中，亚美尼亚很难把握贸易品的定价权。因此，分工福利的分配并不有利于亚美尼亚。

其次，亚美尼亚需要的是投资和产业发展，但无论是俄罗斯还是欧亚经济联盟的其他成员国，都属于资本匮乏、资本成本昂贵的国家。

在亚美尼亚与欧亚经济联盟成员国形成经济一体化关系的过程中，很难从联盟内获得资本投资和产业技术水平的提升。表10的数据表明，在欧亚经济联盟成员国中，亚美尼亚的固定资产投资率是最低的，俄罗斯的情况好于亚美尼亚，但固定资产投资率也没有超过20%，因为俄罗斯也是一个资本短缺的国家。其他成员国如吉尔吉斯斯坦和白俄罗斯的投资率稍高一些，这与两国引进外部资本有很大关系。因此，欧亚经济联盟其他成员国不可能成为亚美尼亚提高投资率的资本来源国。

表 10　欧亚经济联盟成员国 2012—2016 年固定资产投资率（%）

	2012 年	2013 年	2014 年	2015 年	2016 年
亚美尼亚	11.2	10	9.6	9.1	7.8
白俄罗斯	28.2	31.2	28	23	19.2
哈萨克斯坦	17.6	16.9	16.6	17.2	16.7
吉尔吉斯斯坦	23.6	23.3	26.9	29.6	29.1
俄罗斯	18.8	18.9	17.6	16.7	17
欧亚经济联盟	18.9	19.1	17.8	16.9	17

数据来源：同表 1。

表 11　欧亚经济联盟成员国 2012—2016 年失业率
（年度平均，失业人员/总劳动人口，%）

	2012 年	2013 年	2014 年	2015 年	2016 年
欧亚经济联盟	5.7	5.6	5.4	5.7	5.7
亚美尼亚	17.3	16.2	17.6	18.5	18.3
白俄罗斯					5.8
哈萨克斯坦	5.3	5.2	5	5	5
吉尔吉斯斯坦	8.4	8.3	8	7.6	
俄罗斯	5.5	5.5	5.2	5.6	5.5

数据来源：同表 1。

低投资率意味着本就不多的劳动人口无法与资本结合，形成有效的劳动投入。表 11 表明，在欧亚经济联盟成员国中，亚美尼亚的失业率是欧亚经济联盟平均失业率的大约 3.5 倍。更高的失业率意味着更低的劳动边际报酬率。大量失业人口的存在不仅是严重的社会问题，会增加社会保障体系的负担，并可能引发政治动荡，而且也是巨大的人力资本浪费。正是由于大量失业人口的存在，亚美尼亚出现了持续的净人口流出，去俄罗斯打工，并汇回收入，成了亚美尼亚经济增长的重要来源。据统计，亚美尼亚 2012—2015 年，移民净外流达 81500 人。

最后，与俄罗斯经济形成更高程度的依赖关系，将把俄罗斯经济的脆弱性和来自俄罗斯的农产品和矿产资源的竞争性传导进亚美尼亚经济中，影响亚美尼亚的经济安全和长期增长潜力。

俄罗斯经济的能源依赖性特征意味着，其经济安全和稳定方面存在很大的隐患，即经济脆弱性问题。由于石油美元收入引发的卢布汇率高估，俄罗斯从 2000 年经济恢复增长之后，一直存在严重的去工业化问题。亚美尼亚经济高度依赖于俄罗斯经济的健康稳定，意味着俄罗斯遇到的外部冲击将很快传导到亚美尼亚，从而增强其经济的波动性。亚美尼亚在 2014 年 11 月开始实行盯住通货膨胀目标的浮动汇率制度①，与俄罗斯的几乎同步进行汇率制度改革。但从货币锚来看，尽管都指向通货膨胀目标制，但实际有效汇率的长期锚是劳动生产率，中期锚是经常账户状况，短期锚则是资本账户状况，在能源原材料价格低迷的情况下，俄罗斯的长期卢布前景将是弱势的。相对而言，以通货膨胀目标制来锚定德拉姆，德拉姆背后的劳动生产率、经常账户和资本账户状况被掩盖起来。那么，弱势卢布就意味着，在亚美尼亚与俄罗斯的贸易关系中，亚美尼亚产品的竞争力将因为汇率问题而被弱化，对俄贸易逆差的状况将难以改变。

三、“一带一路”为亚美尼亚多元一体化和经济发展带来机遇

在亚美尼亚的对外经济合作伙伴中，中国居于重要的地位。2010 年中国超过德国成为亚美尼亚的第二大贸易伙伴国，贸易总额 4.349 亿美元（自亚美尼亚进口 0.309 亿美元，出口 4.04 亿美元），超过德国的 3.433 亿美元（德国出口 2.107 亿美元，进口

① Annual Report on Exchange Arrangements and Exchange Restrictions 2016，https：//www.bookdepository.com/Annual-Report-on-Exchange-Arrangements-Exchange-Restrictions - 2016 - Imf/9781475522365【2017 - 08 - 06】.

1.326亿美元)。2013年“一带一路”建设倡议实施后，中国与亚美尼亚的贸易在结构上发生重要变化。首先是，中国2014年成为亚美尼亚的第二大出口市场，出口额达到1.71亿美元。其次，中国作为亚美尼亚进口来源地的地位进一步上升，2014年自中国的进口达到4.175亿美元。亚美尼亚与中国的贸易额占其2014年外贸总额的9.86%。

对亚美尼亚而言，“一带一路”建设给其带来了一个巨大的需求市场和物美价廉的工业品进口来源地。中国为亚美尼亚对外经济合作的多元化发展提供了一个高质量的合作伙伴。

首先，通过“一带一路”，亚美尼亚与欧亚经济联盟之外的第三方发展更加密切的经贸关系有利于维护亚美尼亚的经济独立性和经济权益。

亚美尼亚经济的自主性和安全性是由其自然资源、国内产业体系和地缘经济环境决定的。作为一个自然资源相对贫乏的内陆国家，目前亚美尼亚经济的支柱是矿业开采、能源电力和侨汇收入。农产品自给率迄今仍没有超过60%，基础设施也相对破旧，境内公路、铁路、通讯和信息服务都因为缺乏资金投入，无法及时更新和进行现代化改造。目前侨汇收入仍占GDP总额的18%—20%左右，侨汇收入中的80%来自俄罗斯。电力和其他能源企业目前已经完全由俄罗斯控制。铜矿、钻石、农产品出口带来的外汇收入无法覆盖相当于出口3倍规模的进口外汇需求，外贸赤字成为亚美尼亚经济发展的巨大障碍。

作为亚美尼亚最主要的经济合作伙伴，俄罗斯对亚美尼亚能源、电力等支柱企业的控制已经基本上掌控了亚美尼亚的经济命脉，从资本供给能力和意愿上看，俄罗斯无意投资亚美尼亚的道路、交通等基础设施。“一带一路”建设及其与欧亚经济联盟的对接，为亚美尼亚商品出口方向、替代性进口品的选择提供了更大的空间。“一带一路”致力于设施联通、资金融通和贸易畅通，可以为亚美尼亚带来更多的基础设施投资和其他产业投资。

对亚美尼亚而言，多元化的出口战略是解决其贸易赤字和经济单方依赖性的关键。表10和表11的数据表明，亚美尼亚的进口市场具有一种比较好的多元化结构，尽管俄罗斯占据了其进口来源的

1/3 至 1/4，但其将近 70% 的进口品是来自欧亚经济联盟之外的国家。对亚美尼亚而言，其出口市场的多元化是对外经济合作中更加需要重视的问题。

其次，“一带一路”为亚美尼亚解决上述经济发展的核心问题，克服经济发展的障碍提供了机遇。

目前亚美尼亚经济增长需要解决的关键问题提高积累率和投资率，为经济发展建立良好的产业基础。而要做到这一点，加入外部分工体系，提高出口能力，实现外部平衡非常重要。

目前，亚美尼亚的外部经济分工主要是通过加入欧亚经济联盟，与俄罗斯进行经济分工对接。但在分工关系上，俄罗斯的市场规模、区位优势和产业体系与亚美尼亚的比较优势并不存在良好的互补关系。尽管目前作为欧亚经济联盟成员国，亚美尼亚已经获得了一定的经济福利和经济收益，但这些收益对于提升亚美尼亚经济的技术和产业水平还远远不够。“一带一路”与欧亚经济联盟的对接，是亚美尼亚发展对外多元经济一体化的良好机遇。

第一，参与“一带一路”合作，可以帮助亚美尼亚从一个内陆国家转型为联通世界市场的多元开放经济体。前面的数据和分析表明，在亚美尼亚的主要贸易伙伴中，欧盟、俄罗斯和中国的地位最为重要。“一带一路”建设可以拉近亚美尼亚和中国、欧盟这两个世界最大需求市场和产业基地的距离，降低国际贸易成本，从而帮助亚美尼亚成为全球经济循环中的一个多元开放的成员。

第二，亚美尼亚可以借助“一带一路”与欧亚经济联盟对接，通过外部多元一体化，提高本国经济在国际分工体系中的自主性和抗风险能力。

第三，可以借助“一带一路”与欧亚经济联盟的项目对接，成为“一带一路”的一个基础设施节点和产业分工节点，借助“一带一路”带来的市场、资金和技术发展本国经济。

第四，目前“一带一路”与欧亚经济联盟的对接仍在探索之中，项目对接、金融对接、双边对接和多边对接等对接方案都是可选择项。亚美尼亚可以在这一过程中发挥积极作用。

第五，“一带一路”与欧亚经济联盟对接，目前存在双边谈判机制和多边谈判机制的方案选择。俄罗斯坚持多边谈判，力图以欧亚经济联盟的整体力量与中国的单边力量进行博弈。这一谈判机制将大大提高欧亚经济联盟的要价能力，并延长实质性对接的时间，并有利于欧亚经济联盟提高对外部第三方的壁垒水平。中国一方面统一这种多边机制，但同时为了尽快落实"一带一路"建设的成效，更加倾向于双边的谈判和对接。在欧亚经济联盟成员国中，亚美尼亚作为经济实力最弱的一个成员，也是最缺乏经济自生能力的一个成员，多元化对外经济一体化合作最为符合其自身利益。中国可以在这方面通过与亚美尼亚的双边对接，加速与欧亚经济联盟的实质对接。

参考文献

[1] 亚美尼亚国家统计局：《Социально-экономическое положение Республики Армения в январе-ноябре 2016》，http：//www. armstat. am/ru/? nid = 82&year = 2016【2017 - 08 - 07】。

[2] 欧亚经济联盟委员会：《Евразийский экономический союз в цифрах 2017》，http：//eec. eaeunion. org/ru/act/integr_ i_ makroec/dep_ stat/econstat/Documents/Brief_ Statistics_ Yearbook_ 2017. pdf【2017 - 08 - 07】。

[3] 亚美尼亚国家统计局：《Статистический ежегодник Армении，2016》，http：//www. armstat. am/ru/? nid = 586&year = 2016【2017 - 08 - 06】。

[4] 国际货币基金组织：Annual Report on Exchange Arrangements and Exchange Restrictions 2016，https：//www. bookdepository. com/Annual-Report-on-Exchange-Arrangements-Exchange-Restrictions - 2016 - Imf/9781475522365【2017 - 08 - 06】。

[5] 欧洲复兴开发银行：basic-statistics - 2017，https：//www. adb. org/data/statistics【2017 - 07 - 24】。

亚美尼亚经济发展的思路、模式与成果*

易礼群

引言

亚美尼亚人口数量小，其低收入决定了国内市场的容量小和对对外经济关系较强依赖性。同时，由于地理位置和地缘政治的原因，亚美尼亚运输和物流成本较高，这降低了经济和预算收入的性能。这也使亚美尼亚不能将收入完全用于经济发展目的的大型项目。纳戈尔诺—卡拉巴赫问题是经济发展的重要制约因素。

亚美尼亚经济发展模式的问题需要积极讨论，就亚美尼亚具体条件而言，必须考虑到以下问题：基本上依赖进口的国内需求的限制、严重依赖欧盟和俄罗斯需求的商品出口市场而导致生产范围的狭窄性、(国家不能广泛以自己货币结算）内部的限制、(因为信用等级较低）资源开发外部资金的限制和运输封锁的风险。

在独立的不同阶段，考虑自身所处的对外经济和地缘政治条件，亚美尼亚借鉴全球经验做法，使用不同的方法促进经济增长。亚美尼亚在1992—2015年期间GDP的动态示意图形类似于锯齿形：在1992—1999年期间增长缓慢，2000—2008年爆炸式增长后，2010—2015年增长逐渐中断。这意味着2000—2008年失去增长动因，国家应该寻求新的方法来发展经济。

但无论经济增长的动态如何，亚美尼亚的总开支始终超过收入。由此产生的赤字通过对外借款和汇款填补，其中包括侨居国外的同胞和国际组织的帮助。外资在减少金融失衡方面起着非常重要的作用，但外资没有充分进入到那些能够保证提高国家出口潜力的经济领域中。经济失衡严重影响了亚美尼亚社会政治状况，这又为外国

---

* 作者简介：易礼群，俄罗斯莫斯科国立大学，语言学专业在读博士生。

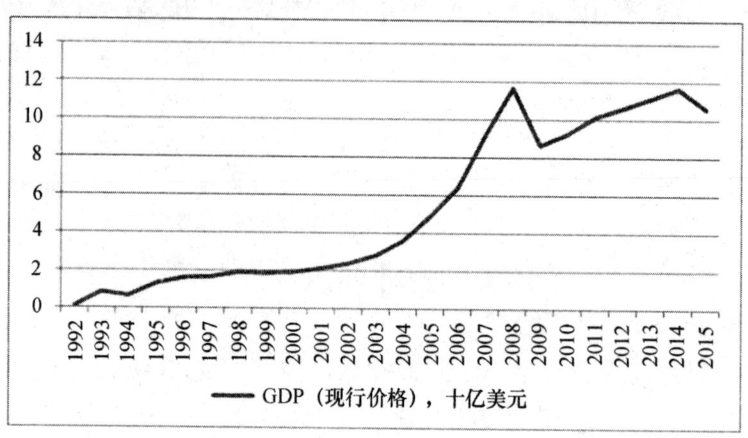

图1　亚美尼亚票面GDP动态变化图

投资者和国家政治局势带来新的风险。

某种程度上，从亚美尼亚可以观察到其他典型的后苏联国家特点。考虑到亚美尼亚欧亚经济共同体成员国身份所带来的机遇和与其他国家国际经济关系方面的合作，本报告试图找到亚美尼亚社会经济发展的可能途径。

一、亚美尼亚发展思路与模式

独立后亚美尼亚经济发展初期的主要思路与华盛顿共识所倡导的市场转型有关。亚美尼亚的领导人希望快速实现市场转型和经济生活的自由化，认为居民的创业举措能够弥补因地缘政治、转型衰退和运输封锁造成的损失，迅速走出经济衰退，步入经济稳定增长的轨道。

在同一时期，亚美尼亚国家和大量侨民的主要任务确定为保持民族国家的主体性，即在做出根本性的决定时，主权被看作是绝大多数遍布世界各地的亚美尼亚人不容置疑的一致价值。基于此，其制定了以下四种发展方案。

一是巴拉主式的发展，假设基于军队强大的国家权力，与外界相对隔离。廉价的劳动力和集中管理能够带来经济利益，但这些经济利益是相对短期的。局限于亚美尼亚人散居狭窄国内市场的封闭性和与国际金融资源接触的有限性可能会很快造成经济和技术上的落后，使人力资本缩水。

二是利用亚美尼亚充当俄罗斯在高加索地区前哨的功能。根据这个方案，高加索地区保持着相对和平，亚美尼亚共和国取得“俄罗斯在高加索地区的全权代表”的非官方地位，这就意味着能够得到来自莫斯科方面所有形式的军事和经济援助。基于高技能劳动力的存在、广泛的侨民支持和外部援助、教育和科学研究的投资，亚美尼亚的经济将出现增长。然而，经济增长将非常不均衡，因为会受到下面这些因素的抑制，如与邻国的敌对关系、低级别的区域一体化和大量的移民、较高的内部交易成本，这些因素都会影响所创造产品的价值。

三是爱尔兰式的发展。加入欧盟的近些年来，爱尔兰吸引跨国公司和加速发展高新技术产业，取得了显著的经济进步。亚美尼亚若成为欧盟的成员国，凭借欧盟广阔的市场、强大的投资和技术条件，专家们预测亚美尼亚将在经济发展上有一个飞跃，克服社会的贫富不均和贫困，发展公民社会制度，达到欧洲民主的标准。据推断，亚美尼亚将与阿塞拜疆和格鲁吉亚一起加入欧盟。但这个方案也有问题：这意味着亚美尼亚要放弃部分主权，在解决许多民族问题时将决策权转让给欧盟的超国家机构。这是这个方案最大的缺陷。

四是地区领导式的发展。要实现这一方案，必须使国家转向创新性发展，在政治层面，需要与阿塞拜疆和土耳其关系正常化。这种加快发展模式的基础是，在廉价劳动力条件下，加大对教育的投资，然后实现经济的自由化，发挥国家中央集权的主导作用，投资现代化基础设施的建设，大力发展过境贸易，更加重视生产的最后阶段。专家们认为，这种模式可能会使亚美尼亚转变为亚洲财经的前沿和创新科技的中心。

当然，这些方案具有更多的是虚拟性质，考虑到现有的限制，无法实施。从这个意义上讲，方案的方法已经成为补充办法的制定和实施的先决条件，在补充办法的框架下，亚美尼亚力求平衡多重的国际关系，首先是欧盟和俄罗斯之间的关系。该补充办法也被罗伯特·科恰良总统在当政期间（1998—2008年）积极落实于亚美尼亚的外交政策中。其中的表现之一是亚美尼亚于2003年加入世界贸易组织，这也强调了亚美尼亚经济自由化的方针。

阿尔缅·达尔比尼扬认为加快亚美尼亚经济发展也应从转变经济发展模式开始：由现存的主要以进口替代为基础的发展类型转向于以增加出口为基础的发展模式，引进和发展生产知识和技术体系，吸引投资和跨国公司，在经济和政治领域确定战略合作伙伴。因此，亚美尼亚的首要任务之一应该是鉴定出口和创新发展方面现有的和潜在的产业种类。

俄罗斯院士阿贝尔·阿甘别吉扬发展了这个产业方式发展的思路，应政府要求，在2007—2008年研定了亚美尼亚共和国的经济发展战略。他建议重点发展信息技术、化工、能源等11个产业。

2009年的危机后各种各样形式的思路开始实施。在2010年年底，经济部长涅尔塞斯·叶里强发表意见指出，亚美尼亚经济发展新模式的基础应该是以出口为导向的商品生产和服务。2011年12月，亚美尼亚出口导向型产业政策的战略确立。

2011年，"自由经济区"法律通过，并在2012年夏，在"MARS"公司区域内推出第一个自由经济区"同盟"。在这些方法的基础上已经成功制定"2014—2015年亚美尼亚的发展战略"，并于2013年通过该战略。

2014年秋宣布亚美尼亚加入了欧亚经济共同体，乌克兰危机加剧，俄罗斯与欧盟的关系急剧恶化。2016年4月纳戈尔诺—卡拉巴赫共和国和阿塞拜疆之间数天的战争敌对证明，亚美尼亚实际的发展严重依赖于卡拉巴赫问题的解决。

二、20世纪90年代：交通运输封锁条件下的市场转型

由于苏联解体、卡拉巴赫冲突以及随之而来的交通封锁和市场转型，亚美尼亚经济转向史无前例的非工业化。到1993年，亚美尼亚国内生产总值遭遇最大下降：与1991年的生产总值相比，1993年生产总值指数下降53.1%。1993年亚美尼亚工业生产下降

更为明显，达46%。1993年，全国通货膨胀率达到了3731.8%。

在卡拉巴赫敌对行动停止后，亚美尼亚立即全面落实国际货币基金组织和世界银行所建议的自由主义改革。实质性的改革包括从紧的财政和货币政策、广泛的结构性改革、国家从经济中退出。土地改革始于1994年，在1996年初私有化的农业用地已占87%。但并未出现大型农业企业，反而出现了35万个面积约1.5公顷的小农场，在这些小农场不可能实现完善的轮作，也不可能采用现代化的农业技术。1992年市场化改革的过程中开始了对外贸易自由化，1997年转变为可以按当时汇率兑换德拉姆，严格限制商品和服务的价格调控范围，完全取消工资管制。1997年开始税务自由化，1998年开始海关改革，这导致亚美尼亚的预算已经失去了税收的大部分。自1994年开始国家经济开始缓慢增长。1995年，通货膨胀下降到176.7%，到2000年底，通货膨胀实际上已经停止。

财政紧缩政策下自由化和私有化组合是最典型的后苏联国家现象。它造成了经济美元化，非法经济的增长，根据不同的估计，这些非法经济占亚美尼亚GDP的三分之一到一半，这加剧了人口的进一步社会分层，对国内政治局势产生了负面影响。

在2000年亚美尼亚国内生产总值是1991年的77%，其中工业生产指数只占56%（表1）。工业的低迷实际上几乎已经影响到亚美尼亚专业化的所有行业，其中最严重的是机器制造业和轻工业，这些行业的附加值最高。1991年这两个行业分别占国家工业生产的35%和28%。2000年，这两个行业分别占国家工业生产的4%和1%。自有设计和科研部门的国家大型电子企业，要么不复存在，要么已更改经营领域。

表1　以1991年为基准，工业领域生产总量指数（单位:%）

领域和GDP	1993年	1995年	1998年	2000年
（可比价）GDP	53	60	70	77
工业总产值	46	50	50	56
黑金属	36	70	258	252
林业、木材加工及造纸业	37	31	74	124

续表

领域和 GDP	1993 年	1995 年	1998 年	2000 年
有色金属	20	47	52	107
食品工业	36	37	53	62
化学和石油工业	33	46	42	58
电力	58	50	53	51
轻工业	51	33	52	38
建筑材料	24	29	38	27
机器制造和金属加工	52	46	22	19

数据来源：10 лет СНГ. Статистический сборник. М：МГСК СНГ，2001. С. 221。

非工业化也引起了科学和技术潜力的下降。1991—2000 年间，研发组织的数目从 123 减少至 88，而执行研发的专家数量从 1.72 万人减少到 7000 人，完成研发的总值占国内生产总值的比例从 1.09% 降至 0.26%。非工业化使亚美尼亚成为世界上人均 GDP 最少的贫穷国家之一，人均 GDP 是世界平均水平的一半左右。

工业潜力的缩减体现在对外贸易及其结构的变化上。在苏联时代后期，亚美尼亚在与其他加盟共和国之间的贸易往来中产生较小的逆差。那时对外贸易中进口多于出口的十倍以上，而与加盟共和国对外贸易关系中亚美尼亚出口金额超过进口金额的 3/4 以上。这种情况在 90 年代发生了巨大变化，2000 年的出口金额占进口金额的比例下降到 34%（表 2）。

表 2　1995—2009 年亚美尼亚外贸关系（单位：百万美元）

指标	1995 年	2000 年	2005 年	2008 年	2009 年
出口	271	300	974	1057	710
出口到独联体国家比例	170	73	188	249	138
进口	674	885	1802	4426	3321
从独联体国家进口比例	334	174	522	1263	1042
差额	-403	-585	-828	-3369	-2611
与独联体国家贸易差额	-164	-101	-334	-1014	-904
净出口（%）	40.2	33.9	54.0	23.9	21.4

续表

指标	1995 年	2000 年	2005 年	2008 年	2009 年
进口依存度（%）	21.0	15.6	27.2	8.8	8.2
出口依存度（%）	52.6	46.6	50.4	37.3	38.4

数据来源：СНГ в 2008 г. Статистическийежегодник. М.：МГСК СНГ，2009，С. 213；ДанныенациональнойстатистическойслужбыАрмении。

在20世纪90年代，亚美尼亚出口和进口相比国内生产总值增长较为缓慢，但对外贸易赤字在国内生产总值的占比相对稳定，在31%—36%之间波动。外贸货物和服务的稳定逆差导致持续的收支赤字，从而不断对外借款，主要向俄罗斯联邦借款。

1995—2000年间，亚美尼亚票面外债从2亿美元增加至8.62亿美元。国际收支逆差的大部分由西方各种基金会和国际组织的人道主义和技术援助补偿，散居的侨民和劳工移民的转移也填补了一部分。亚美尼亚自1994年起开始广泛的私有化，外国投资占国家基本资产的大部分。但是，1994—2000年投资占国内生产总值的比例并没有超过10%，而1991年投资占比达28.5%。

20世纪90年代慢性的持续赤字显示，亚美尼亚没有足够的自有资源进行发展。此外，目前尚不清楚在大范围交通限制和收缩的国内消费条件下应该建立怎样的经济结构。

快速进行的自由主义改革证明主要靠“市场的无形之手”。但现实中阻止经济下滑主要依靠的只有居民在服务业和自我就业领域的流动。自由化在高运输费用的情况下并不能刺激以原料加工为基础的对外经济关系的发展。关键性的进口产品以及生产的出口产品都是亚美尼亚必要的资源的。来料加工体系生产中只有钻石珠宝制造行业成功发展，但该行业在2005—2007年德拉姆地位强势巩固之前才出现。

在此期间，亚美尼亚的发展遵循“被迫自力更生”的模式，让人联想到巴拉圭的场景模式。其结果是，经济结构的转型严重恶化了居民的生活质量，降低了社会资本，产生了长期的财政失衡，影子经济急剧扩大，亚美尼亚工业减少到一个小区域。

四、2000—2008 年：建设热潮的结果

2000—2008 年间，亚美尼亚人均 GDP 增长在独联体国家、中欧和东欧中领先。这发生在持续的非工业化大背景下。2001—2009 年间，工业领域就业人数从 17.69 万人下降到 12.61 万人，即下降了 28.7%。2000—2008 年工业在总增加值中的份额减少了近一半，从 27.7%降至 15.0%，其中制造业份额从 18.5%降至 10%（图 2）。

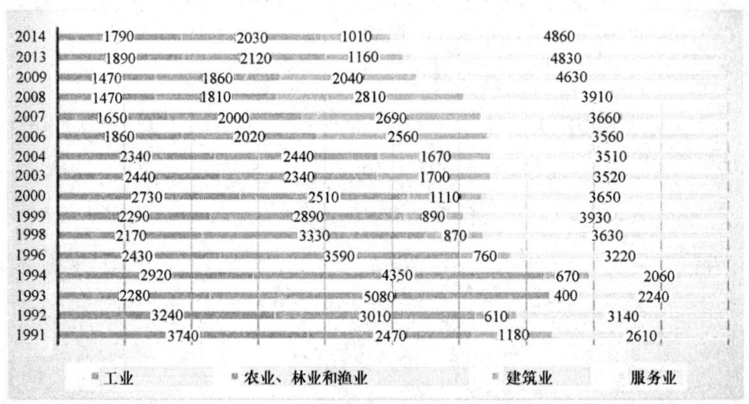

图 2　1991—2014 年间亚美尼亚总增加值多层次结构变化

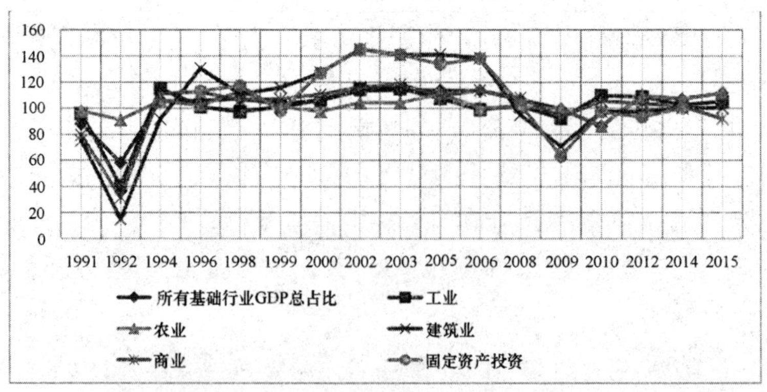

图 3　亚美尼亚国内生产总值和主要基础行业较上年百分比增长速度

同时简化国家产业结构的趋势仍在继续。在此期间，简化速度最快的是开采业、黑色金属冶炼及生产建筑材料业。不同于20世纪90年代，农业此期间在总增加值中的份额从25.5%下降到18.2%。在亚美尼亚2000—2008年间动态发展中发挥作用重要的是基础投资、建筑业和房地产业的快速发展（图3）。

在此期间，俄罗斯企业的投资迅速增长，并毫无疑问地占据累计投资首位，达280亿美元，其中直接投资额为17亿美元。2000—2008年，建筑业在国内生产总值中的比重急剧增加，从11%增至28%。大好的经济形势扩大了亚美尼亚侨民的金融资源，自由资本配置的需求从2002年开始稳步增长。住宅建筑占建筑业总量的61%，其中3/4都是来自私人投资。

与其他独联体国家相比，亚美尼亚经济发展的重要特点是21世纪初居民资金在固定资产中金融投资份额的增长：从2000年的18%增至2008年的70%。散居的侨民和劳动移民往亚美尼亚汇款的金额相当之大（表3）。2004—2008年，私人外汇的净流入增长了4.3倍，2008年达到11.5亿美元，这相当于预算收入的约4/5，即国内生产总值的10%。

表3　2004—2009年亚美尼亚通过银行进行的私人汇款情况（单位：百万美元）

转账方向	2004年	2006年	2008年	2009年
流入亚美尼亚的私人汇款	760.7	1237.6	2270.6	1575.7
来自俄罗斯的私人汇款	435.9	766.1	1461.8	946.0
从亚美尼亚流出的私人汇款	494.5	784.5	1124.5	752.4
流入俄罗斯的私人汇款	84.1	167.3	164.5	190.1
差额	266.2	453.1	1146.1	823.3
与俄罗斯的差额	351.8	598.9	1297.3	759.9

对住房和商业房地产的投资反映了市场对企业投资的自由调控。在国内结算高度美元化的条件下，国内外对不动产的需求将其变成一种无形的出口商品。此外，大量的资金进入亚美尼亚是由于日益增长的侨民旅游业。

资本的涌入巩固了银行体系。2000—2008年银行存款金额增加了5倍。消费和抵押贷款业务开始发展。2000年持续的贸易逆差占国内生产总值的14.5%，而2005年则只占1.1%。2000—2008年，预算成功地稳定下来，赤字从-4.9%减少至-0.7%。2000—2007年通货膨胀率处于较低水平（2000年为0.8%，2002年为1.1%，2006年为3.0%），但在2008年上升至9.0%，主要由于国际市场食品价格上涨和歉收导致的农业生产减少。

尽管工业和科学技术潜力存在收缩，但人口的收入总体呈现积极的趋势：按德拉姆的平均汇率，居民年收入从2000年的335美元增加至2007年1419美元。在此期间，贫困率降低到27%，基尼系数降至0.3。同时，亚美尼亚快速实现移动通信、互联网的使用及IT技术和服务的发展。此期间实施的重大项目之一是伊朗和亚美尼亚之间的天然气管道建设，该项目在2008年底确定并开始实施。

快速的经济增长一直伴随着不平衡，并在2009年经济危机中充分体现。相对固定的大量德拉姆条件下，稳定的外汇流入亚美尼亚造成本国货币成本的增加。德拉姆的强劲升值阻碍出口，但也刺激了进口，2000—2008年，进口增长5倍。其结果是，2008年外贸逆差的超过2004年水平的5.4倍。在2000—2008年净出口率降低1.5倍（见表2）。

不断增长的国内需求很大程度上靠进口满足，这为亚美尼亚加入世界贸易组织提供了宽松的条件。但贸易逆差也开始快速增长：从2007年的6.5%上升为2008年的11.8%，通胀率上升至9%。

2008年3月亚美尼亚总统选举后内部政治矛盾的加剧及8月俄罗斯—格鲁吉亚冲突将亚美尼亚和俄罗斯等国家之间的贸易和运输通信变得更为复杂。最重要的是，2008年下半年全球性的金融和经济危机全面开始。在疲软的市场条件下，最先受影响的是建筑业，其对融资具有强烈依赖。2009年，积累的逆差反映在建筑业泡沫中，造成GDP大幅下降。

根据总理季格兰·萨尔基相估计，GDP同比下降14.2%，主要来自建筑业。同期，工业生产下降7.8%，农业生产和贸易仍维持在2008年的水平。

国外在制造业的直接投资下降27%，私人外汇流入下降31%，其中来自俄罗斯的私人外汇下降35%。人均GDP（按当年价格计算）下降近1000美元，从2008年的3606美元降到2009年的至2633美元。2009年的负经常赤字为13.68亿，比2008年的少了一些，但提高到国内生产总值的16.1%。2009年财政赤字GDP比率为7.6%，2008年为0.6%。

亚美尼亚官方失业率已经比上年增长了9%（从7.49万人增至8.14万人），占经济活动人口的7%左右。然而，家庭调查中失业率更为显著，达18.7%。其结果是，一年之内贫困率从27.6%上升到34.1%。

亚美尼亚2009年国家公共外债为29.67亿美元，占GDP的35.7%，2008年外债占GDP的13.2%。在这一年内，国家外债增加了13.9亿美元，增加了近一倍。向外借债能够增加预算，预算在2008年的水平上提高了15.4%。为应对2009年预算和债务问题，亚美尼亚加入了欧亚发展银行和反危机基金。

严重的经济危机及其社会影响迫使亚美尼亚重新审视经济发展模式和国家在其中的作用。这期间，亚美尼亚一方面靠本国居民和侨民积极的商业活动得以发展；另一方面，作为“俄罗斯的前哨”的模式发展。俄罗斯的影响愈来愈大，亚美尼亚国家领导人试图平衡与欧盟的积极关系，亚美尼亚与欧盟在1999年签订了合作伙伴关系协定，2004年出台了欧洲睦邻政策，并自2009年发展为东部伙伴关系。

于2009年形成的经济增长模式立足于国内消费，对外部冲击非常敏感。外国资本，尤其是来自俄罗斯的资本流入急剧下降，外部借款成本上升重创了国内需求。专家认为，经济大幅下降的另一重要原因是经济经营和出口单一化、寡头垄断、腐败严重。经济衰退的深层原因是以循环产品为主的出口薄弱，税收和关税管理的不完善，无法刺激中小型企业从事合法经济的积极性。

五、2010—2015年的动荡发展

2010—2015年国际关系的恶化直接影响亚美尼亚，给国家市场带来巨大的波动。2009年危机的主要后果之一是经济增长放缓，经

济结构性质的改变。2010—2015 年，增长较迅速的是农业、工业和出口（表 4）。工业中发展速度较快的是矿业、冶金业、轻工业、烟草行业和电力行业。农业在总增加值中的份额也停留在 2010 年的水平，约占 19%，农业生产的增长是因为扩大了种植面积和国家的资金支持。

表 4　2008—2015 年亚美尼亚社会经济发展基本指标（2000 年 =100）

指标	2008 年	2009 年	2010 年	2011 年	2012 年	2013 年	2014 年	2015 年
可比价 GDP	245	201	215	225	241	250	259	267
可比价工业产值	158	146	161	183	199	212	218	229
可比价农业产值	172	172	149	170	186	199	213	238
可比价固定资产投资	600	375	366	333	325	300	287	288
现行价商品销售额	242	244	246	251	258	257	256	236
出口	352	237	347	445	476	493	516	496
进口	500	375	424	468	482	496	500	368
平均汇率下的月平均工资（美元）	286	264	275	310	282	358	412	377

此期间亚美尼亚经济中发展最快的是信息技术。2008 年确立了发展信息技术的理念，2015 年《国家支持信息技术行业条例》正式生效。2015 年亚美尼亚大约有 450 家 IT 公司，所创造的价值约是 GDP 的 5%。其声称自己是高加索地区的硅谷，这有助于“同盟”经济特区的发展和区域性技术中心的建立。快速增长的经济领域还有国际旅游业。2014—2015 年，游客访问量达 120 万，为了吸引游客，还采取宽松的签证政策和“开放天空”政策，新增大量航线。

与此同时，建筑业和不动产行业份额急剧下降。固定资本的投资一直缩减到 2013 年，从 2014 年才大致稳定在一个水平。为了刺激建筑业和不动产行业，2013 年 1 月确立了以国家预算支持工业发展基金。这一时期，亚美尼亚一直处于对外贸易赤字状况，2013 年外贸赤字到达近 30 亿美元，即 GDP 的 27%。因此，净出口的比例近些年来不断扩大（表 5）。

表 5　2010—2015 年亚美尼亚对外贸易变化（单位：百万美元）

指标	2010 年	2011 年	2012 年	2013 年	2014 年	2015 年
出口	1041.1	1334.3	1380.2	1480.0	1547.3	1486.9
进口	3749.0	4145.3	4261.2	4476.8	4424.4	3254.0
差额	-2707.9	-2811.0	-2881.0	-2996.8	-2877.1	-1767.1
净出口率	27.8	32.2	32.4	33.1	35.0	45.7

2015 年亚美尼亚对外贸易进口大幅下降（26.5%），出口也轻微缩减（3.9%），这使得外贸赤字明显下降到 18 亿美元。进口数额下滑的原因是燃料和原料的价格变化、消费需求下降和国内货币贬值。2015 年进口缩减使持续的贸易逆差有所减少，在 2015 年逆差额约 2.8 亿美元，即 GDP 的 2.6%。2010 年贸易逆差在国内生产总值中的比例趋近 10.9%，2014 年约 7.3%。

2010—2015 年国家外债从 33 亿美元增加到 43 亿美元。2015 年亚美尼亚所欠外债总额达 86 亿美元，超过 GDP 的 80%。2010—2013 年经济危机前来自俄罗斯的借债稍微缓和了亚美尼亚的金融状况，但 2014—2015 年由于俄罗斯经济下滑，来自俄罗斯的汇款再次减少（表 6）。这一时期，预算赤字明显下降，从 2009 年 GDP 的 -7.6%，到 2011 年的 -2.8%，2012 年的 -1.5%，2014 年的 -2%，但 2015 年该指标又增了一倍。

表 6　亚美尼亚通过银行系统的私人转账情况（单位：百万美元）

转账方向	2010 年	2011 年	2012 年	2013 年	2014 年	2015 年
进款	1627.1	1960.0	2234.1	2302.3	2123.6	1631.7
来自俄罗斯的进款	1114.1	1364.9	1644.0	1727.9	1554.9	1008.6
划拨	731.6	823.5	856.5	852.2	902.8	761.0
划拨到俄罗斯的款项	172.0	186.4	250.9	235.2	252.8	286.3
差额	895.5	11136.5	1377.6	1450.2	1220.8	870.7
与俄罗斯的差额	942.1	1178.5	1393.1	1492.8	1302.1	722.3

总的来看，不同于过去，亚美尼亚出现了许多新的经济增长驱

动，这反映了政府通过划拨预算津贴、提供税收特惠、将外部援助本土化等手段刺激了出口领域的发展。然而，一系列的指标变化显示，亚美尼亚还没有完全走出经济危机：2015 年居民贫困水平稳定在高水平的 32%，这与 18.6% 的高失业率相关，青年的失业率达 40%，青年的收入相对较低，特别是经济危机后收入明显下降。2008 年后亚美尼亚经济全面刹车和社会停滞不前反映到人类发展指数变化中（图 4）。

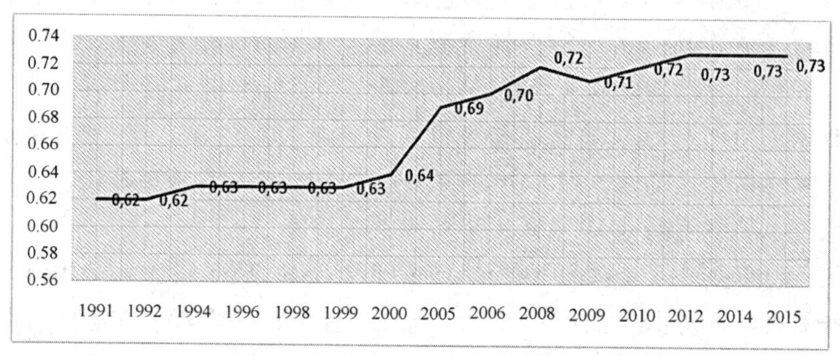

图 4　亚美尼亚人类发展指数

据世界经济论坛所计算出的国际竞争力指数，亚美尼亚在世界国家中处于中间位置，并渐渐提升：2010 年排名 98 位，2015 年排名 82 位。按照《营商环境报告》的体制条件，亚美尼亚在所有排名国家中 2010 年排名第 50 位，2013 年排名 32 位，2016 年排名 35 位。在所有独联体国家中，亚美尼亚始终排第二位，仅次于格鲁吉亚。

这一时期最重要的特点是转向以出口为导向的发展模式，与此紧密相关的是亚美尼亚互补性对外政策，促进了本国商品进入欧盟、独联体及第三世界国家市场，吸引了国外投资。

2012 年亚美尼亚开始了与欧盟就建立自由贸易区问题开展正式对话并积极合作。为了促进旅游业的发展，亚美尼亚政府决定对欧盟国家、瑞士、挪威的居民采取免签政策。为了发展合作签订了合作伙伴协议，这为亚美尼亚提供了参与欧盟众多的项目及与欧盟机构合作的机会。

与欧盟加强合作的背景和俄罗斯加强海关联盟建设的背景下，从2012年欧亚经济共同体框架下统一经济空间和独联体国家框架下多边自由贸易区，亚美尼亚从2012年秋天加入其中。直到2013年秋，亚美尼亚的一体化政策才有机会与同时参加自由贸易区独联体国家和欧盟国家交流。

但在2013年9月亚美尼亚领导人暂停与欧盟合作，并宣布加入欧亚经济联盟。这种选择是不容易的，并不是所有的亚美尼亚居民都支持这一做法。支持这一做法的强调与俄罗斯的密切联系，而反对的理由是与欧亚经济共同体缺乏共同边界及与这些国家有限的交通通讯。创建成员联盟时的具体困难使成员国不愿破坏与阿塞拜疆的关系，因为亚美尼亚的加入总会影响卡拉巴赫问题。

加入欧亚经济共同体扰乱了已成型的互补性，但利用与欧盟关系所积累的潜力，亚美尼亚仍努力扩大与欧盟国家合作。一些专家认为，应该放缓加入了欧亚经济共同体，但不停止亚美尼亚与欧盟一体化进程。现存的广泛贸易、投资和社会关系，以及欧洲大型侨民都有助于与欧盟一体化的进程。应当指出的是，亚美尼亚分布着与欧盟贸易通用的优惠系统，这使得它能够通过免税或明显降低关税的方法出口到欧盟国家。目前亚美尼亚正在就签订全面合作协议与欧盟进行谈判，这将取代合作伙伴关系。

总的来说，困难时期仍将继续，但这一时期将打开亚美尼亚经济发展的新挑战和新机遇。

六、对外经济关系是亚美尼亚互补性政策的基础

对外经济关系其结构参数的动态变化及与所选择的发展模式密切相关。在当今亚美尼亚政策中应相互协调地实现互补性。

亚美尼亚对外贸易占GDP的比率从2000年的62.0%，下降到2008年的47.0%，在2010—2014年稳定在51%—54%的水平，但在2015年又下降到44.8%。亚美尼亚经济的特点是高进口低出口，这增加了亚美尼亚经济面对外部冲击的脆弱性。

2000—2015年，进出口的地域发生显著变化。2000—2008年，亚美尼亚出口最多的是欧盟，其份额超过全国出口的一半

(54.2%)。然而，在过去的六年里，欧盟在亚美尼亚出口中的份额持续下降，2015年只有29.6%。亚美尼亚对俄罗斯的出口到也很不稳定，主要取决于俄罗斯经济的状况。在第一次危机后几年(2010—2013年)，出口到俄罗斯的亚美尼亚货物稳步增长，但在2014—2015年显著降低（表7）。

需要注意的是，亚美尼亚加入欧亚经济共同体还没有产生对亚美尼亚显著积极的贸易影响，因为遭遇不利的外部环境，伙伴国家经济增长速度减缓。因此，2014年欧亚经济共同体（白俄罗斯、哈萨克斯坦和俄罗斯）的出口份额占到亚美尼亚出口总额的21.0%，到2015年底占15.9%。决定亚美尼亚在欧亚经济共同体出口大幅下滑是因为在俄罗斯联邦出口的大幅度下降，也包括由于卢布的大幅贬值和亚美尼亚商品在俄罗斯市场丧失价格竞争力。

表7　亚美尼亚进出口主要地区分布（单位:%）

国别组类	2000年	2005年	2008年	2010年	2011年	2012年	2013年	2014年	2015年
出口									
欧盟28国	36.9	46.6	54.2	48.1	45.5	37.1	33.4	30.1	29.6
俄罗斯	14.8	12.2	19.7	15.4	16.7	20.2	22.6	19.9	15.2
除俄罗斯外独联体12国	9.6	7.1	11.6	8.4	8.1	9.3	10.3	8.6	10.6
其他地区	38.7	34.1	14.5	28.1	29.7	33.4	33.7	41.4	44.6
进口									
欧盟28国	36.7	33.8	30.7	27.4	28.2	26.4	26.4	25.6	24.0
俄罗斯	15.5	13.5	19.2	22.3	21.5	24.8	23.4	25.4	29.1
除俄罗斯外独联体12国	4.1	15.5	10.4	9.6	9.1	7.7	7.7	7.1	7.0
其他地区	43.7	37.2	39.7	40.7	41.2	41.1	42.5	41.9	39.9

在此背景下，近年来，亚美尼亚向（欧盟和独联体国家以外）其他地区的出口不断增加，过去的六年里在这些地区的出口增长了1.6倍。出口到第三类国家的份额取得显著上升，主要是中国(2010—2015年中，中国的出口份额从3.0%上升到11.1%)、伊

拉克（从0上升到8.8%）和加拿大（从2.8上升到7.5%）。因此，2013年亚美尼亚出口均匀分布在三个关键领域（欧盟28国，独联体12国和第三类国家），三个领域各占1/3。上述三个对外贸易领域进口结构布比出口更稳定。特别是从第三类国家的进口。

亚美尼亚贸易伙伴中最突出的国家是俄罗斯，占对外贸易的1/4，而且近几年它的份额明显增加（表3）。俄罗斯联邦和亚美尼亚共和国的对外贸易关系的特点是俄罗斯处于大额贸易顺差：2015年俄罗斯贸易顺差7.22亿美元，即亚美尼亚共和国外贸总赤字的41%（表8）。

表8　亚美尼亚主要外贸伙伴百分比

国家	2000年	2005年	2008年	2010年	2011年	2012年	2013年	2014年	2015年
俄罗斯	15.3	13.9	19.3	20.8	20.3	23.5	23.2	24.0	24.8
中国	0.5	1.3	7.0	9.1	7.7	7.6	7.8	9.8	10.2
德国	4.2	9.3	8.0	7.2	7.4	7.3	6.2	7.4	7.3
伊朗	9.5	4.8	4.2	5.6	5.9	5.6	5.0	4.9	5.8
意大利	2.4	2.7	3.4	2.7	3.2	3.1	3.2	3.6	4.2
格鲁吉亚	3.0	2.8	2.4	2.2	2.2	2.3	2.6	2.6	3.9
美国	11.9	6.3	5.0	4.1	4.5	4.1	3.9	3.7	3.4
土耳其	3.5	2.0	4.9	4.4	4.4	3.8	3.6	3.9	2.9
伊拉克	0.0	0.0	0.0	0.0	0.4	0.9	1.3	1.8	2.8
乌克兰	1.3	3.1	6.1	5.0	4.4	4.0	4.1	3.6	2.8

亚美尼亚对外贸易地理环境变化的原因，一方面是伙伴国对亚美尼亚商品需求的改变，另一方面贸易伙伴国所提供商品在亚美尼亚市场需求性质的变化。与此同时，与各伙伴国贸易都有各自的一套产品结构。亚美尼亚出口到俄罗斯的结构反映了俄罗斯市场的需求。2015年出口到俄罗斯的商品中71.5%是粮食和原料，这其中又有一半是酒精和非酒精饮料。特别是，亚美尼亚出口的白兰地80%是出口到俄罗斯。2015年起，亚美尼亚出口俄罗斯第二大项目是纺织原料、纺织制品和鞋类，占12.7%。其他出口商品类别为机器、设备和交通工具（4.4%），以及宝石、贵金属和贵金属制品（2.6%），2015年这些类别商品的出口下降5倍（表9）。

表 9　亚美尼亚出口俄罗斯的商品结构

商品类别	2010 年	2011 年	2012 年	2013 年	2014 年	2015 年
所有商品（百万美元）	159.9	220.9	277.9	331.9	304.6	225.9
食品和原料	68.7	67.8	78.6	78.2	77.5	71.5
矿产品	1.6	0.7	0.9	0.7	0.5	1.3
化工和橡胶产品	2.5	1.1	0.8	1.3	1.4	3.0
木材和纸浆产品	0.2	0.1	0.1	0.1	0.1	0.1
纺织物、纺织品和鞋类	1.7	1.0	0.9	0.9	0.7	12.7
宝石、贵金属及其制品	12.2	11.5	10.0	12.0	12.9	2.6
金属及金属制品	0.5	0.4	1.0	0.7	0.4	1.4
机器设备和交通工具	10.8	15.8	5.6	4.3	4.7	4.4
其他商品	1.8	1.6	2.1	1.8	1.8	3.0

表 10　亚美尼亚从俄罗斯进口的商品结构

商品类别	2010 年	2011 年	2012 年	2013 年	2014 年	2015 年
所有商品（百万美元）	828.3	885.4	1052.4	1104.5	1069.3	991.1
食品和原料	24.4	20.1	24.4	22.5	22.0	22.4
矿产品	37.5	46.7	49.8	54.6	56.7	52.2
化工和橡胶产品	4.9	4.9	4.4	4.8	4.8	4.2
木材和纸浆产品	1.7	1.6	1.3	0.8	0.8	1.6
纺织物、纺织品和鞋类	0.2	0.2	0.2	0.2	0.3	0.9
宝石、贵金属及其制品	2.4	4.9	0.9	0.6	0.5	1.3
金属及金属制品	13.6	10.6	8.4	6.9	8.1	10.1
机器设备和交通工具	14.5	10.2	9.9	8.7	5.6	5.7
其他商品	0.8	0.8	0.7	0.9	1.2	1.6

2015 年亚美尼亚从俄罗斯进口的基础商品是矿产品，占总进口的 52.2%，其中包括天然气、石油和石油制品。其次是粮食产品和原料、金属和金属制品、机器设备等。特别是加工俄罗斯铝矿的

“Armenal”工厂，它生产的大部分铝箔产品远销到美国。但俄罗斯机器制造的进口份额在不断下降：从2013年的12.0%降至2015年的8.7%（表10）。

亚美尼亚与俄罗斯商品往来中的基础商品是俄罗斯的矿产品和粮食产品及亚美尼亚包括饮料在内的粮食产品和纺织品。俄罗斯为亚美尼亚提供的商品是跨境价值链中的初始环节，而在亚美尼亚为俄罗斯联邦提供的商品是链条最终环节。

亚美尼亚与欧盟商品交换的结构完全不同。亚美尼亚出口到欧盟的商品基础是矿产品（铜矿和精砂）、金属及金属制品（非精炼铜、铁合金、铝箔、钼和钼制品）。出口份额同样高的还有纺织原料、宝石（抛光钻石）和珠宝制品（表11）。亚美尼亚从欧盟国家进口最多的是机械、设备和化工产品。同样进口较多的还有消费品，包括食品和轻工产品（表12）。

表11　亚美尼亚出口欧盟的商品结构

商品类别	2010年	2011年	2012年	2013年	2014年	2015年
所有商品（百万美元）	502.1	608.0	560.9	509.2	436.8	440.4
食品和原料	1.3	1.6	2.9	1.5	2.3	2.8
矿产品	36.3	40.1	34.2	35.9	24.7	30.6
化工和橡胶产品	0.9	0.2	0.4	0.5	0.2	0.4
木材和纸浆产品	0.0	0.0	0.1	0.1	0.1	0.1
纺织物、纺织品和鞋类	0.6	1.0	2.3	7.1	11.0	11.9
宝石、贵金属及其制品	12.3	11.9	7.1	6.6	10.7	9.6
金属及金属制品	46.6	42.0	42.0	42.1	48.9	40.5
机器设备和交通工具	1.6	2.7	10.5	5.5	1.4	2.5
其他商品	0.4	0.5	0.5	0.7	0.7	1.6

表12　亚美尼亚从欧盟28国进口的商品结构

商品类别	2010年	2011年	2012年	2013年	2014年	2015年
所有商品（百万美元）	969.5	1068.8	1015.9	1038.8	1008.2	757.9
食品和原料	11.5	13.3	14.2	14.6	13.7	12.8

续表

商品类别	2010 年	2011 年	2012 年	2013 年	2014 年	2015 年
矿产品	20.9	20.4	15.6	15.3	3.8	3.9
化工和橡胶产品	14.4	14.9	16.0	17.2	18.9	21.0
木材和纸浆产品	3.8	4.4	5.3	4.4	4.5	4.5
纺织物、纺织品和鞋类	3.6	4.9	4.9	5.8	6.9	8.5
宝石、贵金属及其制品	8.8	6.3	6.1	7.9	10.1	4.5
金属及金属制品	4.1	4.2	4.0	4.0	4.8	4.2
机器设备和交通工具	28.8	26.4	27.7	24.0	28.1	33.1
其他商品	4.1	5.2	6.2	6.8	9.2	7.5

因此，亚美尼亚不同的行业领域和生产实际上针对的是不同的市场。这也适用于其他情况。例如，亚美尼亚出口到中国的基础是铜矿和精砂，出口到伊拉克的是香烟，出口到加拿大的是未经加工的黄金。亚美尼亚对外贸易中与邻国的贸易关系占有特殊的地位。

在亚美尼亚对外贸易中扮演重要角色的是格鲁吉亚，格鲁吉亚拥有服务于黑海主要港口的密集渡轮网络。值得注意的是，格鲁吉亚在亚美尼亚和俄罗斯贸易中发挥着关键作用。格鲁吉亚充当了欧盟、独联体和土耳其商品进入到亚美尼亚的主要媒介。

亚美尼亚和其他国家之间经济联系的一个重要因子是外国直接投资。FDI 相对自由的企业活动制度有利于外国直接投资的增长，而由于运输限制和财政不稳定状况而产生的高投资风险会阻碍外国直接投资。

流入亚美尼亚经济的外国直接投资很稳定：2000—2008 年，外国直接投资呈稳定的积极趋势，在全球经济危机爆发前夕达到最高值——9.44 亿美元。但是，后来流入亚美尼亚的直接投资一直在缩减，2015 年只有 1.805 亿（图 5），这比格鲁吉亚低 7.5 倍，比阿塞拜疆低 22.4 倍。目前，亚美尼亚经济遭遇外国直接投资显著短缺：2015 年底全国累计直接投资不到 43 亿，只有 GDP 的 40.4%。

2013 年年底流入亚美尼亚的大部分外国直接投资是用于电信（23.5%）和能源（21.3%）的发展。其次吸引外国投资者的是金融中介（10.6%）、交通（9.3%）和采矿业（7.2%）。还有相当大比重的房地产行业（5.4%）和饮料生产（4.8%）。因此可见，外国直接投资主要是投向基础设施领域，只有部分投在亚美尼亚的出口领域。

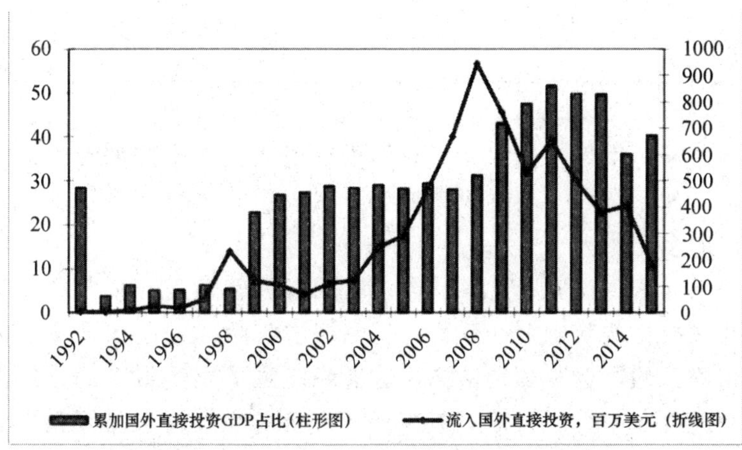

图 5　1992—2015 年流入亚美尼亚的外国直接投资变化

近些年来流入亚美尼亚外国直接投资绝对指标显著下降的背景下，外国直接投资的区域结构也发生显著变化：欧盟和第三类国家的份额明显增加，而欧亚经济共同体（俄罗斯）的比例在减少（表 13）。

然而，俄罗斯的投资仍然在亚美尼亚经济占主导地位，虽然它的影响力已经下滑。亚美尼亚与俄罗斯外贸经济的增长与俄罗斯投资的大量涌入密切相关。目前，俄罗斯的资本几乎存在于亚美尼亚经济的所有部门。亚美尼亚有约 1300 家有俄资参与的企业，这超过了亚美尼亚所有有外资参与的经济体的 1/4。应当指出，俄罗斯在亚美尼亚的投资不仅是出于经济原因，还有地缘政治原因，特别是因为亚美尼亚在俄罗斯对高加索政策中的特殊作用。

表 13　2009—2014 年亚美尼亚累积外国直接投资的地域结构

国家和地区	2009 年	2010 年	2011 年	2012 年	2013 年	2014 年
总额（百万美元）	4016	4338	5231	5046	5091	4087
欧盟 28 国	23.9	23.1	25.6	20.3	20.9	29.0

续表

国家和地区	2009 年	2010 年	2011 年	2012 年	2013 年	2014 年
欧亚经济共同体 5 国	52.6	49.3	49.9	49.4	50.5	39.8
土耳其	0.0	0.0	0.0	0.0	0.0	0.0
伊朗	0.4	0.4	0.5	0.5	0.5	0.5
其他国家和地区	23.1	27.2	24.0	29.8	28.1	30.7

在外国（主要是俄罗斯）直接投资流入逐年下降的背景下，亚美尼亚应加紧努力，通过积极吸引第三类国家的直接投资来实现融资来源的多元化。

由此可见，亚美尼亚各生产领域的发展都建立在某些国家的市场和直接投资的基础上。亚美尼亚经济的国际化进程中的重要因素是互连对象的产业和国别结构，这最终决定了亚美尼亚对外经济政策必须具有互补性。目前，亚美尼亚经济的主要任务是开拓欧亚经济共同体市场运作的新契机，打开伊朗市场，扩大与欧盟在新的双边关系框架下的合作。

翻译后记

关注是研究的开始。非常感谢徐海燕研究员的邀请，有幸参加了由中国社会科学院政治学所举办的“‘一带一路’与亚美尼亚发展现状”国际学术研讨会。徐博士承担了中国社会科学院修订《列国志》的国际调研与交流项目，也是新版《列国志 · 亚美尼亚》的作者，恭喜她即将完成该项目，为我们带来关于亚美尼亚这个国家和民族及时更新而又全面的著作。老实说，在接受邀请之前，亚美尼亚在笔者的印象中只是原苏联加盟共和国，是位于欧亚交界处的“一带一路”沿线国家之一。在收集文献时才发现关于亚美尼亚的中文文献是如此之少，更让人吃惊的是，在为数不多的相关文献中相当的部分年代久远，亟待更新。如今“一带一路”倡议如火如荼地开展，然而很难想象在缺乏对合作国基本国情的了解时合作将怎样开展。新世纪以来，知识经济发展迅猛，综合国力的竞争将更加依靠持续的科学创新，而拥有充足的基础研究是培养大批高水平的创新人才的基本途径。不关注就不知道基础研究的短板现状，不了解现状就无法开展实质性的效率合作：关于各国，尤其是尚待研究的国家，我们可以做的和需要做的还有很多！

翻译是学习的过程。翻译课的老师曾说："翻译是杂家。"意思是，要想做好翻译，除了熟知熟用母语和外语的语法、词汇、句式等语言知识，平时还得广泛涉猎，对各行各业的知识有所了解，多加积累。此话诚然。但在世界经济高度全球化的当今，各界对外语的人才需要越来越多元化。要在激烈的竞争中立足并发展，迫切需要经济、政治、文化等专门领域且具有全球意识、懂专业、具备较强外语能力的复合型人才。在校园中，我们学到的最多的纯语言知识和学术研究，面对实践时常常会有些力不从心。这是一个可以说在外语院系学生经历中比较常见的现象，因为人的精力毕竟有限，几乎绝大部分精力都花费在外语学习中，少量的经贸和翻译课无法应对工作时遇见的所有专业性问题。但可以说，翻译专家的论文和研究成果是一个极好的学习过程。此次我翻译的是亚美尼亚经济模式问题，边翻译边查阅资料，和专业人士交流，不仅在语言上锻炼不少，更是对一些经济学的原理问题有了进一步的了解，能够发现并深入国别经济现象的分析中。

认识世界是发现新的角度。很多时候，观察事物的角度不同，得出的结论也很不一样。世界是多元的，一种角度即代表一种观点，能够帮助我们了解观察对象的不同侧面。正因为有多种角度才能发现更多的侧面，被观察的事物才越发立体。此次会议的论题涵盖了亚美尼亚历史、政治、经济、人口、社会、民族、宗教等方面，全方位的展示和探讨了亚美尼亚在"一带一路"倡议下的新机遇和新挑战。会上甚至是同一领域的研究，学者也有不同的见解，讨论十分精彩，思辨的过程让人大开眼界。同为研究亚美尼亚经济问题，发现统计的口径不同，得到的数据也很不同，导致分析的侧重也不同。这是一个非常值得注意的问题，数据来源的发布者也代表一类统计的方式，甚至包含了某种观点。做社会科学研究的，也需要计量学的知识，并谨慎运用数据，或者综合分析数据。

"拿来主义"之后。鲁迅先生曾撰文阐释文化批判继承的问题，不仅要将我们的文化送出去，更应该"运用脑髓，放出眼光，自己来拿"！放到今天的研究来说，这个"拿来主义"仍具有特殊的价值。在目前亚美尼亚相关研究和调研缺乏的情况下，从研究成熟的外国学者处借鉴是十分重要的追赶方式。苏联解体后，俄罗斯继承了原苏联大部分关键遗产，在独联体国家中仍发挥着重要的影响力，在对外关系和区域研究方面，俄罗斯学者的研究可谓大有历史和传统，一直居于领先位置。此次翻译的论文是2016年俄罗斯科学院经济学所后苏联研究中心所长瓦尔多姆斯基教授和贝林、伊丽英娜两位经济学副博士发表的研究成果。[①] 论文条理清晰，结合亚美尼亚经济发展的各种模式和不同阶段的发展特点，分析其发展的有利因素和面临的问题，还对大量的数据进行深入的分析，让读者对亚美尼亚经济有较为全面和客观的认识，也引发在"一带一路"框架下如何开展中国和亚美尼亚的合作深刻的思考。笔者认为，在有智慧的"拿来主义"之后，还有更多的价值等待着我们去挖掘。

参考文献

[1] 10 лет СНГ. Статистический сборник / МГСК СНГ. М. , 2001.

[2] *Ахинов Г. А.* Армения в условиях неопределенности. Россия в глобальной политике. 2004 , № 4.

[3] *Вардомский Л.* Между европейской и евразийской интеграцией: трудный выбор Армении / Евразийские интеграционные проекты в восприятии постсоветских стран и Китая / Под ред. Е. М. Кузьминой. М. , ИЭ РАН. 2013.

[4] *Вардомский Л. Б.* Армения / Национальные особенности проявления мирового финансового кризиса в постсоветских стр анах. М. ИЭ РАН. 2010.

[5] *Вардомский Л. Б.* Кавказ: экономическое развитие в условиях этнополитических конфликтов / Социально-экономическое развитие постсоветских стран: итоги двадцатилетия. Под общ. ред. Л. Б. Вард

① 原文链接：https: //inecon. org/docs/Vardomsky_ Pylin_ Ilyina_ paper_ 2016. pdf。

омского. М. : ИЭ РАН, 2012.

[6] *Вардомский Л. Б.* , *Пылин А. Г.* , *Соколова Т. В.* Страны Южного Кавказа: особенности развития и регионального взаимодействия. М. : Институт экономики РАН, 2014.

[7] Внешнеэкономические связи постсоветских стран в контексте евразийской интеграции: Сборник / Отв. ред. Л. Б. Вардомский, А. Г. Пылин. М. : ИЭ РАН, 2014.

[8] *Дарбинян А. Р.* Модель экономического развития: выбор Армении. Автореферат диссертации на соискание доктора экономи ческих наук. М. : МГУ. 2005.

[9] Евразийский интеграционный проект: эффекты и проблемы реализации (научный доклад) / Под общей ред. С. П. Глинкиной. - М. : Институт экономики РАН, 2013.

[10] Евразия в поисках идентичности / Под ред. С. П. Глинкиной, Л. З. Зевина. СПб. : Нестор-История. 2011.

[11] *Меликян Г.* Влияние экономического кризиса на Армению // АЦ МИТК 2009. 22 мая.

[12] *Минасян С.* Армения и Грузия: новые ключевые отношения на Южном Кавказе? http: //www. echo. msk. ru/blog/ponarseurasia/1193510 – echo/. 57.

[13] Национальные особенности проявления мирового финансового кризиса в постсоветских странах / Под общ. ред. Л. Б. Вардомского. М. : ИЭ РАН, 2010.

[14] Новые независимые государства: сравнительные итоги социально-экономического развития / Под общ. ред. Л. Б. Вардом ского. М. : Институт экономики РАН, 2012.

[15] Постсоветское пространство в глобализирующемся мире. Проблемы модернизации / Под ред. Л. З. Зевина. СПб. : Алетейя. 2008.

[16] Развитие экономики Армении в предвыборных программах кандидатов. http: //www. yerkramas. org/2013/02/04/razvitie-ekonomiki-armenii-v-predvybornyx-programmax-kandidatov/.

[17] *Сандоян Э. М.*, *Петросян И. Б.* Частные иностранные денежные трансферты как причина《голландской болезни》в экономике Армении // Известия УрГЭУ. 5（37）. 2011.

[18] СНГ в 2008 г. Статистический ежегодник МГС СНГ. М. 2009.

[19] СНГ в 2009 г. Статистический ежегодник МГС СНГ. М. 2010.

[20] Социально-экономическое развитие постсоветских стран: итоги двадцатилетия / Под общей ред. Л. Б. Вардомского. М.: ИЭ РАН, 2012.

[21] Статистический ежегодник Армении. Внешнеэкономичес кая деятельность. http://www. armstat. am/file/doc/702. pdf.

[22] Экономическое взаимодействие стран-членов СНГ в контексте Евра-зийского интеграционного проекта: Сборник научных статей/ Отв. ред. Л. Б. Вардомский, А. Г. Пылин. М.: ИЭ РАН, 2015.

[23] 2010 Armenian Hi-Tech Industry, Armenian Development Agency. Armenia Development Strategy for 2014 – 2025 //http://faolex. fao. org/ docs/pdf/arm151333. pdf.

[24] Armenian Business Review, Winter 2007.

[25] Transition report 1999. Ten years of transition. EBRD, London. 1999.

中国与亚美尼亚的教育合作*

任雪梅

一、问题的提出

亚美尼亚是一个位于亚欧交界处的共和制国家，该国有着悠久的历史和深厚的文化底蕴。作为首个将基督教奉为国教的国家，亚美尼亚成为欧洲各国在宗教方面的效仿对象；作为古丝绸之路的必经之国，它与中国有着千丝万缕的联系；作为上海合作组织的观察员国，其教育发展与上海合作组织的教育发展和教育合作密不可分。

中亚两国有友好的历史渊源。自1992年两国建交以来，不断加深政治互信，增强经贸、教育、文化等方面的交流与合作。2009年，中国已成为亚美尼亚第二大贸易合作伙伴，2017年贸易额为4.36亿美元，同期增长12.4%。[①] 2015年，两国共同签署了《中华人民共和国与亚美尼亚共和国关于进一步发展和深化友好合作关系的联合声明》，为新形势下两国关系的进一步发展指明了方向。

教育作为人文交流的重要组成部分，在“一带一路”建设和全球化及区域化发展中起着不可忽视的重要作用。随着“一带一路”倡议的提出和深入，学界就沿线各国教育情况的研究不断深入，但目前关于亚美尼亚教育及中亚两国在教育领域合作的研究尚属少数。笔者在中国知网上以“亚美尼亚”为关键词进行检索发现，自2003年至今，亚美尼亚的相关研究有214篇，年均14.3篇；以

---

* 作者简介：任雪梅，大连外国语大学俄语学院教授，硕士研究生导师。

基金项目：辽宁省教育厅一般项目“‘一带一路’人文交流机制与文化对话研究”（编号：2016JYT23）；教育部区域和国别研究中心课题“上海合作组织多边教育合作现状及前景分析”（2017）的阶段性成果。

① 中华人民共和国驻亚美尼亚大使馆网站，http：//am.mofcom.gov.cn/index.shtml。

"亚美尼亚"为篇名进行检索，结果为100篇，年均6.7篇。其中，关于亚美尼亚教育的研究仅检索到1篇，即2003年发表于《世界教育信息》的《俄与亚职业教育体制的比较分析》一文。由此，下文主要探析亚美尼亚的教育发展概况及中亚的教育合作。

二、亚美尼亚的教育发展及其特征

（一）历史阶段

亚美尼亚的教育传统历史悠久。据记载，公元5世纪，亚美尼亚就出现了学校教育，在当时命途多舛的亚美尼亚中，学校成为该国生存和发展的基本保障；1922—1991年，苏联时期的亚美尼亚教育得到长足发展，形成了与其他独联体国家相同的苏联教育体制；随着苏联的解体，亚美尼亚宣告独立。独立后，亚美尼亚的教育与其他领域一样出现了前所未有的危机。根据亚美尼亚国立语言与社会大学的塔特卡拉 Н. И.（Таткало Н. И.）博士在《亚美尼亚教育危机和发展趋势》一文中的相关论述，亚美尼亚独立后的教育发展阶段及特征如下①：

1. 80年代末90年代初：最困难的教育发展期

由于国家政治与社会经济的变革，亚美尼亚的教育事业逐渐不受重视。独立后的亚美尼亚虽形成了自身的教育体系，但教育构想（концепции）及教育范式（парадигмы）的变更、知识更新速度的加快、国家对教育关注度的降低等严重影响了亚美尼亚教育的发展，对教育思考的缺乏、专家数量的不足、经费的欠缺、现代教育技术的落后等使亚美尼亚教育水平的下降趋势不断加快。

2. 90年代初：不断尝试的教育改革期

90年代初期，亚美尼亚尝试在教育目的、教育任务等方面进行改革。尝试性的改革措施使亚美尼亚出现了各种良莠不齐的教育构想、教育机构及组织，阻碍了亚美尼亚的教育发展，亚美尼亚教育

---

① ТаткалоН. И. Образование в Армении: преодоление кризиса и тенденции развития//Журнал научных и прикладных исследований. –2016. –№3. –С. 116–119.

完全无法适应现代世界的发展和现代社会的要求。

3. 90 年代末 20 世纪初：转折期

90 年代后期，亚美尼亚的教育发展开始得到重视，教育被认为国家和社会发展的优势所在，国家开始提倡实施教育全球化和国际化，要“将教育全球化定位为亚美尼亚民主化进程的重要任务”。在这一过程中，亚美尼亚的教育体系进行了重大的变革；教育内容开始符合现代化的要求及社会发展的需要，新的教育理念、教育任务开始出现；提升教学质量，注重师资发展等也被提上议事日程。1999 年，亚美尼亚加入“博洛尼亚进程”，这也被视为该国教育转折的重要标志。

4. 2004 年后：理性发展期

加入“博洛尼亚进程”后，亚美尼亚的教育发展一度丧失了自身民族文化的特点，一些学者开始反思教育改革的成果。2004 年后，在原有的教育国际化基础上，亚美尼亚根据本国民族文化特点出台了亚美尼亚《国家普通教育构想》（Государственная концепция общего образования）和《中等教育国家标准》（Государственный стандарт среднего образования），并在国家普通教育标准的基础上制定了新一代课程标准和大纲。

据 Мариносян 分析显示，2011—2015 年，亚美尼亚实施《亚美尼亚国家教育发展规划（2011—2015）》（Государственная программа развития образования на 2011—2015），规划中指出，教育的重要目标之一是与世界教育接轨。在此期间，亚美尼亚不仅与几十个国际组织和地方组织开展合作，如联合国儿童基金会、联合国教科文组织、联合国开发计划署、美国国际开发署（USAID）等，还实施了诸多新的教育项目，推广新的教学方法，不断培养人才，整顿师资体系，提升教育质量。

（二）发展特征

后苏联时期，亚美尼亚教育的最重要特征是教育危机的出现及教育国际化的开展。教育国际化的主要目的是摆脱教育危机，提升教育质量，使教育内容与劳动力市场需求保持一致；主要措施为加入“博洛尼亚进程”，建立孔子学院，开展汉语教育。

1. 亚美尼亚的教育危机及成因

苏联解体后，亚美尼亚教育因无法适应这种新变化而出现了严重危机，教育不受重视，师资匮乏，缺乏现代教育技术等。塔特卡拉 Н. И. 认为，教育危机出现的原因主要体现在以下几个方面[①]：

第一，价值观发生变化。亚美尼亚独立后，大多数国民不再认同以前的价值观，但教育界却没有符合新价值观体现的社会需求的新理念来适应如此迅速的变化。

第二，苏联解体，亚美尼亚独立，国家制度发生变化。经济危机使得教育水平急剧下降，社会对教育的关注度也随之减弱。

第三，资金投入不足，基础设施建设薄弱。经济危机的发生导致教育资金投入不足，学校无法正常供暖供电，学生的在校时间大大缩短，移民潮使得师资严重匮乏。

第四，时代的更迭及教育理念的变化。世纪之交，信息爆炸使得大量新概念开始出现；新的教育理念、教育实践工作层出不穷，但亚美尼亚使用的教育内容很多都是直接照搬西方的理论、概念、策略，多数教材的翻译未经过审查和改编，甚至有的直接从网站上下载。

第五，学校教授的知识难以符合社会变革和经济变革所需[②③]。

2. 亚美尼亚的教育国际化

首先，加入"博洛尼亚进程"。为克服教育危机，促进民主化进程，亚美尼亚于 1999 年加入"博洛尼亚进程"。此后，亚美尼亚的教育开始了新的发展。一方面，该国的教育开始与外界接轨，它改变原有的高等教育体系，将原有延续苏联时期五年制的专家教育改为四年制的本科教育和二年制的硕士教育；开始使用欧洲统一的学分体系（ECTS），与欧洲国家互认文凭；不断增加学生流动，增强学术交流，鼓励与欧洲国家间开展校际合作。另一方面，亚美尼

① ТаткалоН. И. Образование в Армении：преодоление кризиса и тенденции развития//Журнал научных и прикладных исследований. – 2016. – No3. – С. 116 – 119.

② Саргсян А. С.，Авагян А. А.，Маранджян Т. Б.，Аванесян В. М. Достижения и перспективы развития непрерывного образования в Армении // Человек и образование. – 2010. – No4 (25). – С. 152 – 157.

③ ТаткалоН. И. Образование в Армении：преодоление кризиса и тенденции развития//Журнал научных и прикладных исследований. – 2016. – No3. – С. 116 – 119.

亚认为教育在国际化的同时，也应充分考虑本国及本民族的历史文化特点及实际情况，因此 2005 年，亚美尼亚根据本国特征对教育政策进行了调整，在一定程度上既保留了本民族文化的多样性，也反映了现代人类社会和未来人类社会的共同特征①。此外，作为工作组成员的亚美尼亚积极参与博洛尼亚论坛的筹备工作。第八届博洛尼亚教育部长会议宣布亚美尼亚教育科学部部长负责 2012—2015 年博洛尼亚计划秘书处的工作，亚美尼亚成为第九个轮值主席国和首个非欧盟成员主席国。2015 年，博洛尼亚论坛在亚美尼亚首都埃里温举行。

其次，与欧盟开展合作。恢复和扩大与独联体国家的相互关系是亚美尼亚教育国际化的重要组成部分。亚美尼亚与俄罗斯的教育合作历史悠久。苏联解体前，亚美尼亚与俄罗斯的教育体系相同。现在，亚美尼亚教育界还定期与俄罗斯专家进行咨询性会面，与俄罗斯共同制定合作项目，已经成为亚美尼亚与俄罗斯教育合作的一种传统。俄罗斯政府设有专门推动俄亚教育合作及发展的“俄罗斯联邦政府国民经济亚美尼亚教育发展国际合作中心”（Центр международного сотрудничества по развитию образования Армении народного хозяйства при Правительстве Российской Федерации），负责定期发布合作项目，如 2010—2012 年的合作项目是评估亚美尼亚 14—15 岁青少年的信息掌握水平和交际能力。

最后，与世界银行开展合作。世界银行通过为亚美尼亚提供优惠贷款来支持和改善亚美尼亚教育领域的合作项目，从而为亚美尼亚的教育发展提供了一定的资金支持。世界银行和国际发展署分别于 1992 年、1993—2017 年通过合作项目的优惠贷款为亚美尼亚提供资金支持共计 18 亿美元。②

① Мариносян Т. Э.，О совершенствовании качества образования в странах постсоветского пространства（на примере Армении）// Отечественная и зарубежная педагогика. – 2015. ［EB/OL］ https：//cyberleninka. ru/article/v/o-sovershenstvovanii-kachestva-obrazovaniya-v-stranah-postsovetskogo-prostranstva-na-primere-armenii – 1.

② Мариносян Т. Э.，О совершенствовании качества образования в странах постсоветского пространства（на примере Армении）// Отечественная и зарубежная педагогика. – 2015. ［EB/OL］ https：//cyberleninka. ru/article/v/o-sovershenstvovanii-kachestva-obrazovaniya-v-stranah-postsovetskogo-prostranstva-na-primere-armenii – 1.

3. 亚美尼亚教育国际化发展的重要成果

亚美尼亚教育发展及教育国际化的重要成果有：教育内容最大限度地符合了当今社会的发展需要，并在一定程度上考虑未来社会发展的需求，提升了学习者的专业技能水平，使之符合劳动力市场的需求和未来工作岗位的具体要求；亚美尼亚的毕业生就业能力得到一定的提高，社会失业率逐渐下降，国家社会经济的发展速度不断加快；亚美尼亚的教育在国际上得到了一定的认可度，中高等教育和继续教育成为亚美尼亚教育的重要组成部分。①

三、中亚的教育交流与合作

亚美尼亚与中国的教育合作始于独立之后。中亚两国自 1992 年建交以来签署了一系列的相关文件，其中最重要的 2000 年签署的《中华人民共和国教育部和亚美尼亚共和国教育和科学部教育合作协议》和 2015 年签署的《中华人民共和国与亚美尼亚共和国关于进一步发展和深化友好合作关系的联合声明》。在此基础上，中国与亚美尼亚的教育合作不断扩大。2004 年，中国政府开始向亚美尼亚派送公费留学生并持续接收亚美尼亚来华留学生，中亚两国间的互派留学生人数逐年增加；2009 年，中国在亚美尼亚建立了孔子学院；2015 年，亚美尼亚研究中心在中国成立；2016 年，部分中国高校开始设立亚美尼亚语专业。

初期的中亚教育合作主要以国家为主导，后期转向国家主导与高校自主相结合。合作领域包括在亚美尼亚建立孔子学院，开展汉语教育；在中国开展亚美尼亚研究及亚美尼亚语教育；互派留学生等。其中，孔子学院和亚美尼亚研究中心是两国教育交流与合作的重要平台，是两国政府高度重视中亚两国教育合作的重要载体。

（一）孔子学院的开设

亚美尼亚孔子学院自 2008 年成立以来发展迅速，下设 3 个孔子

---

① Саргсян А. С., Авагян А. А., Маранджян Т. Б., Аванесян В. М. Достижения и перспективы развития непрерывного образования в Армении // Человек и образование. – 2010. – №4 (25). – С. 152 – 157.

课堂，辐射10个教学点。截至2017年2月，学员人数达1350人。亚美尼亚的孔子学院主要发挥两方面的作用。

1. 作为亚美尼亚的汉语教学基地

目前，孔子学院已成为亚美尼亚汉语教育的重要基地。2013年后，随着“一带一路”倡议的提出及孔子学院的优化，汉语热在亚美尼亚逐年升温，汉语学员人数成倍增长，课程体系逐步完善，形成了从基础到高级的语言技能课程体系及中国国别区域文化的汉学教学体系，辐射了小学、中学、大学及成人教育。

2014年，汉语专业开始进入亚美尼亚高校。俄罗斯—亚美尼亚（斯拉夫）大学［Российско－армянский（славянский）университет］人文学院开设汉语课，埃里温国立大学的国际关系专业及埃里温“布留索夫”国立语言与社会大学（Ереванский государственный университет языков и социальных наук им. В. Я. Брюсова）的翻译专业分别开设汉语、中国历史文化等课程。除孔子学院外，俄罗斯—亚美尼亚（斯拉夫）大学也成立了孔子课堂，埃里温国立大学成立了汉语语言文化中心，埃里温“布留索夫”国立语言与社会大学创建了汉语翻译实验室，并拟开设汉语师范专业，专门培养亚美尼亚本土的汉语师资。

2015年，亚美尼亚教育科学部正式批准汉语课程进入亚美尼亚中小学必修课程名录，即汉语被正式纳入亚美尼亚的基础教育课程体系。目前已有五所中小学将汉语课程正式纳入学生的必修课程体系，有近十所中小学正在试行汉语课程教学。

2014—2017年，孔子学院的学员人数每年按50%以上的速度递增，形成了亚美尼亚孔子学院独特的办学模式。此外，2013年，亚美尼亚出版了首本汉语教材，100余位本土汉语教师参加了相关的培训；2016年，亚美尼亚国家广播电台正式开播《跟我学汉语》节目[①]，2016年1月至2017年7月听众已达4万余人次。

2. 作为中亚文化交流的重要平台

中亚的教育合作是两国人文交流中的重要组成部分，结合孔子

---

① 该节目为孔子学院与亚美尼亚“新闻之声”广播电台合作的汉语节目（汉办官网—新闻，2016年1月26日）。

学院的建设，其具体体现为以下三点：第一，孔子学院日常的文化及学术交流活动。自成立以来，亚美尼亚的孔子学院每年定期举办大量的文化活动，仅2016年就实施了35项，参与活动的民众达36000余人次。第二，开展校长访华团、中小学生汉语夏令营等教育交流项目。例如，与大连外国语大学合作组建孔子学院亚美尼亚中小学校长代表团访问，与大连外国语大学合作完成孔子学院中小学汉语夏令营项目。第三，中亚共同开展相关的文化活动。例如，两国共同制作并播出了20集系列电视片《你好，中国!》[①]，举办“中国文化百题”和“最强大脑”中国专题电视大赛。[②] 在国家图书馆开设“汉语角”和“中国文化角”，每年向国家图书馆赠书300册并定期举办书展等文化活动。

（二）亚美尼亚研究中心的建立

相对于亚美尼亚的汉语教育和孔子学院的开设，中国对亚美尼亚的研究及亚美尼亚语的教学发展则比较迟缓。目前，中国只有1所高校（北京外国语大学）开设了亚美尼亚语专业，只有1个亚美尼亚中心和1个亚美尼亚研究中心。2015年，大连外国语大学成立了亚美尼亚研究中心，并于2017年在教育部备案成功，相关课题和项目正在进行。尽管亚美尼亚大使馆对我国开展相关研究给予了高度重视和大力支持，但由于师资、语言、资金等方面存在一定的困难，相关实践难以迅速发展。

四、结语

亚美尼亚教育的重要发展特征是教育国际化。经过十余年的摸索与磨合，一方面，亚美尼亚加入博洛尼亚进程，并顺利地完成了具有本国民族文化特色的教育改革；另一方面，孔子学院的不断发展为中亚两国的教育合作提供了重要交流平台。亚美尼亚的教育合

① 孔子学院与亚美尼亚“21世纪”电视台推出的电视系列片（汉办官网—新闻，2015年1月）。

② 孔子学院与亚美尼亚国家电视台、ATV电视台联合推出的系列节目。

作空间开放且多元，如在师生交流、科研合作、联合办学、联合培养人才等方面具有较大的合作潜力。中国对亚美尼亚的研究和亚美尼亚语的教学亟待发展。

亚美尼亚：历史与现实的困境中艰难求生*

徐海燕

一

在外高加索亚美尼亚高原的东北部，有一个风景秀丽多姿多彩的高山国家，国土面积只有2.97万平方公里，人口不足300万，这就是具有悠久历史的亚美尼亚共和国。历史上，亚美尼亚人曾经是东安纳托利亚最古老、最强大的民族之一。据莫夫希斯·寇伦纳西所著的《亚美尼亚历史》记载，公元前2107年第一个亚美尼亚王国就已经建立，公元前1824年形成了地理概念上和政治概念上的亚美尼亚。公元前后的亚美尼亚的版图曾横跨欧亚大陆，多次击败过罗马人。公元301年，亚美尼亚将基督教奉为国教，成为了历史上第一个奉基督教为国教的国家。至今，亚美尼亚国内仍然有94%的信教民众。随后，亚美尼亚的启蒙者格列高利创立亚美尼亚使徒教会。从公元5世纪中叶至今，亚美尼亚使徒教会一直保持独立，并在当今世界仍有很大影响，基督教最神圣之地——位于耶路撒冷的圣墓教堂也是由罗马天主教会、亚美尼亚使徒教会和希腊正教会共同管理，从这个意义上来说，可以说亚美尼亚成为了后来欧洲各国效仿的对象。

亚美尼亚人属于雅利安人种，皮肤比较黝黑，眼睛从黑色和棕色至浅灰色包含多种颜色，颧骨微突，高鼻梁，嘴唇较薄，男性多为络腮胡。属欧洲印欧语系亚美尼亚语族。亚美尼亚性格温文而雅，待人彬彬有礼，并不勇猛尚武。这与被称为“战斗中的民族”俄罗斯人有很大的区别。从彼得大帝开始，骁勇善战的俄罗斯人凭借着这一性格，用了不到两个世纪，就把国家的领土扩展到了横跨

---

* 作者简介：徐海燕，女，中国社科院政治学研究所研究员。

欧亚两大洲。亚美尼亚则相反，由于处在欧亚大陆的结合部，亚美尼亚人赖以生存的土地历来都受到强国的觊觎。公元387年，亚美尼亚被拜占庭和波斯划分，此后，它又受到罗马、波斯、奥斯曼土耳其帝国、伊朗萨非王朝、沙皇俄国的反复蚕食和瓜分。国家被奴役、被压迫的历史多于独立自主的历史。1639年，奥斯曼土耳其帝国与伊朗萨非王朝将亚美尼亚再次分为东、西两部分。萨非王朝得到了东亚美尼亚，西亚美尼亚则由奥斯曼土耳其帝国统治。当沙俄从伊朗萨非王朝获得东亚美尼亚领土后，西亚美尼亚与奥斯曼土耳其之间展开了长达半个世纪的恩怨情仇。两国迄今对1915年奥斯曼土耳其是否对亚美尼亚人进行过种族灭绝式的大屠杀争论不休，成为至今使两国关系无法正常化的心结。自1918年亚美尼亚成为苏维埃俄国的一部分起，亚美尼亚开始与邻国阿塞拜疆之间就纳戈尔诺—卡拉巴赫地区的归属问题龃龉不断，苏联解体前后，两国甚至发生了两次大规模的军事冲突，虽然在1994年5月双方就全面停火达成协议，但两国至今仍处于敌对状态，边境摩擦不断。

鉴于自身独特的文化和历史，又长期受到列强和异族的统治，亚美尼亚人逐渐形成了追求民族权力和独立建国的民族主义思想。在17世纪早期开始，信奉基督教的亚美尼亚政治家希望借助欧洲帝国摆脱穆斯林的统治，虽然屡次失败，但从未放弃。在亚美尼亚的历史文献中，近代亚美尼亚国家的历史就是一部争取国家独立和民族解放的历史，以争取民族独立为主线，将1918年主张东西方亚美尼亚合并的政党纳什达克楚琼党建立的共和国称为第一共和国；1920年11月成立的亚美尼亚苏维埃社会主义共和国称为第二共和国；苏联的解体和冷战后全球化的兴起为亚美尼亚人创造了难得的历史时机，1990年8月23日，亚美尼亚最高苏维埃通过《独立宣言》的同时，也开启了第三共和国的历史。并以此重新构建国家政治体制，将国家定位为单一制共和国，以民主、自由、法制为原则，实行多党制、三权分立和权力制衡制度，共和国通过了一部宪法及其修正案，正在从总统制向议会制过渡。一直以来，亚美尼亚的政治精英们普遍具有的民族主义立场，这不仅来自他们的政治选举策略，更有来自民族文化中的悲情情节。至今，在国家多党制的体制建构中，除了支持总统的，持民族主义立场的亚美尼亚共和党外，第一共和国期间建立的达什纳克楚琼党，如今依然在亚美尼亚政坛上发挥重要作用。该党主张纳卡与现土耳其境内的西亚美尼亚合并，并要求国际社会承认1915年奥斯曼帝国对亚美尼亚人实行的“宗族屠杀”事件等，在海外侨民中享有较高声望。

亚美尼亚共和国的面积只有2.97万平方公里，虽然作为小国受到的关注较少，但它的“一山一曲一酒一传说”却闻名于世。“一山”指的是在欧洲、西亚基督教世界远近驰名的阿拉拉特山，是亚美尼亚民族的象征。《圣经创世纪》写道：七月十七日，方舟停在阿拉拉特山上。诺亚方舟在大洪水后最后停泊的地方就是在阿拉拉特山。亚美尼亚作为世界上第一个基督教国家，这座山对亚美尼亚人来说有着很深的象征意义，他们常常引以为豪，因此，无论是在苏联时期，还是在独立后，亚美尼亚国徽上的图案都有这座山的形象。但是造化弄人，由于历史原因，这座山如今却坐落在土耳其境内。

“一曲”指的是亚美尼亚作曲家哈恰图良（1903—1978年）在1942年创作的《马刀舞曲》，是首战斗风格的舞曲。亚美尼亚作为世界上第一个基督教国家，承袭了基督教音乐文化中的圣咏传统。苏联时期，亚美尼亚民族音乐不仅得以较好的保存，艺术音乐又被推向新的高峰。亚美尼亚交响曲作曲家阿拉姆·哈恰图良就是著名的代表。被誉为“苏联三杰”之一的阿拉姆·哈恰图良是亚美尼亚苏维埃社会主义共和国国歌的作者，他创作的《马刀舞曲》不仅属于亚美尼亚，更属于全世界，受到音乐爱好者特别是手风琴和小号爱好者的追捧，是世界各著名管弦乐队经常演奏的经典曲目之一。为了纪念哈恰图良取得的辉煌成就，如今，在埃里温的亚美尼亚国家歌剧院前仍有一尊哈恰图良的塑像，剧院里还经常上演哈恰图良的经典曲目。哈恰图良的成功，使得高加索地区的音乐受到强烈的关注。

“一酒”就是指的是亚美尼亚的白兰地。说起白兰地，人们总会首先想到法国白兰地，其实，亚美尼亚酿造的白兰地同样品质独特，誉满世界。亚美尼亚的酒业发展史，尤其是白兰地更富有传奇色彩。亚美尼亚的白兰地生产始于1877年，但史料记载，从公元前15世纪，亚美尼亚就开始种植葡萄了。在阿拉拉特平原，年日照天数超过300天，得天独厚的自然条件，使这里种植的葡萄含糖量高，酿酒所用的水也是山泉水，用这样的原料酿造的亚美尼亚白兰地，品质独特，口味甘冽，醇美无暇。作家高尔基曾对亚美尼亚的白兰地发出这样的赞叹："从阿拉拉特的酒窖里爬上来，比翻越阿拉拉特山还要难!"在1945年雅尔塔会议时，斯大林曾用亚美尼亚的白兰地招待丘吉尔，丘吉尔对此赞不绝口，难以忘怀！在此后，斯大林每个月都会给丘吉尔寄去一箱亚美尼亚白兰地。

苏联解体，亚美尼亚共和国独立至今只有短短的25年的时间。但亚美尼亚的首都埃里温却是世界上最古老的城市之一。782年建成的埃里温，是建立在海拔950—1200米的山地小城，比古罗马还早29年。2018年埃里温将迎来建城2800周年，足以彰显其悠久的历史。2016年，在全国近300万人口中，埃里温的人口就达130万，是全国人口最密集的城市，平均每平方公里110人。埃里温也是国家政治、科技、文化、教育中心，有数十家博物馆、图书馆、美术馆和剧院。该市距土耳其边境仅20多公里，距富有传奇色彩的阿拉拉特山仅50公里。城市周边的山上盛产赭红色的花岗石、大理石。市内建筑因就地取材，整个建筑群呈现赭红色，故埃里温被称为"玫瑰色的城市"，而到了夏天，这里绿草茵茵，生机盎然，又成了名副其实的"绿色之城"。城市的"心脏"是共和国广场，是国家重要部委的聚集地，整体建筑庄严肃穆，而到了晚上这里又成为市民休闲、浏览之地，是埃里温最繁华、最热闹的地方。

二

漫步在埃里温街头，在公园和城市的中心还可看到为苏联卫国战争的红军战士的纪念碑和雕塑，苏联的痕迹若隐若现。实际上，长达70多年的苏联社会主义建设为这个国家填上浓墨重彩的一笔。作为苏联15个加盟共和国之一，亚美尼亚的面积最小，但发展却是极为迅速的。共和国不仅凸显了葡萄酒、白兰地、矿泉水、水果等产品优势，还拥有高质量的教育和科技潜力。在苏联解体前夕，亚美尼亚在高科技产业的份额占到国内生产总值的20%，承担着苏联军工企业科技生产的25%—30%①。

与苏联时期创造的辉煌相比，亚美尼亚人对独立初期所经历经济社会动荡和裂变还记忆犹新。1988年的大地震、快速的市场转型、自由化、私有化改革，以及邻国边境封锁造成的资源匮乏、工业停产、通货膨胀、GDP萎缩和税收流失，使国家陷入了深刻的社会、经济危机。独立初期，以1991年为基数，亚美尼亚人均国内生产总值缩减了2/3，居民实际收入减少了7—9倍，人均寿命缩短了3—4年，有超过半数的居民陷入赤贫境地。亚美尼亚成为独联体中经济降幅最大的国家。

进入21世纪后，金融危机前泡沫经济的膨胀也曾给国家带来了虚假的繁荣：2000—2008年，因经济形势大好，亚美尼亚侨民的汇款增多，人们开始热衷于修路、建房、装修、置换居家用品，建筑业和第三产业的快速发展，自由资本配置的需求也稳步增长。建筑业在国内生产总值中的比重从11%增至28%，但产业空心化现象也愈加凸显。内需刺激着进口贸易的增长，也使这个小国开放型国家的外贸逆差更为严重。

金融危机过后，国家经济发展的结构性矛盾显现出来：人口少造成了国内市场体量小、能源匮乏、产业轻资产化、工业基础弱、技术更新缺乏资金的支持。作为小国开放经济的国家，经济靠对外贸易关系拉动，但又缺乏便捷的交通，不仅没有出海口，还受到与土耳其和阿塞拜疆的边境封锁。对外贸易和运输虽然可以与格鲁吉亚和伊朗展开，但这两个国家经济能力有限，无法给亚美尼亚的经济发展提供市场资本和技术支持。亚美尼亚运输和物流成本较高，降低了经济和预算收入的可能性。亚美尼亚与伊朗边境是崎岖复杂的高山地带，公路运输极易受天气因素影响。在邻国中，格鲁吉亚拥有服务于黑海主要港口的密集渡轮网络，是欧盟、独联体与亚美尼亚贸易的重要枢纽。而与格鲁吉亚相邻的俄罗斯又是亚美尼亚在外高加索最亲密的盟友，不仅俄罗斯驻军为亚美尼亚守护与土耳其边境的安全，而且俄罗斯还是亚美尼亚最大的贸易伙伴和亚国境内最大的投资国，近两年，亚美尼亚积极加入俄罗斯主导的关税同盟

① 2010 ArmenianHi-Tech Industry, Armenian Development Ageny.

和欧亚经济共同体，进一步促进了双方的经济交往。毋庸置疑，格鲁吉亚作为亚美尼亚进口俄罗斯商品的重要通道，正在发挥着越来越重要的作用。但因 2008 年以后俄、格矛盾，给亚美尼亚进出口贸易带来了诸多不确定因素。

经济凋敝，就业困难，刺激着年轻一代去海外“淘金”的欲望，与其他国家独联体国家相比，亚美尼亚人成为移民意愿最强的民族之一。这对于拥有一技之长的，养家糊口的男人们更为明显。据亚美尼亚官方统计，自苏联解体到 2000 年的十年间，移民国外的亚美尼亚人超过了 70 万，而且养家糊口的男人离开的可能性是女人的两倍①。而埃里温当地的调查数据显示：在一个有 1900 套房间的社区，600 套房已经无人居住②。由于大量人口急于移民，在亚美尼亚已经形成了一个有利可图的“移民产业”。根据国际移民组织（IOM）的调查，这种产业分为合法和地下两种，前者以合法的旅行社为代表，后者则主要由地下中间人构成③。

在移民的队伍中，80% 的亚美尼亚移民去了俄罗斯，地广人稀的俄罗斯为了迎接新人口开出了诱人的条件：2006 年俄罗斯出台的“同胞”计划除了为移民提供路费、工作，以及 4000—8000 美元的补助外，还允许移民加入俄罗斯国籍。④ 2014 年 4 月 21 日，俄罗斯总统普京就“同胞”计划再度颁布法令，将移民获得俄罗斯国籍的期限从原来的五年缩短至三个月，而针对移民的俄语考试在埃里温的俄罗斯—亚美尼亚大学每个月都举行一次⑤。移民汇款也使大量家庭得以维持生计的重要来源。由此便产生了一个难以克服的困境，即汇款越重要，就越需要移民；移民越多，人口危机就越

① Ken Stier：Study Highlights Inefficiencies and Evils of Armenian Emigration. April 15, 2002. http：//www. eurasianet. org/departments/business/articles/eav041602. shtml.

② Mikhail Diloyan：Emigration Emerges as a Concern in Armenia. April 10, 2000. http：// www. eurasianet. org/departments/insight/articles/eav041100. shtml.

③ Ken Stier：Study Highlights Inefficiencies and Evils of Armenian Emigration. April 15, 2002. http：//www. eurasianet. org/departments/business/articles/eav041602. shtml.

④ Marianna Grigoryan：Armenia：Russian Guest Worker Program Highlights Population Drain. March 25, 2011. http：//www. eurasianet. org/node/63157.

⑤ Marianna Grigoryan：Armenia：Russia's Offer of Easy Citizenship Sparks Concerns. April 30, 2014. http：//www. eurasianet. org/node/6832.

严重。

与人口外流相一致的，与人口总量、老龄化问题日趋突出。几十年来，该国人口增长的曲线一直呈明显的下降趋势，主要从两个方面展现出来，一个是人口总量不断下降，另一个趋势是出生率不断降低。2016 年，亚美尼亚共和国人口已经低于 300 万①，与此同时，65 岁以上的老人已超过 32 万人②。值得反思的是，亚美尼亚的人口状况在苏联各加盟共和国中曾是最好的：在 1979—1990 年间的年均人口增长率为 1.4%，人均寿命约为 74 岁。每个家庭平均养育 2.4 个小孩③，这个数字是除中亚信仰伊斯兰教的国家外，养育孩子数量最多的共和国。与其他发展中国家一样，亚美尼亚还面临着“未富先老”的困境，日渐突出的老龄化问题，使养老金领取者成为了一个很大的群体，加剧了国家的经济负担。总之，经济结构性问题、人口外流、科技潜力丧失，所有这一切都堵塞了亚美尼亚摆脱贫困的道路。

三

亚美尼亚经济社会领域的现状使亚美尼亚精英警醒，也时刻考验他们治理国家的能力。国家组建了“亚美尼亚—2020”社会项目框架的专家团体，对国家发展的可行方案进行了深入的调研④。项目框架在为亚美尼亚国家的发展提供智识的基础上，特别强调了亚美尼亚政府对发展经济、改善人们生活方面应发挥主导作用。在对自身经济性质和形式进行审时度势的认知基础上，2010 年底，亚美尼亚经济部长涅尔塞斯·叶里强提出亚美尼亚经

① http://am.mofcom.gov.cn/article/ddgk/zwrenkou/201609/20160901399286.shtml.

② 亚美尼亚国家统计局编：《2017 年亚美尼亚统计数据》，埃里温，2017 年 3 月，第 27 页。

③ Haroutiun Khachatrian: Unfavorable Demographic Trends Cloud Armenia's Economic Prospects—Study. March 6, 2005. http://www.eurasianet.org/departments/business/articles/eav030705.shtml.

④ ［俄］Ахинов Г. А.：《在不确定条件下的亚美尼亚》，载《全球政治中的俄罗斯》，2004 年第 4 期。

济发展应该建立在出口为导向的商品生产和服务的新模式[①]。2013年通过的“2014—2025年亚美尼亚的发展战略”，正式确定了优先发展信息技术、化工、能源等11个产业，建立出口导向型产业政策的新方向[②]。

2017年5月，亚美尼亚总统谢尔盖·萨尔基相在第六次国民会议发表的国情咨文中指出：“未来亚美尼亚要通过金融货币政策和财政政策，以建立一个充满活力和稳定的宏观经济环境，并使它能够同时兼顾经济的中短期，以及长期的可持续的经济增长。”同时提出，“经济增长指标和经济活力指数固然十分重要，但更重要的是，亚美尼亚普通老百姓应能感受到经济增长对生活水平提高所产生的作用，必须使年均增长率显著高于国际年经济增长率，不断缩小亚美尼亚和发达国家人均GDP的差异。”[③]

在社会领域，为了缓解支付养老保障金的压力，亚美尼亚共和国修改了苏联时期男60周岁、女55周岁的退休标准。2015年修订的《亚美尼亚共和国国家养恤金法》将亚美尼亚共和国企业劳动者的退休年龄统一调整到63周岁。此外，到达退休年限的劳动者，还有权根据自己的意愿和身体状况自愿延长工作时间[④]。为了挽回人口外流，特别是大量人才外流的趋势，国家对从事教育和文化事业劳动者、民族文化传承人特享养老金的优待条件[⑤]。

当前，亚美尼亚的所有经济部门都向外资敞开大门，并保证他们与当地公司享受同等的待遇。亚美尼亚货币德拉姆，在有管理的浮动汇率下可自由兑换。外国人可以不受限制地将资本汇回本国，可以在亚美尼亚或外国银行开立各种货币的银行账户。正如亚美尼亚共和国侨民部所言：尽管亚美尼亚在地理上位于亚洲，但亚美尼

---

① Новая модель экономического развития Армении будет базироваться на экспортоориентированном производстве//http：//mail. arka. am/ru/news/economy/22952/.

② Armenia Development Strategy for 2014 – 2025 //http：//faolex. fao. org/docs/pdf/arm151333. pdf.

③ ［亚］国家总统向国民议会所做的国情咨文，2017年5月18日，总统网，http：//www. president. am/。

④ ［亚］《亚美尼亚共和国关于退休金法案》，2010年12月22日，http：//www. arlis. am/DocumentView。

⑤ 同上。

亚一直处于连接欧洲和亚洲路线的十字路口，它与外界正保持着密切的政治和文化关系①。

今日的亚美尼亚成为越来越开放的国家：几十种报刊、丰富多彩的影视节目、街头无数的标语广告、严谨而罗嗦的商品说明书……除了全民使用国语亚美尼亚语之外，年轻人使用多国语言的现象越来越普遍。亚美尼亚国内几十种报纸各有财团和政治背景，对同一件事的评价南辕北辙，俄语新增大量外来词，常常不知所云。国家年活动，互派数千留学生，每年数百万旅游者来往，极大地拉近了普通人的距离。在埃里温的高校、名胜和步行街，使用频率较高的外语有俄语、英语、阿拉伯语等；亚美尼亚政治精英还为外资企业的准入努力打造更为适宜的环境。2016 年 12 月 7 日，根据普华永道与世界银行联合发布的《缴纳税款 2017》报告，亚美尼亚被列入世界轻税负国家前 20 名②。而在知名商业杂志《福布斯》2017 年公布的全球最适宜经商的国家和地区名单中，亚美尼亚跻身全球第 38 个最适宜经商国家③。

亚美尼亚是古代丝绸之路的必经之路，至今依然是中国“一带一路”倡议下的沿线国家。这一特殊的地缘环境，不仅拉近了亚美尼亚和中国、欧盟这两个世界最大需求市场和产业基地的距离，更有利于亚美尼亚降低国际贸易成本，帮助亚美尼亚成为全球经济循环中的一个多元开放的成员。2015 年，中国已经成为仅次于俄罗斯的亚美尼亚第二大进口国，这表明，中国开始与欧盟、俄罗斯一起在亚美尼亚进出口贸易中发挥重大作用。中国风和中国元素已经被亚美尼亚人民热捧。亚美尼亚街头中国援建项目、交通项目正日趋增多，中国元素，如中国功夫、饮食、丝绸、茶叶备受亚美尼亚人民的热捧。中国的政治、经济，乃至环境都经常成为亚美尼亚人民津津乐道的话题。虽然，与其他国家相比，亚美尼亚相对中国民众

---

① Общая информация об Армении，http：//www. mindiaspora. am/ru/yndhanur_ h.

② 参见中华人民共和国商务部网站的数据，http：//www. mofcom. gov. cn，2016 年 12 月 7 日。

③ Doing Business – 2017：Армения вновь значительно опережает Азербайджан по уровню благоприятности условий для ведения бизнеса，http：//www. panorama. am/ru/news/2016/10/26/Doing-Business-Армения-Азербайджан/1666318.

来讲，在认知中尚处于薄弱环节。但随着交往的深入，双边交流与了解正在不断推进中，目前，中国国内的一所高校已开设了亚美尼亚语专业。2015 年大连外国语大学与亚美尼亚“布留索夫”大学合作成立国内第一个亚美尼亚研究中心。这预示着，随着“一带一路”倡议的实施，亚美尼亚这个神秘国度的面纱正在被揭开，逐渐显示出它迷人的魅力。

与时俱进　修宪为民
——《亚美尼亚共和国宪法修正案》解读*

冯永平

宪法作为一个社会中的秩序的最高准则，是维持国家统一、民族团结、经济发展、社会进步和长治久安的法律根基。由于社会现实一直处在不断地变化、发展之中，而宪法又是植根于现实基础之上的，因而宪法就必然存在一定的滞后性，社会现实与宪法规范的矛盾不可避免。随着矛盾的累积，宪法与现实生活之间定然会出现不一致的地方，造成二者的脱节，从而影响宪法的权威、尊严以及贯彻落实。因此，根据经济社会的发展，及时、适时修改宪法，是保持宪法的现实性和相对稳定性，使宪法得以生存和发展的必备条件，也是赋予宪法生机和活力，并在国家法律体系中保持统治地位的重要举措。

亚美尼亚共和国从自身所处的地缘政治环境、国家经济现实情况和历史文化、民族情感等方面出发，于 2005 年 11 月 27 日和 2015 年 12 月 6 日两次对宪法进行了修正，用以解决、指导国家未来的发展和长治久安的重要问题。

下面，本文拟就亚美尼亚共和国宪法修正案做一粗浅的解读。

一、亚美尼亚共和国情况介绍

（一）简介

亚美尼亚共和国是位于亚洲与欧洲交界处、外高加索南部的内陆国。作为世界上第一个将基督教定为国教的国家，其东西南北分

---

* 作者简介：冯永平，中国社科院 MPA 中心。

别被阿塞拜疆、土耳其、伊朗、格鲁吉亚四个伊斯兰教国家所包围，国土面积2.98万平方公里。国内共有50多个民族，其中亚美尼亚族约占人口总数的96%左右。官方语言为亚美尼亚语，首都为埃里温，货币为德拉姆，主要经济来源为农牧业。1920年亚美尼亚建立苏维埃政权，1936年正式成为苏联加盟共和国之一。1990年8月23日，亚美尼亚改国名为“亚美尼亚共和国”，1991年9月21日正式宣布独立，并于当年12月21日加入独联体。

（二）政体演变情况

1991年亚美尼亚独立后，捷尔·彼得罗相当选为亚第一任总统，巴布肯·阿拉尔克强当选为亚最高苏维埃主席（议长）。

1995年7月5日，亚美尼亚举行全民公决通过宪法。宪法规定亚美尼亚实行总统制，立法、行政、司法三权分立，承认多党制，国民议会是国家最高立法机关。在总统制下，总统是行政首长、国家元首，直接任命并领导内阁；内阁没有决策权，仅是总统的咨询机构；总统不向议会负责，也无权解散议会。议会不能迫使总统及其内阁辞职，只有其违反宪法或渎职、失职时，议会才能对其进行弹劾。

1995年7月5日，亚美尼亚举行第一届国民会议选举。第一届议会由190名议员组成，共有5个政党进入议会，巴布肯·阿拉尔克强当选为亚首届国民会议主席（议长）。

1998年年初，亚美尼亚发生政治危机，总统捷尔·彼得罗相和国民会议主席巴布肯·阿拉尔克强相继辞职，同年2月3日罗伯特·科恰良当选为亚第二任总统，之后霍斯洛夫·阿鲁秋尼扬继任为亚国民会议主席。

根据1999年2月5日通过的亚美尼亚一院制议会制度，国民议会议员任期4年，共设131个席位，按混合制进行选举，其中56席由参选的党派和党派联盟按比例代表制竞选，得票率超过5%的政党即可进入议会，其余75席按多数代表制在全国75个选区每区选出1人。

1999年5月30日，亚美尼亚举行第二届国民会议选举。第二届议会由131名议员组成，共有4个政党和2个党派联盟进入议会，卡连·杰米尔强当选为亚国民会议主席。同年10月27日，卡·杰米尔强在枪击案中遇难，阿尔缅·哈恰特良当选为国民会议主席。

2000年1月22日，议会通过选举法修正案，规定议会席位新的分配方法为比例代表制94席、多数代表制37席，从2003年的新一届议会起实施。

2003年3月6日罗伯特·科恰良成功连任总统，同年5月25日，亚美尼亚举行第三届国民会议选举。第三届议会由131名议员组成，共有5个政党和1个党派联盟进入议会，阿尔图尔·巴格达萨良当选为国民会议主席。

亚美尼亚2001年加入欧洲委员会后，欧洲委员会一直主张，亚美尼亚要想进一步融入欧洲社会就必须对宪法进行一定的修改，为此，2005年11月27日，亚美尼亚举行了关于修改宪法的全民公决，并以多数票通过。通过的新宪法规定，总统任期5年，连任不得超过两届；总统向议会提交的总理候选人提名须获得议会大多数的支持；进一步限制总统权力，提高议会在国家政治和经济生活中的作用。

2006年5月22日，阿尔图尔·巴格达萨良辞职，6月1日，季格兰·托罗相当选为国民会议主席。

2007年5月12日，亚美尼亚举行第四届国民会议选举。第四届议会由131名议员组成，共有5个政党进入议会，季格兰·托罗相连任国民会议主席。

2008年4月9日，谢尔日·萨尔基相当选为亚第三任总统。同年9月19日，季格兰·托罗相辞职，9月29日，奥维克·阿布拉米扬当选为国民会议主席。

2012年5月6日，亚美尼亚举行第五届国民会议选举。第五届议会由131名议员组成，共有5个政党和1个党派联盟进入议会，奥维克·阿布拉米扬连任国民会议主席。

2013年2月18日，谢尔日·萨尔基相在大选中赢得总统连任，使上届政府顺利过渡。

2014年4月13日，原国民会议主席奥维克·阿布拉米扬被任命为政府总理。

2015年1月2日，亚美尼亚出于国家安全考虑，正式加入欧亚经济联盟，选择了俄罗斯主导的欧亚一体化方向。

2015 年 8 月，总统谢尔日·萨尔基相向议会提交了亚美尼亚将由总统制变为议会制的宪法改革草案，并于 10 月 5 日获得了议会通过。12 月 6 日，亚美尼亚对该草案举行了全民公投。最终结果，63.37% 的选民对该项改革表示支持。

根据宪法修正案的规定，亚美尼亚将总统制变为议会制，议会实行一院制，共设 101 个席位，每届任期 5 年。凡在选举中得票率超过 5% 的政党、得票率超过 7% 的政党联盟均可进入议会。在议会制下，议会管理国家的权力和作用将会增大，而总统的权力将会得到一定的缩小，其中总统任期将由目前的 5 年延长到 7 年，但总统今后将不再由全民直接选举产生，而是由议会和地方自治机构代表选出，而且总统本人不能连任，不能参加任何党派。另外，宪法修正案还规定，政府将成为国家最高权力机关，并对议会负责；一个政党或者政党联盟须获得一半以上议席才有权提名总理人选并组建政府；军队未来将归政府领导，总理将成为国家武装力量的最高统帅。

2016 年 9 月 1 日，迫于来自持续的抗议示威活动的压力，总统萨尔基相提出要建立“民族和解政府”，9 月 8 日，原总理奥维克·阿布拉米扬宣布辞职，卡伦·卡拉佩强被执政的共和党确定为候选人并可能继任。

2017 年 4 月 2 日，亚美尼亚举行 2015 年 12 月公投修宪改为议会制后的首次议会选举，共有 9 个政党和党派联盟参选。现任总统谢尔日·萨尔基相领导的亚美尼亚共和党获胜，得票率为 49.17%，获得议会 101 个席位中的 58 席。巴布洛扬当选为亚美尼亚新任国民会议主席。2018 年现任总统萨尔基相任期届满后，亚将完全过渡到议会制。

二、修宪及其主要内容

亚美尼亚 1995 年宪法没有序（前）言，正文分为 9 章共 117 条，分别为“宪法制度原则”“人和公民的权利”“共和国总统”“国民会议”“政府”“司法权”“区域管理与地方自治”“宪法的通过与修改和全民公决”“过渡条款”。

亚美尼亚宪法修正案是在1995年宪法基础上修改完善的，在未改变原有宪法基本结构与内容的前提下，宪法修正案做了较大幅度的扩充与修改，增加了前言和附言，正文扩充为15章共220条，分别为“宪法秩序的基础”“人与公民的基本权利和自由”“经济”“社会和文化领域的国家政策的立法保障和主要目标”“国民会议”“共和国总统”“政府”“法院和最高司法委员会”“检察机关和调查机关”“地方自治”“人权保护者”“电视和广播委员会”“审计署”“中央银行”“宪法的通过与修改和全民公决”“最后和过渡性条款”。

从1995年宪法到现在的宪法修正案的过程，也正是亚美尼亚从总统制向议会制过渡的时期，这是亚美尼亚政治体制不断演变的结果，意味着亚美尼亚政治发展历程不断走向了成熟。总体而言，宪法修正案较之1995年宪法更加细化，更加规范，更加完善，适用范围更广，大大增强了现行宪法的科学性，也更符合亚美尼亚自身整体发展需要，回应了处于社会转型期的亚美尼亚人民在政治、经济和社会生活诸方面的呼声与诉求，反映了这些年来各界的最新研究成果，从新的角度反映了亚美尼亚共和国社会的转型与发展，进一步保证了宪法的稳定性和社会适应性以及与国际接轨的有机统一。

（一）将“民主”一词第一次载入宪法，利于国家发展

“民主”一词源于希腊语，本意是“人民的权利”“人民的统治”，也就是人民有权并且能够直接或间接地参与公共事务的决策过程，它的特征是代议制，人民直接或通过他们自由、平等选出的代表，受人民的委托行使国家权力。作为一种国家政治制度，民主是宪法存在和发展的基础，民主原理是宪法原理中的核心概念。正因为有了“民主”的存在，国家权力的运作才具有了正当性、合法性的基础，社会各个阶层才能够在宪法规定的范围内参与政治，通过监督和轮流任期制等方式避免最高行政首脑的一意孤行，切实发挥相互制约和限制国家权力的功能。20世纪以后，民主的观念逐渐成为世界各国政治运作上的中心价值，而民主化亦成为一种主要的

全球化现象。苏联解体后，各个加盟共和国开始朝政治民主化的方向发展。此次亚美尼亚在宪法修正案第 1 条中把“民主”首次写入宪法，笔者认为，这是修宪的最主要内容，展现了亚美尼亚在尊重多数人意愿的同时，极力保护个人与少数群体的基本权利。从政治角度讲，有利于执政党广泛发动人民，进一步夯实执政基础，保障政局的稳定与延续。可以说，民主是亚美尼亚全体人民达成的共识和追求的目标，更是体制上的一种与时俱进的进步。

（二）提出“权力平衡原则”，安装国家政权的稳定器

平衡是一种相对稳定、彼此牵制的态势。权力平衡是协调国家内部权力分配的一种机制。国家的立法、行政、司法三项权力不仅相互分离、独立，而且要形成三项权力间相互牵制和相互约束的格局。平衡的目的在于保持国家权力间的平衡状态，保证对权力的控制和监督，防止某个机关或某个人的独断专行，实现公共权力与公民权利的平衡。这种制度的设计是要使国家机构能够在为统治阶级服务的过程中，相互配合，通力合作，并不是为了提高效率，而是公平优先。在平衡原则的指导下，按其精神和要义构架起自己的宪政制度，不仅实现了人权的保障和公权力的制约，防止了权力的滥用和腐败的滋生，还为经济的发展、社会的稳定、文化的繁荣提供了合适的政治环境。亚美尼亚宪法修正案增加了“三权平衡原则”（修正案第 4 条），增设了“调查机关”（修正案第 178 条），使得三权分立制度更加完善、科学。行政、立法、司法互相监督，环环相扣，基本上形成一个等边三角形，让每一边都不敢随便越权行事，一旦出事会有来自另外两边的压力，从而使得这种等边三角形的体制会有一种相对稳定和平衡的局面，给政权带来稳定给社会带来一定的和谐与连贯性。

（三）明确“合法性原则”，树立宪法权威

在一般法律语境中，合法性多指人们的行为符合法律所设计的规则模式。具体包括行为的主体、性质、后果以及调整主体行为的法律规则都必须“合法”。

宪法合法性是宪法至上权威和政权存在的前提与基础。没有合

法性的宪法，人们会采取各种方式予以抵制，这样的宪法不会长久存在。宪法合法性是由人民赋予的，其源于“法治”，并以后者为基础。宪法必须体现人民的共同意志和要求，切实以维护人民的权利和自由为已任。唯此，才能真正树立起最高权威，发挥其在法治国家中的主导作用。

亚美尼亚宪法修正案不仅明确了“宪法具有最高法律效力”（修正案第 5 条第 1 款）这种“宪法至上”的地位，而且对国民会议、共和国总统、政府、法院、检察机关、调查机关等的地位和职权进行了规定，这些均为合法性原则的确定与体现，奠定了国家制度上的基础。

“在亚美尼亚共和国，权利属于人民”（修正案第 2 条）是亚美尼亚法治所遵循的根本原则，也是宪法具有合法性的根本依据。合法性原则在亚美尼亚宪法中的明示确立，是亚美尼亚宪法的实施、社会发展以及民主与法制的运作和法制观念深化的必然结果。

（四）提升基本权利，体现主权在民的本质要求

人的尊严是宪法存在的最高价值，人的自由是宪法体系存在和发展的根基。现代社会由于民主制度的建立，作为国家成员的个人不仅是国家管辖的客体，更是国家权力的源泉和国家统治的主体。保障人的尊严、基本权利和自由，是其参加各种社会活动和享受其他权利的前提条件、一切国家权力活动的基础和出发点，这从正面反映了一个国家的公民在国家生活和社会生活中的基本地位，体现了公民与国家之间的基本关系。亚美尼亚宪法修正案把“人的尊严、基本权利和自由”（修正案第 3 条）作为一项公民基本权利的基本原则甚至整个宪法的基本原则之一来规定，并同时增加、完善了生命权、自由权、财产权、关于公民个人地位的各种权利、涉及政府行为的权利、经济、社会和文化权利等方面的内容（修正案第 2 章），尤其是增加了“人权保护者”（修正案第 10 章）的内容，实质上就是公民在国家中主体地位的体现，以人为本的民主化深度与广度的体现，人权明细化与法制化的体现，是公民进一步参与国家管理的基本手段和途径，更是国家公权力在执政理念上体现时代性、把握规律性、富于创造性的重要表现。

（五）进一步凸显和张扬“普世价值”观，提倡意识形态多元主义，强化媒体监督管理

意识形态多元化，简单地说，就是在思想领域中，实行“多种理论、多种观点、多种方法，多种流派并存”的局面。广播电视媒体不单单是传播信息和输送娱乐的媒体，它还担负着提高媒体舆论引导能力、重塑提高人们的思想观念、培育积极的社会意识形态的重要职责。

亚美尼亚处于亚洲与欧洲的交汇点上，面临前所未有的多元文化激荡和挑战的局面。宪法修正案在前言中再次凸显和张扬“普世价值”观，并在正文中增加了“意识形态多元主义”（修正案第8条）、“国家与宗教组织”（修正案第17条）、“亚美尼亚使徒圣教会”（修正案第18条）、“与亚美尼亚侨民的关系”（修正案第19条）和“电视和广播委员会”（修正案第11章）的内容，这是亚美尼亚面对多元文化冲击和影响所做出的对国家价值观和上层建筑问题以及强化媒体管理再认识的一种有力探索，这对于理解目前世界上现实存在的文化多样性，处理好价值冲突，开拓视野，认同不同意识观念的人们学会相互尊重、睦邻友好，互利相处，保证政令畅通，推动国家建设社会和谐发展，无疑具有一定的现实意义。

（六）强化宪法保障，推进法治国家政策目标的实现

宪法保障是一种立法行为，就是宪法对某种权利以最高法律规定的形式予以保护。宪法是近代市场经济的产物，并随现代市场经济的发达而不断完善，市场经济蕴含的自由、公平、效率价值与法治所包含的平等、人权精神一脉相承，孕育了宪法这一民主宪政的新生法律部门。市场经济的充分展开为法治的生存与发育提供了根基与土壤。只有确认、规范、引导并保障市场经济的宪法，才是符合法治国家发展的宪法。

亚美尼亚经济发展面临经济结构不合理、生产技术落后、竞争力和创新性差、对外经济联系不畅、资源匮乏、过度依赖外部资本等发展瓶颈。经济发展问题是亚美尼亚安全稳定的重要影响因素，努力摆脱经济困境、改善民生是亚美尼亚当务之急。体现在宪法修正案上，亚美尼亚将“经济、社会和文化领域的国家政策的立法保障和主要目标”（修正案第3章）纳入宪法规范之内，并明确了“土地和水资源为国家的专有财产”（修正案第10条第2款），这是修宪重心的又一重大变化，更是亚美尼亚宪法史上一次巨大的飞跃，表明了亚美尼亚共和国对这些领域的重视程度已经提升到了前所未有的高度，并且释放出了“维护社会和谐稳定，谋求繁荣发展”的强烈愿望。同时明确规定“亚美尼亚共和国经济秩序的基础是社会市场经济”（修正案第11条），增加了“审计署”（修正案第12章）、“中央银行”（修正案第13章）、“环境可持续发展原则”（修正案第12条）、“戒严与紧急状态”（修正案第76、91、115、119、120条）这些国家重视对经济、社会等领域的监管内容，有机地把限制权力与保障权利、维护制度正义与提高经济效益结合起来，这正是国家法治化程度提高的生动表现，也是宪政精神的外化和宪法的“效率”与“秩序”价值的体现。

（七）扩充地方自治，满足社区居民的需要

地方自治，就是在一定的领土区域内，由本区域居民选举产生的地方自治机关在宪法、法律规定的范围内和国家监督下，对本地区自治范围内的公共事务实行自主管理的一种地方政治制度。地方自治是国家对于地方行政单位所采取的一种管理形式，地方自治在缓和中央权力过于集中，改善和提高政府活动的效率，帮助人们养成对公共事务关心，激发地方合作和独创精神，释放具有创造性革新能力等方面都起到积极的作用。鉴于亚美尼亚人口居住相对分散的现状，亚美尼亚采用了英美法系国家的地方自治制度，以“人民自治”理论为基础，行使法律确认的自治权，实行社区地方自治。地方自治机关形式上独立于中央政府之外。自治机关的官员直接或间接地由当地居民选举产生，中央政府无权撤换。社区依法合并或分离。中央政府对地方自治机关的监督以立法监督为主。若地方自治机关逾越法定权限，中央政府可诉请司法机关加以制止。宪法修正案在原1995年宪法关于“区域管理和地方自治”一章内容基础上，由原有7条内容扩充至现在的12条内容（修正案第9章），进一步增加、明确了地方的自治权限，明晰了中央与地方的关系，满

足了社区居民的需要，推进了政治体制改革的步伐。

三、评价及其思考

（一）评价

亚美尼亚是内陆国家，东西受困于阿塞拜疆、土耳其，处于相对孤立状态，边界闭塞严重影响了其对外交往和经济发展。亚美尼亚经济较大程度上依赖俄罗斯，俄经济衰退导致亚经济发展陷入困境，2015 年亚 GDP 增长 3%，2016 年 GDP 仅增长 0.2%，为 6 年来最低，加之政治局势波澜起伏，外交上腹背受敌且难有突破，亚陷入内外交困的局面。2016 年发生总理更换、武装劫持人质事件和持续的抗议活动就是亚艰难复杂局势的客观反映。正是在这种形势下，亚美尼亚完成了宪法改革，实施了议会制，迈出了提振经济、稳定社会、改善民生等多方面的步伐。

从发展的观点看，亚美尼亚共和国这次修宪是执政党从政治角度总结市场经济对国家制度要求的基础上进行的，是 10 多年来亚美尼亚共和国社会市场经济探索对宪法需求的一次较为系统性的确认。既反映了亚美尼亚共和国政治制度等方面的自我完善和发展，又反映了亚美尼亚人民思想认识的深化。可以说，新的宪法修正案几乎每一条都可以让全世界从一个新的角度来认识亚美尼亚整个国家和社会，充分体现了宪法本土化与国际化结合的趋势，体现了自我完善、与时俱进的发展精神，为亚美尼亚未来国家权力的规定调整、为整个社会平稳有序转型，顺利迈向主权、民主、社会和法治的国家奠定了坚实的宪法基础。

总之，这部体现时代特征、符合国情、修宪为民、与时俱进的关系到国家发展和长治久安重要问题的宪法修正案通过后，对于保证亚美尼亚共和国政治体制改革和国家建设事业的顺利进行，限制政治冲突，维持社会稳定，维护最广大人民的根本利益，推进依法治国、建设民主国家进程，必将发挥着重要的作用。

（二）思考

通过粗浅解读亚美尼亚的宪法修正案，在看到亚美尼亚社会的变化和取得的成绩的同时，也引发笔者的几点思考。

1. 关于民主的问题

我们知道，宪法体系中的民主并不以是否代表多数人意志为判断理性的唯一依据，维护少数人意志的理性是现代民主发展的重要内涵。

从亚美尼亚宪法可以看到，亚美尼亚“民主”奉行的是多数决定原则，实行“领先者当选”制度。这样就会面临着一些难题，即如何摆脱来自利益集团的操纵？如何有效地避免极端势力的左右和群体的非理性所造成的错误？

许多国家的发展经历表明，领先者当选制会产生两个不可避免的结果：一是公共利益的代表性扭曲，难以得到保障；二是为小党设置了较高的门槛，产生两个大党垄断政坛的趋势。从历史的经验来看，每当一个民族面临困境、社会经济形势不稳定时，极端情绪就会受到激发，极左和极右势力的支持率会迅速上升，只要极端势力取得相对多数，就有可能利用多数决定原则夺取政权。对于群体非理性狂潮，民主体制没有矫正机制，显示出了无能为力的状态，最终导致原有格局的破坏，甚至影响社会的稳定和人民的生活。1999 年 10 月的“议会血案”、2008 年 3 月首都埃里温市反对派示威活动造成的社会动荡、2015 年 6—8 月民众因不满电价上涨爆发的大规模抗议示威活动、2016 年 7 月发生的武装劫持人质事件以及由此引发的“马拉松”式的抗议活动都是很明显的例子。于是，一个问题很自然地就“跃然纸上”，即应当如何在避免少数人滥用权力的同时，防止多数人的不合理诉求影响决策，影响国家发展？

2. 权力职能的公平性问题

亚美尼亚宪法修正案确定了三权分立和平衡原则，有利于防止独裁统治的出现，但是三权的分立和平衡是亚美尼亚内部的权力分配，并不代表广大人民群众的利益，而且三大国家权力机关相互制衡，容易产生权力职能的公平性问题。我们知道。当博弈各方都坚持自己的利益诉求，且各方诉求都超越了对方的公平底线，就会陷入“斗鸡博弈”模式。这种状况一方面往往导致政令不畅通，出现议而不决、决而不行的现象，造成国家机器运行效率低下，机会成本上升。另一方面，由于各个权力机关各说一套，多个声音，造成社会上人们的思想混乱，无所适从，从而引发了国家相关活动的混乱，影响了国家权力的统一。那么，问题是各种权力如何能在一个统一的领导与明智指挥下协调行动，推进国家的各项事业向前发展呢？这是值得我们下一步深入探讨的问题。

3. 关于“普世思想”和意识形态多元化的问题

亚美尼亚为基督教国家，奉行“普世思想”，在强化主权、宣扬民族主义或者爱国主义等方面尤为明显，在尊重、理解这种思想的前提下，笔者认为，亚美尼亚的区域性地缘政治形势非常复杂，周边的格鲁吉亚、阿塞拜疆与土耳其对其长期保持着警惕与敌视的态度，这种带有“排他性”的“普世思想”的凸显与张扬，更有可能容易引发与周边的思想冲突，进而引发大规模的地区冲突。世界上多次重大战争都由具有“普世思想”或“普世”价值观发祥地国家发动的事实，不能不引起反思与借鉴。

同时世界范围的各种思想文化相互激荡。这种多元文化相互碰撞的情势一方面给亚美尼亚国家意识形态的发展注入了新鲜的血液，带来了蓬勃的生命力；另一方面也会不可避免地出现一些严重的现象，如各种思潮与非政府组织滋长，历史虚无主义的泛滥，造成了人们的思想越来越分化，价值取向越来越多元，认识越来越混乱，从而淡化了对国家意识形态主导地位的认知，制约了国家意识形态的说服力，增加了执政的难度。笔者认为，“意识形态多元化”实质上就是放弃了整个意识形态阵地，在这样严峻的局势下，建议亚美尼亚应该积极主动地整合各种合理的社会意识，凝聚一切积极的思想力量，建立起维持执政党、亚美尼亚人民团结一致的坚强的思想政治纽带，切实避免有可能产生的政局不稳和社会动荡问题。

参考文献

[1] 施玉宇：《列国志——亚美尼亚》，社会科学文献出版社2005年版。

[2] 孙谦、韩大元：《世界各国宪法全4卷》，中国检察出版社，2012年版。

[3] [美] 苏珊·沙罗门：《亚美尼亚》，高等教育出版社，2017年版。

[4] 王磊：《宪法如何面对未来？——修宪与宪法的稳定性和连续性》，《中外法学》，2005年第1期。

[5] 耿艳丽：《关于民主制度内涵的分类分析》，《法制与社会》，2012年第10期。

[6] 段君泽：《亚美尼亚武装劫持人质事件分析》，《国际研究参考》，2016年第10期。

[7] 储殷：《一带一路投资政治风险研究之亚美尼亚》，中国社会科学网，http://www.cssn.cn/zk/wjyya/201505/t20150505_1720504.shtml，2015年5月5日。

[8] 魏大方：《"亚美尼亚共和国党"再次赢得议会最大党团地位》，人民网，http://world.people.com.cn/GB/157278/17828564.html，2012年5月7日。

[9]《亚美尼亚宪法公投通过总统制过渡到议会制改革》，凤凰网资讯，http://news.ifeng.com/a/20151207/46563798_0.shtml，2015年12月7日。

[10]《亚美尼亚中选委公布宪法改革公投最终结果》，今日头条，http://www.toutiao.com/i6228032473960284674/，2015年12月14日。

[11]《亚美尼亚更换总理背后的政局玄机》，今日头条，http://www.toutiao.com/i6330016668747563522/，2016年9月14日。

[12]《亚美尼亚执政党在议会选举中领先》，新华网，http://news.xinhuanet.com/world/2017-04/03/c_1120746950.htm，2017年4月3日。

亚美尼亚文学在中国的译介情况*

杨　曦

本文首先要做的一件事，应该是定义"亚美尼亚文学"。这里的定义是把所有亚美尼亚族人的文学作品，不论语言，都算作"亚美尼亚文学"。这样的定义可能会有问题，因为比如威廉·萨洛扬（William Saroyan）这样的美籍亚美尼亚裔作家，学习的是海明威的风格，一直用英语进行文学创作，把他算作美国作家也完全没有问题。但是鉴于亚美尼亚民族近代以来几乎分散到了全世界，用来进行创作的语言种类也不止亚美尼亚语，所以单一按作者民族定义"亚美尼亚文学"，也有一个优点，就是可以彰显某些大国作家是该国少数族裔的一面。但这样也引出了收集亚美尼亚文学作品汉译时的一大困难。因为译者并不一定都知道作者是亚美尼亚裔，所以译作版权信息里未必能把这一点反映出来。这时，本文作者只能依据自己对亚美尼亚姓名的熟悉，尽量通过亚美尼亚姓氏多以"扬""扬茨"或"乌尼"结尾，来判断文学作品作者的族裔。现本文里包括进来的作品，都是本文作者可以确认是亚美尼亚作家所作的。但即使这样，也可能有遗漏或有误。此外还有两点说明：第一，本文只研究中国境内的亚美尼亚文学汉译情况。因为据笔者所知，有少量亚美尼亚文学作品的汉译，已经在亚美尼亚国内出版。[①] 但由于这些出版物在中国境内基本没有传播，对中国读者，文学界的影响几乎为零，所以不计入本文研究范围内。第二，本文只涉及亚美尼亚文学的汉译情况，因为据笔者所知，还没有亚美尼亚文学作品翻译成中国其他语言。调查范围涉及的时间段将近百年，其间包括亚美尼亚文学作品汉译的出

---

* 作者简介：杨曦，中国社科院外文所助理研究员。

① 比如文末提到的《双手》，其最初的汉译题作《双手传奇》，已经与其他 34 种文字版本一起，由埃里温 Zangak - 97 出版社出版过。

版物，有单行本书和期刊。前者的搜集难度相对要低于后者。涉及出版物的出版地点横跨台湾海峡两岸。限于时间和可获得资料范围，这个目录有遗漏，基本是可以肯定的事情。但作者仍然是尽力搜集到尽可能全。各种亚美尼亚专名，只使用拉丁转写。如果汉译文是从英文或世界语这样使用拉丁字母文字的语言译出的，则尽量使用译者根据版本的转写。如果是从俄文转译的，则使用靠近俄文的转写法。至于亚美尼亚专名的汉语对音，笔者都试图直接按亚美尼亚语发音对音，但这样可能和译文出版时的对音出入比较大。所以译文使用的对音，尽量附录在脚注里。

亚美尼亚文学在中国的译介，最晚开始于20世纪20年代。笔者已知的最早一篇汉译亚美尼亚文学作品，是阿维蒂斯·阿哈隆尼扬（Avetis Aharonian，1866—1945年）的短篇小说《一滴的牛乳》，译者周作人，译自格奥尔基·达维多夫（Giorgi Davidov）的世界语译本，发表于1921年的《新青年》第八卷第六期①。周氏兄弟是将“弱小民族文学”译介到中国的先驱②，他们留心到亚美尼亚文学，应该也是题中之义。从译者的跋文看，周作人对亚美尼亚文学和这篇短篇小说作者的了解并不多，但对于亚美尼亚民族的悲惨命运，尤其是在第一次世界大战中遭受奥斯曼土耳其的种族灭绝，是有一定了解的。阿维蒂斯·阿哈隆尼扬是亚美尼亚近现代著名作家，也是重要政治人物。由于他担任过1918—1920年间亚美尼亚共和国的若干重要职务，亚美尼亚苏维埃化以后，遂不能见容于新当局，被迫流亡海外，其作品在亚美尼亚国内也长期不能出版。除《一滴的牛乳》之外，他还有至少三篇作品汉译并发表。据相关记载推

① 再具体些，是该期文学部，第6—9页。本文作者个人认为，这个世界语版出处很可能是：*Ajcatur. Armena fabelo*，ed. By Georgo Davidov. Budapest：Neuwald I. Utodai Konyvnyomdajabol，1908（Esperanta universala biblioteko. Armena serio 3，no. 9.）。

② 鲁迅（周树人）从在日本留学时开始就留心“弱小民族文学”，证据比如他写作《摩罗诗力说》，后收入《坟》（人民文学出版社，1980年版，第56—108页）。他后来自己描述他那时的心情，可见《我怎么做起小说来》，《南腔北调集》（人民文学出版社，1980年版，第100—102页）。周作人作为鲁迅的长弟，截至1921年，文学活动与乃兄关系仍然非常密切。

断，应该都是转译自英文[1]，可惜笔者尚未有机会读到。

阿哈隆尼扬之后，下一个引进中国的亚美尼亚作家，也是亚美尼亚迄今作品汉译最多的作家，就是威廉·萨洛扬，美籍亚美尼亚裔短篇小说作家。他的第一本短篇小说集《我叫阿拉姆》，至少有三个汉译本。其中第一个的译者是吕叔湘先生，出版年份不晚于1943年。此后的60年间，这个译本以不同的书名，在内地和香港一再重印[2]。而港台两地也各自有新译本[3]，它们总共加起来，印行不下十次。另一个短篇小说集《人间喜剧》也有至少两个译本[4]。还有他的剧本《人生一世》，也由洪深先生汉译并出版过[5]。

还有一部与萨洛扬几乎同时进入中国文学界和普通读者视野的亚美尼亚文学作品，就是亚美尼亚民间史诗《萨逊的大卫》。它的第一个节译本《沙逊的大卫》，于1942年出版于桂林，只节译了史诗最激动人心的第三部分，即萨逊的大卫本人和他的奶兄弟埃及王的斗争。译者署名“亚克”[6]，而他就是1957年出版史诗第一个汉文全译本[7]（仍题作《沙逊的大卫》）的霍应人先生。据全译本译

① 包括：陈杏容译：《死的影》，神州国光社，1932年版，译自：In the shadow of death in Richard Eaton ed., The best continental short stories of 1926, Small, Maynard & Company, Boston, 1927。据译者跋，此文应不晚于1929年便已译完，只是出版时间颇为拖后。《守夜人》有两个译本，但均未署译者名。第一个版本见于：汪倜然主编：《世界短篇小说名作选》，然而社，1935年版；第二个版本见于庄寿慈等译：《沉默的彭琪》，春草书店，1944年版。两个译本可能都译自：J. S. Wingate, The night watchman in The Golden Book Magazine, Jan (1928), pp. 74–77。本文作者消息来源为：贾植芳、俞元桂编：《中国现代文学总书目》，福建教育出版社，1993年版，第765、828页。佚名译：《上绞刑架》，见于艾芜主编：《翻译小说选》，文化供应社，1942年版。消息来源为《中国现代文学总书目》，第818页。

② 本文作者已经掌握的版本包括：《石榴树》，开明书店，1943年版；后又再版于桂林，1944年版；上海，1949年版（这已经是这个书名下印刷的第五版。中间的版本信息缺失）；中流出版社，1953年版。《我叫阿剌木》，新文化出版社，1957年版；《我叫阿拉木》，湖南人民出版社，1981年版。

③ 胡仲持译：《我叫阿拉谟》，致远书屋，1947年版；陈苍多译：《夏日美丽的白马》，译自The summer of the beautiful white horse and other stories，新雨出版社，1998年版。

④ 柳无垢译：《人类的喜剧》，文光书店，1948年版；周渭渔、贺天译：《人间喜剧》，湖南人民出版社，1983年版。

⑤ 洪深译：《人生一世》，晨光出版公司，1949年版。

⑥ 亚克译：《沙逊的大卫》节译本，萤社，1942年版。

⑦ 霍应人译：《沙逊的大卫》全译本，人民文学出版社，1957年版。

者后记，一开始只出版节译本，是因为他那时只有一个这一部分的节译本。1943 年，霍先生得到了苏联科学院捷尔查文院士负责的俄文全译本，于是有机会翻译全诗①。2002 年，译林出版社又出版了寒青的新全译本《萨逊的大卫》，不过仍然译自俄文。

1949 年 4 月，在上海出版了任溶溶翻译的亚美尼亚科学院院士 I. Khachatriants 编《亚美尼亚民间故事》。这个作品集 1955 年又以《阿尔明尼亚民间故事》的书名再版②。不过其实在 1942 年，就有一本《阿尔明尼亚民间故事》出版于上海，译者署名任宝滨，笔者颇怀疑这其实就是任溶溶先生的笔名③。迄今所见，任溶溶先生的译本最后一次再版已是 2011 年的事④。

1949 年 10 月以后，随着中苏政治上结盟，苏联文学大量引入中国，于是亚美尼亚文学，现在是单一的苏维埃亚美尼亚出版作品，也有了一些新的汉译本。这一时期出版比较多的是小说，种类比较多：诺拉·阿达米扬（Nora Adamyan）的中篇小说选《柴来夫辛村的医生》⑤，瓦尔特基斯·特维凯良（Vartkes Tevekeryan）（以俄语创作）的长篇小说《生活就是这样的》⑥，阿拉克斯（M. A. Araks）的中篇小说《新生》⑦，瓦赫唐·阿纳尼扬（Vakhtang Ananyan）的长篇小说《谢万湖边》⑧，谢奉茨（Garegin Sevunts）的长篇小说《德黑兰》⑨，现代亚美尼亚大诗人阿维蒂斯·伊萨哈强

---

① 霍应人译：《沙逊的大卫》全译本，人民文学出版社，1957 年版，第 537—538 页。

② 《亚美尼亚民间故事》，时代出版社，1949 年版；《阿尔明尼亚民间故事》，少年儿童出版社，1955 年版。

③ 《阿尔明尼亚民间故事》，少年儿童出版社，1942 年版。

④ 《魔戒指》，收于《任溶溶经典译丛》，浙江少年儿童出版社，2011 年版。

⑤ 诺拉·阿达米扬著，虹玖译：《柴来夫辛村的医生》，上海出版公司，1955 年版；新文艺出版社，1956 年版。

⑥ 瓦尔特基斯·特维凯良著，梁钰文译：《生活就是这样的》，光明书局，1954 年版。作者名书中译作“契维格良”，其他地方多译作“捷维凯良”。

⑦ 阿拉克斯著，周申荣译：《新生》，新文艺出版社，1956 年版。按：本文作者只能查找到一位笔名 Araks 的女作家，见：Kevork Bardakjian，A reference guide to modern Armenian literature，Wayne State University Press，Detroit，IL，2000，p. 283。

⑧ 瓦赫唐·阿纳尼扬著，范之超译：《谢万湖边》，新文化出版社，1957 年版，1959 年版。

⑨ 谢奉茨著，一之译：《德黑兰》上下册，上海文艺出版社，1959 年版。

（Avetis Isahakian）[①] 等人的作品集《希望的旗帜——亚美尼亚短篇小说选》[②]。此外，亚美尼亚某位作家（选集中没有作家全名或简介，但推断下来可能就是前面提到的女作家诺拉·阿达米扬）的短篇小说《她的生活是怎样开始的》，由文洁若翻译，收入《一个人的名字：苏联短篇小说选（1951—1954）》[③]。重要作家德雷尼克·德米尔江（Derenik Demirchian）的短篇小说《为了生命》，除了被收入《希望的旗帜》以外，还被收录进了另外一本以这篇小说命名的苏联各民族短篇小说集[④]。诗歌方面，除了前面提到的《沙逊的大卫》以外，还出版了苏维埃亚美尼亚诗歌奠基人叶吉谢·恰连茨（Yeghishe Charents）的《列宁和阿里》[⑤]。戏剧方面有阿肖特·帕帕扬（Ashot Papayan）的一个独幕讽刺剧本《大祸临头》[⑥]。此外儿童文学方面，也有 O. Ghukasyan 的《小复仇者》[⑦] ——这里也许可以补充一句，根据此书创作的连环画，直到21世纪第二个十年仍然有再版[⑧]。不过这个时期加入亚美尼亚文学翻译行列的，有一位应该专门提出，他就是戈宝权先生。戈先生不仅翻译了大批俄罗斯文学经典，还通过俄文翻译了许多苏联其他民族，以及东欧作家的作品，亚美尼亚作家自然也在其中。他翻译的最重要两位亚美尼亚作家，分别是近代东亚美尼亚语文学奠基人哈恰图尔·阿博维扬（Khachatur Abovyan）的代表作《亚美尼亚的创伤》（节译），与伊

---

① 迄今出版中文著作多根据俄文译作“伊萨克扬”。

② 阿维蒂斯·伊萨哈强等著，荣如德等译：《希望的旗帜——亚美尼亚短篇小说选》，人民文学出版社，1958 年版。

③ 文洁若译：《她的生活是怎样开始的》，《一个人的名字：苏联短篇小说选（1951—1954）》，人民文学出版社，1958 年版，第 1—26 页。

④ 德雷尼克·德米尔江等著，林陵译：《为了生命》，新文艺出版社，1958 年版。但本文作者限于接触范围，没能查到具体页数。

⑤ 叶吉谢·恰连茨著，杜承南译：《列宁和阿里》，人民文学出版社，1958 年版。

⑥ 阿肖特·帕帕扬著，林耘译：《大祸临头》，中国戏剧出版社，1958 年版。

⑦ 古卡祥著，尚青译：《小复仇者》，《光明少年丛书》，光明书局，1951 年版；苏菲亚译：《小复仇者：伽山的故事》，时代出版社，1951 年版。

⑧ 章程改编，汪观清绘画。已知版本有：《小复仇者》，上海人民美术出版社，1959 年版；《中外少儿故事选（一）·小复仇者》，上海人民美术出版社，2000 年版；《十二把椅子·小复仇者》，《珍藏上海连环画·汪观清卷》，上海人民美术出版社，2002 年版；《小复仇者》，上海人民美术出版社，2014 年版。

萨哈强的若干诗文。这些后来都收录进了他的《俄语国家作家诗文集》[①]。

中苏政治分歧公开化乃至决裂以后，亚美尼亚文学和绝大部分苏联文学一样，长期从中国读者视野中消失。80年代，除以上提到过的萨洛扬作品再版以外，又出版了瓦尔特基斯·特维凯良另一部长篇小说《我的生活道路》[②]。还有一批短篇小说收入了不同的苏联小说选集中，包括：佐里·巴拉扬（Zori Balayan）的《狼的生活》，先是发表于《苏联文学》1980年第4期[③]，后又收入吉林人民出版社1981年版《苏联当代青年题材小说选》[④]；纳尔—多斯（Nar-Dos）的《被杀的鸽子》，收入《苏联文学》1982年第3期[⑤]；诺拉·阿达米扬的《合同》，收入江西人民出版社1984年版《苏联八十年代小说选》[⑥]；阿克谢尔·巴贡茨（Aksel Bakunts）的《外省的薄暮》和赫兰特·马特沃相（Hrant Matteosyan）的《老马阿尔霍》，收入北京出版社1986年版《苏联短篇小说选集》[⑦]；V. 瓦尔丹（V. Vartan）的《孤僻的女人》，收入中国妇女出版社1988年版《不能接受的爱：苏联当代妇女生活题材小说选》[⑧]；以及赫兰特·马特沃相的《绿色山谷》和瓦尔特基斯·彼得罗相（Vartkes Petrosyan）的《最后一位老师》，收入了民族出版社1988年出版的

---

① 《俄语国家作家诗文集》，北京出版社，1998年版，第620—650页。

② 瓦尔特基斯·特维凯良著，苏万巨、陈柯云译：《我的生活道路》，群众出版社，1981年版。

③ 佐里·巴拉杨著，梅燕译：《狼的生活》，载《苏联文学》，1980年第4期，第32—41页。

④ 北京师范大学苏联文学研究所编：《苏联当代青年题材小说选》，吉林人民出版社，1981年版，第84—105页。

⑤ 纳尔—多斯著，孟繁光译：《被杀的鸽子》，载《苏联之学》，1982年第3期，第43—79，81页。

⑥ 诺拉·阿达米扬著，施志光译：《合同》，宋兆霖编：《苏联八十年代小说选》，江西人民出版社，1984年版，第174—193页。

⑦ 《外省的薄暮》，载《苏联短篇小说选集》，北京出版社，1986年版，第331—344页码。《老马阿尔霍》，载《苏联短篇小说选集》，北京出版社，1986年版，第1482—1514页。作者名分别译作“阿·巴孔茨”和“格·马捷沃相”。

⑧ 栗周熊选译：《孤僻的女人》，载《不能接受的爱：苏联当代妇女生活题材小说选》，中国妇女出版社，1988年版，第260—283页。

《苏联各民族中短篇小说选粹》[①]。进入21世纪以后，除了《萨逊的大卫》出版新译本之外，《小复仇者》的中国改编连环画也再版过几次，这两部如前所述。2013年，美籍亚裔作家大卫·赫尔典（David Kherdian）反映亚美尼亚种族灭绝幸存者经历的小说《离家的路》，由河北教育出版社收入“启发精选纽伯瑞大奖少年小说”系列出版。当代女民歌手玛尔莲娜·莫什诗选，与两位同姓达拉尼贾的土耳其诗人作品一道，汉译发表在《西部》月刊2016年9月号[②]。而2017年上半年，亚美尼亚当代女作家艾尔达·格林（Elda Grin）的短篇小说《双手》，由长期学习汉语的亚美尼亚莲娜·叶季加梁（Liana Yedigaryan）女士从原文直接汉译，编辑加以润色后，发表在《世界文学》2017年第3期[③]。这也就是笔者迄见最新一篇在中国境内发表的亚美尼亚文学作品汉译了。

由以上的亚美尼亚文学作品汉译情况介绍，大概可以总结出，亚美尼亚文学的汉译，虽然已经至少有了近百年历史，但仍处在很初级的阶段。它所存在的主要问题和其他很多亚非民族语言文学，都是类似的。其中依笔者所见，最主要一条，就是对对象民族的了解太少。这是全方位的，包括该民族的分布、语言、历史、文化、习俗等等。迄今能够把文学作品从亚美尼亚文直译成流畅汉语的，恐怕不到十个人。其他译者都必须通过第三语言转译。50年代以前主要是从英语，50年代开始基本都是从俄文转译。直到2017年《双手》出版，大概亚美尼亚文学才终于第一次从其原文直接进入汉语读者的视野。然而在这很少量可以直接进行汉亚翻译的译者之外，一般译者对亚美尼亚文学的不熟悉，又容易导致翻译作品选题不佳。不过选题不好，也是和另外一条亚美尼亚文学汉译的主要问题也联系在一起的，那就是，亚美尼亚文学汉译，受中国的政治、经济环境影响太大。当年周氏兄弟对“弱小民族文学”的重视，应该是导致周作人翻译《一滴的牛乳》，开始向国人译介亚美尼亚文

---

① 前者译者张美英，第123—133页；后者译者赵淳媛，第134—238页。

② 《西部》月刊，2016年9月号，第155—159页。没有作者姓名和作品出处、翻译源语言等进一步信息。

③ 艾尔达·格林著，莲娜·叶季加梁译：《双手》，载《世界文学》，2017年第3期，第52—55页。

学的直接原因。50年代中苏“蜜月期”，苏维埃亚美尼亚文学作品作为苏联文学的一部分，有更多被引进，这些固然都是政治因素对文学译介积极影响的例子。倘若没有这份由政治引起的注意，亚美尼亚文学在中国得到注意和译介，恐怕还要更晚、更少。但同时，50年代引进的亚美尼亚文学作品，首先都是苏联境内可以公开出版的作品。这就已经把亚美尼亚现当代文学的重要组成部分——侨民文学的很大一部分排除出去了，同时也排除了在斯大林去世前后，“解冻”还没成为大势所趋时的苏联，一时尚未解禁的大批作家作品，而不论作者的政治倾向原本如何。即使是这些50年代汉译出版了的作品，尤其是其中占翻译比例最大的小说，也存在着显著的问题：它们全部都创作于斯大林时代，虽然作者不乏亚美尼亚文学史上重要人物，题材也比较广泛，涉及农村、工厂、城市，乃至外国，但普遍具有强烈的政治宣教意味，故事情节单调，艺术水平并不高。到现在，这些小说要么是作者仍然在文学史上占有重要地位，但小说本身已经默默无闻；要么就是连作者带作品都已经被文学史遗忘。即使亚美尼亚苏维埃文学奠基人恰连茨迄今唯一一部汉译作品，长诗《列宁与阿里》，汉译本出版于1958年，也就是在1954年，恰连茨含冤而逝近20年之际，获得平反、恢复名誉，作品重新出版之后四年，仍然存在此问题。这篇歌颂革命领袖的作品，既不属于他作品里流传度最高的一批，也不能代表他艺术上的最高成就。而译文质量，同时受制于汉译者本人的翻译水平，以及时代氛围——50年代中国大陆大量引进苏联文学作品，但首先，对作品本身质量的鉴别做得就不好，已经如上所述；而翻译时又往往要赶进度，这样译文质量又再次受影响。几乎可以说，几十年来，只有戈宝权和霍应人两位先生的译作，其原文重要性、艺术水平及译文的质量，分别能够代表亚美尼亚作家和民间文学的最高水准。然而可惜的是，他们翻译的亚美尼亚文学作品数量太少，绝大多数亚美尼亚文学的一流作品，迄今还没有与中国读者见面。而随着中苏决裂，亚美尼亚文学在中国的译介，也就随着苏联文学一起，一度趋于消失。但和俄罗斯文学，甚至有幸拥有艾特玛托夫的当代吉尔吉斯文学不同的是，亚美尼亚文学界连一个在当年中国政治气氛下，能被注意到，并翻译过来，内部出版，批判一番的作家都没有。于是从1960年到1980年，亚美尼亚文学在中国内地彻底消失了足足20年。这个空档同时又可以说是证明了笔者眼中亚美尼亚文学译介到中国时的第三条影响因素：第二次世界大战之后，尤其是赫鲁晓夫时代及其后，亚美尼亚文学在苏联的地位，也影响到它在中国的译介情况。笔者做一个猜测：若这个年代的亚美尼亚文学水平在全苏居于一流，拥有一位或几位全苏顶尖级别的作家，写出过风靡全苏的作品，那么80年代恐怕应当有更多亚美尼亚作家作品得到汉译引进。这一点从亚美尼亚的邻居，拥有诺达尔·顿巴泽这样的战后苏联全国闻名作家的格鲁吉亚，文学作品在这一时期译介到中国的蓬勃状况，大概可以得到一个旁证。此外还有一个猜测，就是这段时间译介的亚美尼亚文学作品，恐怕和同期译介的多数苏联少数民族文学作品是一样的，在中国并无文学界人员专门注意研究，而只是类似跟风：见到苏联出版了这部作品，无论是本来就用俄语写成的，还是译成俄语的，可能还有所评价；于是就译介过来了。而80年代的零散出版之后，90年代初，苏联解体，中国内地改行市场经济，亚美尼亚文学这样的绝对冷门，必然很难得到出版单位青睐。于是从1992年到2015年，这段时间出版的亚美尼亚文学作品，除了《萨逊的大卫》等重印重译本以外，其数字又是一个零。而亚美尼亚文学在中国的影响，也是几乎微乎其微的。只是从2015年开始，在“一带一路”倡议的大背景下，北京外国语大学设立了亚美尼亚语专业，北京大学也在计划出版“一带一路诗歌译丛”，其中亚美尼亚卷由笔者负责，力争做到选集内诗歌有足够代表性，涵盖亚美尼亚古今、不同地域范围内诗人的最重要，艺术上最成功作品。希望在将来，亚美尼亚文学在中国的译介与研究，能够获得更大的推动力，无论是学术上还是普及程度上，都能做出比现在更大的成绩。

参考文献

[1] 贾植芳、俞元桂：《中国现代文学总书目》，福建教育出版社，1993年版（这一部分写作时笔者尚在留学，使用的是谷歌电子书，现在已暂时不能准确定位）。

[2] 王玉莲：《俄苏文学译文索引（1949.10—1985.12）》，北

京外国语学院6外国文学研究所资料室内部发行，1987年4月。

[3] Bardakjian, Kevork: A reference guide to modern Armenian literature, Wayne State University Press, Detroit, IL, 2000.

[4] 中国国家图书馆：www. nlc. cn。

[5] 读秀电子书：www. duxiu. com。

亚美尼亚社会保障法律文本分析*

魏　新

引言

亚美尼亚处于欧亚交界的外高索地区，由于国土狭小，地处内陆，影响力有限，学界少有研究，但是随着近年来中国文化的影响力扩散，以及“一带一路”倡议在外高地区的推进，作为重要节点的亚美尼亚逐步引起了政治、经济、教育等领域学者的关注，而在社会保障制度分析方面，国内外研究均处于空白。

亚美尼亚与其他独联体国家和中东欧国家相似，亚美尼亚的社会保障制度重建是国家经济社会转轨的重要组成部分。苏联解体前，亚美尼亚的养老医疗等保障制度实行的是国家保障制度，以宪法的形式保障公民的养老医疗和获得救助方面的权益。所需要的资金同公共资金现收现付，无偿提供。

苏联解体后，亚美尼亚建立了新的经济制度，旧的诸多保障与新的经济制度已经不相适应。在经济转轨时期，连续几年的经济滑坡也使社会保障支出难以为继，必须建立适应新制度新环境的社会保障制度。那么如何处理破与立、历史与现实、存量与增量的关系，都需要结合亚美尼亚的内外部环境和发展战略，探索建立符合市场经济规律的、可持续、多支柱、全社会统筹为主的社会保障法律制度体系。

一、亚美尼亚社会保障制度重建的背景与主要法律文本

在法律文本层面，经济转型以来，先后由亚美尼亚最高权力和

---

* 作者简介：魏新（1975 年—），男，北京行政学院学报编辑部责任编辑，讲师，博士。此篇文章发表于 2018 年 3 月 1 日的《学刊微观》。

立法机构国会通过了《亚美尼亚共和国残疾人社会保护法》(1993年4月14日)共计9章44条;《亚美尼亚共和国大众医疗援助和服务法》(1996年3月4日)共计6章26条;《亚美尼亚共和国国家养恤金法》(旧法于2002年11月通过,2010年12月22日采用新法)共9章55条。其中《亚美尼亚共和国国家养恤金法》文本最长,内容条款最多。另外在技术配套层面,为配合相关法律执行,在亚美尼亚共和国于2002年11月开始建立了国家养恤金(个人)记录数据库,随着数据的变更累加汇总,于2012年的数据将提交给被法律授权的官方机构。此外,个人的养恤金数据库中包含的数据纳入国家养恤金安全系统数据库。

二、亚美尼亚社会保障法律文本的特征

(一)内容结构特点:全面而严密

亚美尼亚独立以来,在社会保障法律制度的重建中不仅建立了全面的养老、抚恤、残疾人保护、医疗求助服务等社会保障法律体系,而且在每一部保障制度的法律内部文本中,也对资金来源、人群类型、认定标准、原则及例外等各种情形规定得全面而严密。其中以《养老抚恤金法》为例:该法的内容不但包涵了一般国家的养老金的问题,而且将与养老过程中产生的,与之紧密联系的抚恤金的给予和发放问题也吸纳了进去,人群与问题的归类涵盖了日常生活中的各种情形。

第一,建立多支柱的保障体系。亚美尼亚养老金的运作吸纳了欧盟国家的模式,又保留了自身的特点。《养老抚恤金法》规定养老金的筹集来源分成三个部分,分别是国家养老保障资金、强制性养老基金部分和自愿缴纳养老金部分,总体符合1994年世界银行在研究报告《防止老龄危机》中推荐的"三支柱养老金制度"中所涉及的资金筹措方式。《大众医疗援助和服务法》中,相关费用来自亚美尼亚共和国国家预算拨款、保险补偿、人民直接支付和法律未禁止的其他来源,即在国家为公民特别订制的健康计划范围内,人民享有免费的医疗援助和服务,超出这些免费标准范围的,将以

医疗保险补偿、个人支付和亚美尼亚共和国立法所未禁止的其他来源偿付；同时授予了“任何自然和法人、个人创业者或非法人企业，无论何种法律和组织结构和形式的所有权形式”都可以按照亚美尼亚共和国立法规定的许可方式，向人们“提供特定类型的医疗援助和服务”的权利；亚美尼亚共和国国家预算拨款为医疗援助和服务提供者提供医疗援助和服务的担保资金。《残疾社会保障法》为残疾人提供援助的特权与服务的措施、方向、范围和设计的大多数资金要求均来源于国家预算，预算的项目囊括了（除贵重金属制成的牙科假体之外的）为残疾人参与重要活动而提供的专业的医疗、技能和心理上的免费协助，免费提供技术康复手段和其他辅助器具、残疾轮椅、各种假肢设备费用；但企业、机构和组织都将参与国家残疾人社会保障政策实施，参与方可得到立法规定的税收减免和其他特权。

第二，纳入了多类型的保障人群。从保障人群来看，三部法律均将保障对象列得非常广泛，不论其国籍、种族、性别、语言、宗教、年龄、健康状况、政治或其他观点、社会出身、财产或其他地位，都有权在亚美尼亚共和国享有“养老金”的权利和“免费的医疗援助和基本服务”，对于本国残疾公民在社会发展中的各项权益，也被“法定推及到具有难民身份的外国人或无国籍人”。对于“在亚美尼亚共和国没有难民身份的外国公民，如果他们没有接受自己国籍所在国家给予的养老金”，就有权“在亚美尼亚共和国领取由国家财政预算支付的养老金”。相对而言，《养老抚恤金法》所涉及的养老抚恤问题是一个国家影响最为全面、覆盖人口最多、相关条款和规则最多的一部法律，该法将养老抚恤金按照保障对象的身份分成企业职工养恤金、军事人员养恤金，以及社会人员的养恤金，其中仅企业养恤金就包括了退休金、残疾养老金、（高危/高强）特权退休金、（民用航空业）长期服务退休金、（企业人员亡故后）相关幸存者抚恤金、（一些教育文化产业的）特享退休金六种类型。不仅有强制性养老保险，还必须通过财政来支撑没有纳入企业、军事人员养老保障体系的社会老年人群的养老保障，起到了世界银行在 2005 年提出的“零支柱”的作用。

第三，兼顾现实问题与历史问题。通过立法明确了今后各项保障的认定资格和相关年限、待遇支付标准，以及各主体的权利义务，同时对改革重建前各个时期的历史遗留给予了明确的定位。《养老抚恤金法》一方面承认了改革前在企业劳动中的服务期限，并明确设定时间点，对经济转轨后的新兴职业的服务期也纳入服务期限的计算。如《残疾人社会保障法》不但要求法律实施后的“住宅小区、机场和火车站建设，以及开发和生产交通工具，通讯和信息的手段考虑到残疾人在设计和建筑社会基础设施方面的需求”，对于“现有社会基础设施的交通、通讯、信息和其他对象，也要求政府制定计划”，“要动用住房维修资金”，按照政府要求的程序、条件和时间限制进行改造，以满足残疾人的使用需要，如果现有的设施从建设特点、施工条件、空间限制等原因达到了“对残疾人使用的调整是不可能的”状态，法律要求有关主管的国家机关部门“必须制定和执行有关措施，以满足残疾人的需要”。

（二）文化价值理念：正确处理公共性与特殊性

社会保障制度的文化价值理念反映了其制度安排中蕴含着的深厚的价值判断和伦理追求。从社会保障制度100多年的实践来看，文化价值理念与一个国家的社会保障制度是相辅相成，文化价值理念推动着社会保障制度的实践与变迁。对于有着古老文化传承的亚美尼亚来说，社会保障制度体现了符合本民族伦理和现代民主价值趋向的价值理念。

第一，体现公共利益优先。作为规范公共利益的法律，体现公共利益优先的原则。如根据《养老抚恤金法》每月退休金P分成两个部分，即：$P = B + (N \times V) \times C$，其中B是基本的养老金数额；N是服务年；V是每年的服务价值；C是退休金领取者的个人系数，式中只有C是退休金领取者的个人的工作年限来定；而V是每年的服务价值则由法律受权给共和国政府按照该行业为国家创造的价值来定。式中的B是固定部分，用以保证基本生活水平的，从东欧各国运作经验来看，它的水平取决于国家的具体经济增长情况，不但所有退休金领取者都相同，还被定为其他各项残疾及特种养恤金的参照。如当计算残疾劳动者的退休金时，其基本养老金的标准是：（1）一级残疾劳动者（重度残疾）给予140%的基本养老金；（2）

二级残疾（中度残疾）给予120%的基本养老金；（3）三级残疾（轻度残疾）给予基本养老金的100%。

依据《大众医疗援助和服务法》在给予公民医疗救助和基本服务时，赋予了“要求对访问医生、残疾人士的健康状况以及在检查、诊断和治疗期间披露的资料”的隐私情况的要求保密权、“获得信息权”、自主选择和决定权、要求赔偿权。但同时，“除亚美尼亚共和国法律规定的情况外”的以公共利益为优先；在个人面临生命威胁或者疾病对公众造成危险时，在没有人或其法定代表人同意的情况下，可以提供医疗救助和服务。为了维持人类健康，预防传染病和职业病，不同职业的员工，以及个人企业、机构和组织的从业人员在应聘和雇用期间须以亚美尼亚共和国立法规定的方式，定期接受体检。甚至“当该疾病对更广泛的公众构成危险”等情形存在时，执行强制性诊断解剖解剖的程序，而“不需要根据死者生前的遗嘱或其亲属或法定代表人的书面请求”。

第二，体现了实质上的平等和自由选择权。法律的制度与执行不仅确保在程序上的平等，更需要以程序性规则和实体性规则确保相对实质上的平等。社会保障制度从萌芽、初建、兴起、改革的各个阶段，在相关理论的指导下也先后在世界上不同地区实践了“施舍”“恩赐”“怀柔”等价值理念，也充当过意识形态斗争和党派“斗法”的重要领域，也曾作为国家调控经济、稳定社会的重要工具。作为法律上的文本，亚美尼亚建立了符合现代民主国家所倡导的“权利与责任平衡”，从注重全社会的物质帮扶到更注重人性的尊重，摆脱了施舍”“恩赐”和“泛政治化”“泛经济化”的工具价值，甚至在某种程度上具有的竞争性，强化了“社会保障制度中的个人责任”。

亚美尼亚的社会保障无论对于养老、抚恤、医疗、残疾人康复等方面，没有城乡之间的区别，也没有机关事业单位和企业的区分。对于普通企业劳动者，改变了苏联时期男60周岁、女55周岁的退休年龄标准，亚美尼亚对男女统一规定了63周岁的退休年龄标准，只是在高危险、高强度的工种中，根据工作年限，可以55—59岁之间退休，并在此基础上在过渡期给予了女性提前1—2年的自由选择权。在劳动工龄年限认定标准上，亚美尼亚将普通企业的工作年限，自主创业期间、以公证人的身份工作或者在支付许可费而从事的活动期间、军事服务期间、职业伤害或疾病导致的残疾失能期间均计算为劳动年限。因为无论是就业还是创业、军队服役，从其所从事活动的内容以及给承担的压力来看，这些人群都不应当在计算劳动工龄上有所区分。

分析《残疾人社会保障法》的法律主旨和具体实施措施，该法并没有囿于对残疾人的救济救助，而是要求全社会各主体创造或弥补各项环境条件，以"确保他们获得与共和国其他公民相同的机会"平等地参与到社会活动中来。从而给予了残疾人士在接受帮扶中没有低人一等的感受，获得的是实质上的平等，同时最大限度地发挥本国人力资源的价值。依该法设立了重要的医疗和社会专家检查的制度，执行医疗和社会专家检查的国家机构有着全方位的权限，不但有权力对残疾人的工作条件和康复措施的是否合规的情况进行监督，确认所有残障的因果关系及等级程度，而且，在工伤和职业疾病引起的残障情况或死亡发生时，授予了该机构从雇主那里调查取证的权力。

第三，重视民族文化的传承。亚美尼亚人是欧洲南高加索地区的古老民族，这个民族在历史上建立过辉煌，也几经磨难。近数百年来，除了经受奥斯曼土耳其帝国的统治外，也历经大英帝国、法国、俄罗斯帝国等强权势力的控制，但是历史练就了他们坚忍不拔的精神和灵巧的生存方式，也使得他们对本民族文化有着更多的感情和对民族文化复兴的憧憬，加上在苏联时期的自治程度相对较高，自身的文化和宗教没有遭到破坏，亚美尼亚民族和亚美尼亚国家是一个十分尊重知识和重视本民族传统文化的国家。其《文化基本法》于 2002 年 12 月 19 日生效，《非物质文化遗产法》于 2009 年生效，规定了中央政府、州长、区长各级在文化领域的职权，同时规定了文化财产的保存、保护和利用，也促进民间艺术创作和手艺、民俗伦理和审美促进民族节日的复兴与传播。为保存、展示和推广本国传统的价值观体系，同时也为确保要国的国家安全起着重要作用，鼓励公民开展文化活动，加入了世界知识产权组织、保护文学艺术作品的《伯尔尼公约》《欧洲文化公约》等文化保护机制。文化管理模型与市场机制和国家保障之间的平衡正逐步形成。为此

《养老抚恤金法》中对教育和民族文化传承人才可给予充分的鼓励和保障，某些类型的“戏剧和表演组织人员年满50周岁，至少25年的服务年限其中至少有12年是在本专业服务在教育部门工作的人员或者某些类别的文化工作者”，以及“年满55周岁，至少25年的服务年限其中至少有12个年是在本专业服务的给予特享养老金”。凡是年龄在18岁至23岁之间，是全日制教育机构研究或教育全日制学生的，在申请带有继承性质的幸存者抚恤金（亡故亲属或供养人，含企业人员或军事人员）时，均按照未满18岁的未成年人来对待，可以申请到很高标准的抚恤金额[①]。虽然亚美尼亚的增值税实行的是20%的基本税率，且没有低税率，不但高于中国，在独联体国家中也是最高的，但是在教育服务方面去享有零税率的优惠。

（三）特殊和人性化措施：标准明确，操作性强

与大多数国家的社会保障制度一样，亚美尼亚对从事特殊行业人群或特殊人群会有一些不同的措施，对弱势群体也会有一些标准的松动和门槛的降低。除了高危险、高强度以及上文所说的重视教育和文化产业外，亚美尼亚非常重视具有特殊劳动时间安排和危险的航空产业。在退休金方案中对从事航空业的长期服务年度计算时，明确了计算服务期限长度的具体细节，在“活塞发动机飞机上的每20个小时的飞行将被视为一个月的服务期”；“每12个小时的喷气式飞机、直升机、特种飞机（卫生航班、空气化学工程、航空摄影、巡逻、大气探测等）的服务折算为一个月的服务期”，在军事人员服务期计算中将“从1986年4月至1987年12月31日期间，参加了消除切尔诺贝利核电站灾难后果行动的期限”的服务期以3倍时间来计算；对于继父母对亡故继子女之的抚恤金的领取资格上明确规定了以如“已经照顾了死去的未成年的继子或继女，至少5

① 死亡抚恤金产生于死者死亡后，所以在性质上不属于遗产。但在处理时会按遗产继承人顺序进行分配。这项金额在一些中东欧洲其他国家也有，有些学者将其定义为“继承性养老金”。参见文纪军：《中东欧社会保障制度的重建》，《新视野》，2006年第6期。

年的时间”为标准，而“继子和继女同亲生儿女一样，享有同等的权利”最大限度地减少了法院在相关问题上裁量的不确定性。

残疾人在入学考试中取得合格以上成绩的，应当在其他条件相同的情况下，享受国家和认可的非国家高等职业教育机构优先录取的权利；一级残疾和二级残疾以及18岁以下残疾儿童在以上入学考试中取得合格以上成绩，且达到了最低录取分数线的，应当给予免费资格。在使用期间，残疾人不得使用试用期，在同等劳动生产率和同等资格的情况下，残障人士应享受在裁减工作人员或裁减人员期间继续就业的特权。种种措施具有明确可行的操作标准。

（四）服务于国家环境与战略：与国家发展的战略定位相协调

社会保障制度作为国家公共服务建设的重要组成部分，除了要保障基本人权和适应市场经济制度外，不可避免地要体现一国的政治认同，并服从服务于国家的政治外交国防的战略方向，对社会保障制度在重建过程中遇到不适应发展要求和国情世情的，及时进行修改。亚美尼亚《残疾人保障法》通过后，在原来版本的基础上于1994年、1998年、1999年、2000年、2002年、2005年和2007年七次对一些条款做了删改和增补；《医疗求助法案》则于2000年、2002年、2010年、2011年进行了四次一定程度的修改，但两部法律总体操持了原有的框架。而亚美尼亚现行的《养老抚恤金法》是2010年的版本，是对2002年版本的大幅度修改。三部法律在规则制定的字里行间都体现了对亚美尼亚的外交战略重点、政治历史问题的态度，以及为适应国内外环境所做出的调整。

亚美尼亚的的地理位置决定了她是俄罗斯与欧盟、北约集团角力的复杂前沿地区，虽然长期来看与欧盟关系靠近会有更大的空间，但是作为俄罗斯不可放弃的战略周边，又囿于总体国力军力的限制，决定了其短期内与俄罗斯的靠拢才能得到现实的能源保障、经济利益和安全保护。1991年正式独立后的亚美尼亚，曾经经历了一些敌对国家如土耳其、阿塞拜疆等的封锁和大规模的纳卡地区军事冲突，曾经国力贫弱、经济困难，曾经连基本的能源保障都难以为继，是在俄罗斯的庇护下走出困境。在对待历史问题上，与俄罗斯的政治态度选择基本一致，这三部保障制度法中也体现出来。

《养老抚恤金法》对职工在苏联时期从事的各类雇佣性质的活动期间全部计算为服务年限；苏联军队的军事服务，为苏联国家安全委员会和苏联内务部提供服务的期限，以上不受任何军衔的限制，均计算为军事服务期间。据调查在实践中在航空业来本国进行技术培训而受到特享退休金待遇的，多数也是俄罗斯技术人员。对在苏联时期参加卫国战争和其他国家的战斗中，发生疾病或受到伤害的人员，参加重大活动时有活动障碍的将被依法宣告为残疾，享有残疾人应用的便利和优先权。修改条款的效力不具有溯及力，包括对同一件事项给予了前后不同的认定标准，如对军事服务的高海拔地区，按照苏联时期的标准是在海拔 1500 米高的山区（从 1973 年 4 月 1 日起），但由于 90% 的地区均在海拔 1000 米以上，认定的范围过宽，后来在海拔 1700—2000 米的山区军事服务可认定为高海拔，但是过去 1500 米的标准此时点前仍然属有效期限。

为建立科学、合理、人性化的残疾人保障制度，《残疾人社会保障法》一方面赋予了承担医学社会检查机构的人员很大的权力，医学社会检查机构出具的个人康复计划只有残疾当事人本人可以拒绝，在残疾人参与教育、就业等社会活动时，对管理方均具有约束力，如在加班、休息日或夜间工作中有残疾人参与的，只有在其同意的情况下才允许，并规定在医学社会检查机构出具的医疗意见中不禁止此类工作，以及根据个人康复计划，雇主必须为他们开一个兼职工作日或兼职工作周。另一方面加上为保障医学社会检查结果的客观真实，呼应了反腐倡廉的趋势和要求，《残疾人社会保障法》对残疾人士认定的重要机构成员待遇方面，明确要求“对在有关机构进行医疗、专业和社会康复的办公室人员不予解雇”。

三、余论与启示

在许多方面引起了笔者的思考：

首先，中国社会保障制度改革探索时的社会经济背景，乃至任务，在一定程度上与亚美尼亚是相似的，在选择的思路上也同样受到 1994 年世界银行推广的“多支柱”模式影响；同时，亚美尼亚的老龄化达到 16.22%，而中国是 16.15%，二者十分相近。在 20

世纪初至2008年金融危机前，在经济转型过程中的经济增长曾经保持了少有的高速度，据欧洲央行调查，由于当时遍布美国和欧洲的亚美尼亚后裔对亚美尼亚的投资热情高涨，服务业受到强劲拉动，金融业长足发展，加上零售业的繁荣，亚美尼亚近十多年来经济增长率几乎都保持在10%以上，二者相互促进，政局保持稳定，当时曾被世界银行官员形容为“脱胎换骨”，有“高加索之虎”之美誉。虽然金融危机后陷入了持续经济低迷①，但是亚纳战争以及周边国家的冲突造成了外部条件的恶化是不可忽视的重要因素②。

其次，由于亚美尼亚是一个多地震的国家，加上1989年6月爆发，直到1994年才停火的纳卡冲突造成了大量人员伤亡，以及境内海拔较高、地形复杂，许多施工区域地域险要，残疾人士按照常理，应当占比相对多一些，但该国2015年底共有常住人口299.86万人，其中残疾人15664人，每1000人中只有5.2人残疾，而同期，中国国残疾人人口基础数据库收录持证残疾人3145.7万人，按照这个数据计算，中国每1000人中的残疾人士达到24.2人，还有学者统计世界范围内也是每十个公民中就有一个是残疾人，因此，亚美尼亚对残疾的与预防与康复工作的显著效果，值得学界进一步探讨。

其三，从法律文本情况的分析来看，亚美尼亚社会保障制度转型中的探索值得在我们在批评中借鉴。亚美尼亚养老金抚恤金法所的覆盖人群全、类型广，区别明分，几乎不留死角，最大程度践行了法律的平等原则；针对特殊人群的人性化措施：标准明确，操作性强便于执行，减少由于不确定性导致的扯皮和纠纷，对维护法律的威权和当事人的合法权益是有参考价值的。很多措施实施起来也

---

① 2016年的经济增长率仅为1.6%，失业率高达18.2%。参见杨进：《亚美尼亚政局将进入动荡期吗?》，俄欧亚研究网，2016－08－18，http：//euroasia.cssn.cn/cbw/cbw_wzsf/201611/t20161108_ 3267385.shtml。

② 亚美尼亚的东北西南方向的临国分别是阿塞拜疆、格鲁吉亚、土耳其和伊朗，邻国格鲁吉亚隔黑海与克里米亚相对。2008年以后，其周边先后发生了2008年的俄格战争，2014年亚美尼亚与阿塞拜疆再次爆发激烈冲突，同年爆发乌克兰危机及克里米亚事件，2015年俄罗斯战机被土耳其击落带来的紧张局势，加上外高加索地处大中东的范围，叙利亚战争和伊朗的局势也深刻制约着作为一个内陆小国的亚美尼亚的发展环境。同期外高地区的各国的经济普遍走低。

要审慎，比如很多措施实施起来需要有政府的社会预算做保障，亚美尼亚的经济中高速增长是否能长期保持，进而支撑社会保障的预算开支。同时由于国情和文化传统的差异，小国寡民的亚美尼亚的有些措施未必具有普适性。比如《养老抚恤金法》的许多措施往往要以城乡一体化为前提，《大众医疗援助和服务》中，政府具有“为应对公共危险，而‘不需要根据死者生前的遗嘱或其亲属或法定代表人的书面请求’进行‘强制性诊断解剖的程序’的权力”，很难符合中国的文化传统和道德习俗中对逝者应有的尊重之情等等。所以，对国外制度的审慎、批判与借鉴对中国社会保障制度改革同样重要。

希望通过本研究引起相关学者的注意，在进一步深入和扩展分析社会保障法律文本的基础上，将来还要增加实证研究，对亚美尼亚社会保障的执行情况与带来的社会经济变化相对照，以期给中国的社会保障转型及弱势群体的平等参与带来有益的启示。

参考文献

［1］ ON SOCIAL PROTECTION OF PERSONS WITH DISABILITIES IN THE REPUBLIC OF ARMENIA ［DB/OL］. http：//www.translation-centre. am/pdf/Translat/HH _ orenk/Hashm _ Soc _ pashp/hashm_ soc_ pashp_ en. pdf.

［2］ ON MEDICAL ASSISTANCE AND SERVICE TO THE POPULATON ［DB/OL］. http：//www. translation-centre. am/pdf/Translat/HH_ orenk/Bjshk_ Ognut/bjshk_ ognut_ en. pdf.

［3］ LAW OF THE REPUBLIC OF ARMENIA ON STATE PENSIONS ［DB/OL］. http：//www. parliament. am/law_ docs/301210HO2 43eng.

［4］ 世界银行：《防止老龄危机：保护老年人及促进增长的政策》，中国财政经济出版社，1996 年版，第 9—10 页。

［5］ 世界银行：《21 世纪的老年收入保障：养老金制度改革国际比较》，中国劳动社会保障出版社，2006 年版，第 10—12 页。

［6］ 姜守明、耿亮：《西方保障制度概论》，北京科学出版社，

2002 年版，第 112—113 页。

[7] [德] 丁安新译：《大众的福利》，武汉大学出版社，1995 年版，第 187 页。

[8] 钱家骏、潘攀：《亚美尼亚共和国〈文化基本法〉概览》，《山东图书馆学刊》，2014 年第 4 期。

[9] 王素荣：《独联体各国的税收政策及税务筹划》，《国际商务财会》，2017 年第 5 期，第 7—10 页。

[10] 杨进：《亚美尼亚：亚拉腊山一般的民族》，《世界知识》，2007 年第 24 期。

[11]《2015 年中国残疾人事业发展统计公报》，http：//www.gov.cn/xinwen/2016－04/01/content_ 5060443.htm。

[12] 陆红而：《公共图书馆为残疾人开展服务探讨》，《魅力中国》，2014 年第 17 期，第 388 页。

亚美尼亚媒体发展现状*

刘永烨

一、引言

亚美尼亚于1991年成立亚美尼亚共和国（后文简称“亚美尼亚”），并实行新闻自由政策。该国新宪法第24条明文规定，“每个人都有言论自由的权利，包括通过任何信息工具，不管来自任何国家，自由收集、获取和传播信息和思想的权利”，强调“每个人都有坚持己见的权利，禁止强迫人放弃或改变自己的看法。”（施玉宇等，2005）

作为一个转型国家，亚美尼亚的媒体系统也正在转型，其媒体领域向多元化发展并取得了一些主要成就。比如，2003年，亚美尼亚通过了《大众传媒法》和《自由信息法》两部法案，并开始拥有相对自由的印刷媒体和新媒体。但是，受到政治的影响，大多数亚美尼亚的主流媒体都受到了政府的控制（*Freedom of the Press* 2013），亚美尼亚媒体自由和多元化发展受到了阻碍（Shelton，J.，2014）。

为了支持亚美尼亚媒体自由和独立发展并加强亚美尼亚公民通过传统和新媒体获取多元和无偏见信息的能力，美国国际开发署（United States Agency for International Development，USAID）资助并实施了“可替代的媒体资源”（Alternative Resources in Media，ARM）调查。该调查是由欧亚伙伴关系基金会（Eurasia Partnership Foundation）、亚美尼亚国际新闻媒体社（Internews Media）和埃里温新闻俱乐部（Yerevan Press Club，YPC）合作，于2011年和2013年实施

* 译者简介：刘永烨，男，中央美术学院。

资料来源：https：//inecon. org/docs/Vardomsky_ book_ 2012. pdf。

的一项具有全国代表性的调查。调查采取多阶段整群抽样和概率比例抽样的方式进行抽样。以城乡行政区域为抽样单位调查了亚美尼亚公众对大众传媒的偏好、媒体内容和形式、对媒体的信任度和期望及对媒体自由的看法等方面内容①。除问卷调查外，该调查还包括埃里温俱乐部于2013年6月17日至7月14日对媒体类型和主题偏好的监测信息（YPC Monitoring of The Thematic and Genre Preferences of Armenian Media 2013，YPC 2013）以及使用德尔菲法对两组媒体专家（第一组为媒体专家组，第二组为匿名记者组，共40人参加）进行的两个阶段焦点小组深度访谈两个部分内容。

下文基于ARM 2011、ARM 2013调查和YPC 2013媒体监测信息，对亚美尼亚媒体发展现状和趋势及公众对媒体的类型和主题偏好进行描述。

二、媒介使用情况与媒体信任

（一）媒介使用情况

在电视、网络、报纸、广播四种主流媒体中，受访者最常使用与最不可或缺的媒介都是电视。ARM 2013调查显示，98%的受访者的家中都拥有一台电视，并且82%的人每天都会收看电视。电视仍然是目前大多数亚美尼亚公民获取信息的来源。79%的受访者认为电视是他们获取当前事件和新闻的最重要来源（见图1），83%的受访者每天都会从亚美尼亚电视台（Armenian TV channels）中获取当前事件和新闻。

（二）媒体信任

亚美尼亚人对媒体信任存在近乎相等的分歧。ARM 2011调查数据显示，47%的受访者对媒体持有部分信任或完全信任的态度；48%的受访者持有部分不信任或完全不信任的态度。然而，对媒体

① 具体调查问卷和调查数据及其他相关材料可在CRRC-Armenia官方网站：http://www.crrc.am/获取。

持完全不信任态度的受访者比持完全信任态度的受访者更多。

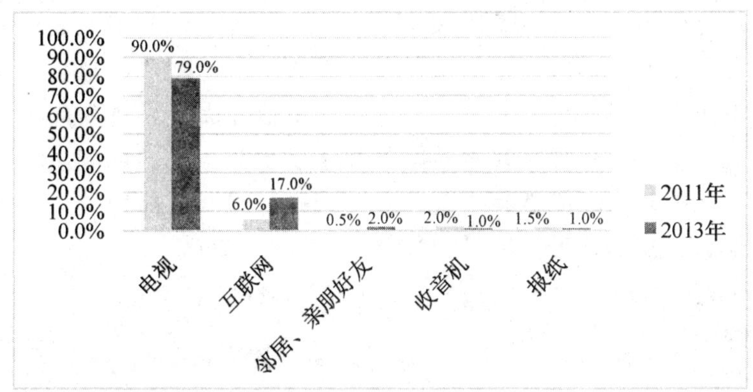

图 1　亚美尼亚公民获得当前事件和新闻的重要来源（单位：%）

数据来源：ARM 2011 & 2013。

当涉及具体信息来源时，对媒体信任的态度再次呈现两极分化的现象。2013 年，58% 的受访者对国家电视台持信任态度，39% 的受访者持不信任的态度（见图 2）。这使得国家电视台同时成为亚美尼亚公民最信任和最不信任的媒体信息来源。

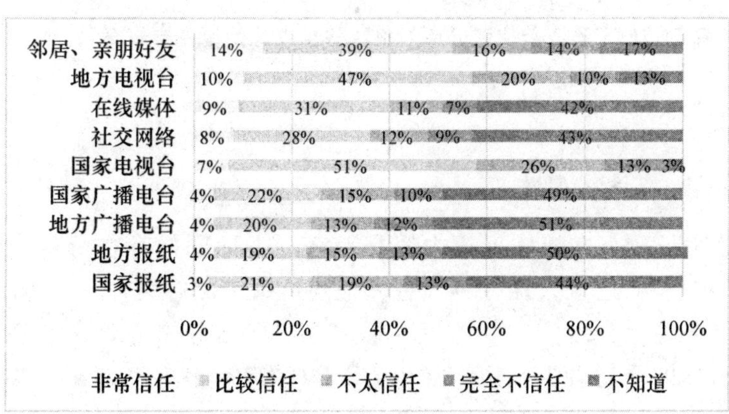

图 2　2013 年亚美尼亚公民对不同信息来源的信任度（单位：%）

数据来源：ARM 2013。

除军队和教会外，近2/3的受访者对于当局者（包括政党、司法机关、立法机关和行政机关）发布的信息来源也持有不太信任或完全不信任的态度（见图3）。虽然尽管亚美尼亚人对大众媒体的信任程度参差不齐，但是他们却经常花费很长的时间收看电视，这似乎与事实自相矛盾。事实上，对于那些不信任大众媒体新闻来源的人来说，他们之中继续收看新闻的并不是少数。他们可能想要了解其他人在看什么，或熟悉当天的政治问题，或获取他们日常生活的必要信息，特别是天气情况（Tsfati & Caplla，2005）。

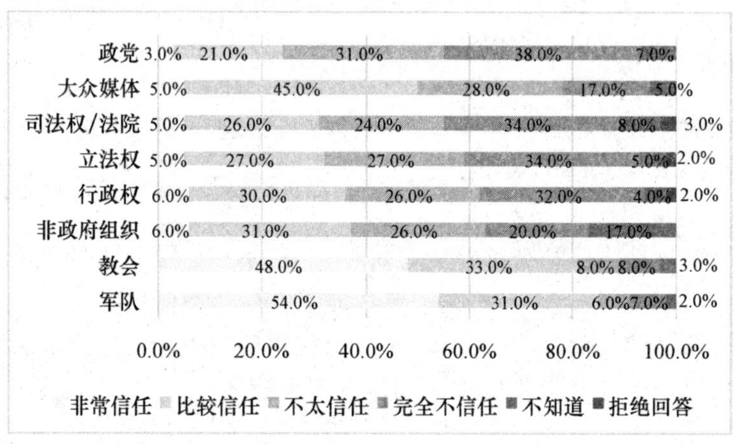

图3　2013年亚美尼亚公民对机构信息来源的信任度（单位：%）

数据来源：ARM 2013。

（三）媒体客观性

亚美尼亚人在媒体报道内容是否客观方面同样存在分歧。除电视以外，亚美尼亚人往往不知道其他媒体报道的客观性。ARM 2011调查结果显示，51%的受访者不知道互联网新闻来源是否客观地报道。37%的受访者不知道广播电台是否客观地报道事件，31%的受访者不知道报纸是否客观报道。

ARM 2013调查显示，当受访者被问及影响新闻报道客观性的原因时，62%的受访者认为当局者的政治立场是媒体报道非客观事实的主要原因，也是观众（听众）认为媒体缺乏信任的原因之一；

新闻审查制度、新闻记者专业化程度低也是媒体报道非客观事实的重要原因（见图4）。

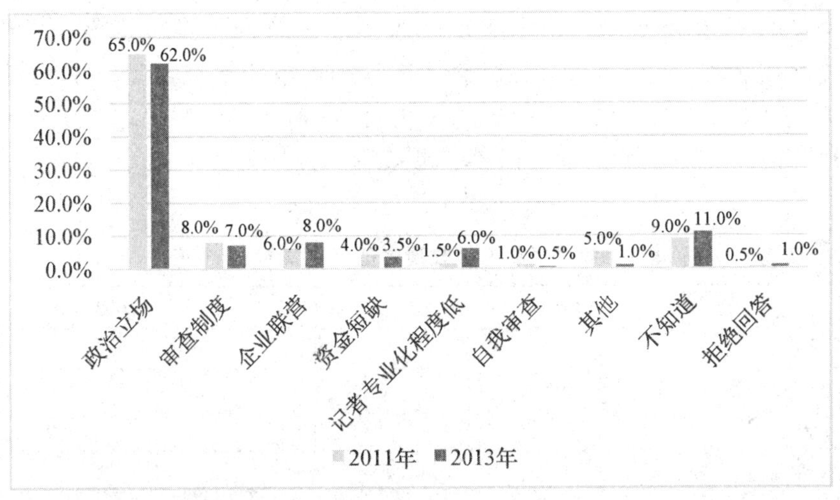

图4　媒体报道非客观事实的主要原因（单位：%）

数据来源：ARM 2011 & 2013。

此外，受访者还认为，媒体的所有者对内容的客观性有显著影响。77%的受访者认为，媒体所有者对媒体内容的客观性也有一定程度的影响。与此同时，焦点小组专家也认为："亚美尼亚的媒体内容并不是完全客观的，而是代表媒体所有者的政治立场和偏好，并且当局者也对主流媒体进行了强有力的控制。"

三、媒体内容偏好概述

（一）传统媒体偏好

1. 电视

亚美尼亚第一公共电视台（First Channel of the Public Television of Armenia，h1）、Armenia、Yerkir Media、Kentron 和亚美尼亚第二公共电视台（Second Armenian TV Channel，h2）是亚美尼亚的主要电视台，也是亚美尼亚公民主要收看的电视台。

ARM 2011 和 ARM 2013 调查数据显示，受访者最常收看的电视节目类型分别为新闻、电视连续剧和音乐节目（占比分别为：65%、35%和34%）。为了对比 ARM 调查结果，埃里温新闻俱乐部于2013年6月至7月对亚美尼亚媒体来源及内容进行监测。YPC 2013 监测结果显示，最受亚美尼亚公民欢迎的电视类型分别为新闻、教育节目和电视连续剧（占比分别为 30.4%、13.9% 和 9.7%）。监测结果与抽样调查结果相对一致（见表1和表2）。

表1　亚美尼亚电视收视类型分布（单位:%）

电视节目类型	2011 年	2013 年
新闻	69	65
电视连续剧	37	35
音乐	40	34
幽默节目	NA	26
故事片	42	25
体育节目	23	16
政治辩论	14	14
教育节目（文化、健康、培训等）	18	13
嘉宾访谈	/	11
脱口秀	/	8
纪录片/特别报道	/	7
公关节目、分析节目	/	4
科普节目	/	4
名人节目	/	3
交互式节目	3	3
游戏、智力测试	/	3
娱乐节目	17	/
时政分析	6	/
宗教节目	2	1
真人秀	/	1
其他	2	1

数据来源：ARM 2011 & 2013。

表2　亚美尼亚电视收视类型偏好分布

电视节目类型	观测值（名）	占比（%）
新闻	957	30.4%
教育节目（文化、健康、培训等）	437	13.9%
电视连续剧	306	9.7%
电影和卡通片	298	9.5%
音乐节目	213	6.8%
脱口秀	171	5.4%
体育节目	149	4.7%
政治辩论	124	3.9%
纪录片/特别报道	124	3.9%
幽默节目	102	3.2%
其他	89	2.8%
嘉宾访谈	58	1.8%
时事分析节目	49	1.6%
竞技游戏	33	1.0%
科普节目	19	0.6%
名人节目	13	0.4%
宗教节目	5	0.2%
交互式节目	0	0.0%
真人秀	0	0.0%
合计	3147	100.0%

数据来源：YPC 2013。

涉及到亚美尼亚公民的具体电视主题偏好时，收视率前三的内容是与政治相关的国际政治事件（20.5%），与文化、科学和历史领域相关的事件（15.4%）及亚美尼亚语邻国的关系（11.4%）。当被问及亚美尼亚公民希望在媒体中被更多报道的具体国内问题时，他们更关注的是腐败、垄断和不平等竞争问题（5.9%），选举及选举后的局势（5.5%）；而对于社会和经济事务，亚美尼亚人希望更多地了解人民生活、物价上涨、社会福利和日常生活等问题（见表3）。

表 3 亚美尼亚公民对电视主题的偏好

	观测值（名）	占比（%）
国际政治事件	1400	20.5%
与文化、科学和历史领域相关的事件	1054	15.4%
亚美尼亚与邻国（伊朗、土耳其、阿塞拜疆和格鲁吉亚的局势，俄罗斯在南高加索的角色等）的关系及发展事态	779	11.4%
亚美尼亚及其在国际机构（欧洲委员会、欧安组织、联合国、北约、独联体、集体安全条约组织等）的代表	440	6.4%
腐败、垄断和不公平竞争问题	406	5.9%
亚美尼亚选举（2012 年议会选举、2013 年总统选举、地方自治选举）及选举后的局势	373	5.5%
亚美尼亚与大国（美国、俄罗斯、欧盟国家）的关系	356	5.2%
亚美尼亚流民生活	261	3.8%
物价上涨、低工资、养老金和社会福利及失业问题	211	3.1%
老百姓的日常生活及生存环境问题	200	2.9%
亚美尼亚警察的活动	192	2.8%
艺术家和名人的活动	182	2.7%
关于解决卡拉巴赫山区冲突的谈判	139	2.0%
环境问题	127	1.9%
军队情况	121	1.8%
公共部门、非政府组织的活动	98	1.4%
健康问题（医疗质量、药品和治疗价格、制度腐败）	96	1.4%
教育问题（教育质量和经费、教育制度腐败）	83	1.2%
人权和基本自由问题	77	1.1%
旅游及旅游业发展问题	67	1.0%
富人活动	49	0.7%
言论自由和媒体独立问题，媒体所有者的活动	48	0.7%
犯罪问题	46	0.7%
移民问题	37	0.5%
合计	6842	100.0%

数据来源：YPC 2013。

2. 广播

截至2012年，亚美尼亚有广播公司53个，主要电台是1926建台的国营亚公共广播电台（Public Radio of Armenia），该电台是目前亚美尼亚唯一的大众媒体。此外，还有数十个只覆盖亚美尼亚部分地区私人广播电台，包括Radio Ardzaganq、Radio Jazz、Radio Avrora、Radio Van、Nor（New）Radio、Radio Hay、City FM、AvtoRadio。

广播内容监测数据来源于亚公共广播电台和“埃里温”FM（“Yerevan FM”Radio）。与电视节目收视类型相反，亚美尼亚公民在电台中收听音乐的比收听新闻的高13%。但是，听众对于广播主题内容的偏好和对电视主题内容偏好却相似，收听率前三的主题仍然是与政治相关的国际政治事件（19.4%），与文化、科学和历史领域相关的事件（18.5%）及亚美尼亚与邻国的关系（13.4%）。

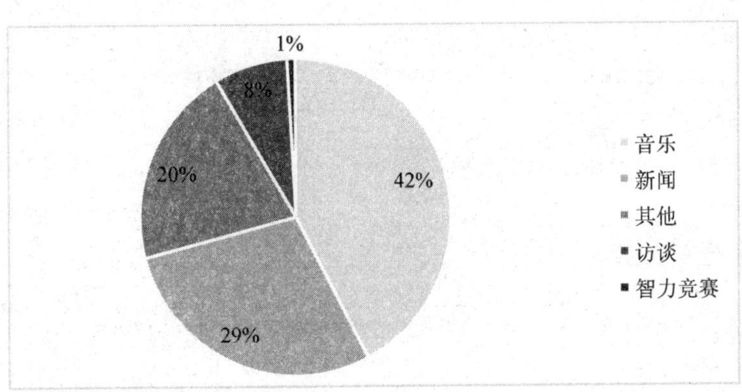

图5　亚美尼亚公民对广播类型偏好（单位：%）

数据来源：YPC 2013。

表4　亚美尼亚公民对广播主题的偏好

	观测值（名）	占比（%）
国际政治事件	632	19.4%
与文化、科学和历史领域相关的事件	605	18.5%
亚美尼亚与邻国（伊朗、土耳其、阿塞拜疆和格鲁吉亚的局势，俄罗斯在南高加索的角色等）的关系及发展事态	439	13.4%

续表

	观测值（名）	占比（%）
亚美尼亚选举（2012年议会选举、2013年总统选举、地方自治选举）和选举后的局势	247	7.6%
腐败、垄断和不公平竞争问题	218	6.7%
亚美尼亚及其在国际机构（欧洲委员会、欧安组织、联合国、北约、独联体、集体安全条约组织等）的代表	177	5.4%
物价上涨、低工资、养老金和社会福利及失业问题	160	4.9%
亚美尼亚与大国（美国、俄罗斯、欧盟国家）的关系	116	3.6%
关于解决卡拉巴赫山区冲突的谈判	106	3.2%
艺术家和名人的活动	71	2.2%
亚美尼亚侨民的生活	61	1.9%
老百姓的日常生活及生存环境问题	57	1.7%
亚美尼亚警察的活动	49	1.5%
环境问题	48	1.5%
公共部门、非政府组织的活动	48	1.5%
军队情况	48	1.5%
人权和基本自由问题	48	1.5%
教育问题（教育质量和经费、教育制度腐败）	46	1.4%
移民问题	27	0.8%
健康问题（医疗保健的质量、药品和治疗的价格、制度腐败）	26	0.8%
旅游及旅游业发展问题	17	0.5%
言论自由和媒体独立问题，媒体所有者的活动	12	0.4%
犯罪问题	7	0.2%
亚美尼亚的富人活动	1	0.0%
合计	3266	100.0%

数据来源：YPC 2013。

（二）新媒体使用情况及偏好

1. 新媒体使用情况

随着互联网的发展和普及，互联网使用率也在逐年上升。ARM 2013调查结果显示，亚美尼亚16岁以上公民互联网使用率达51%，总体上较2011年增长20%。其中，农村地区互联网用户使用率涨幅速度最快（24%），首都埃里温增幅次之于农村地区（增长20%），其他城市增长16%。

图6　2011年和2013年亚美尼亚16岁以上公民使用互联网情况（按年龄划分）

数据来源：ARM 2011 & 2013。

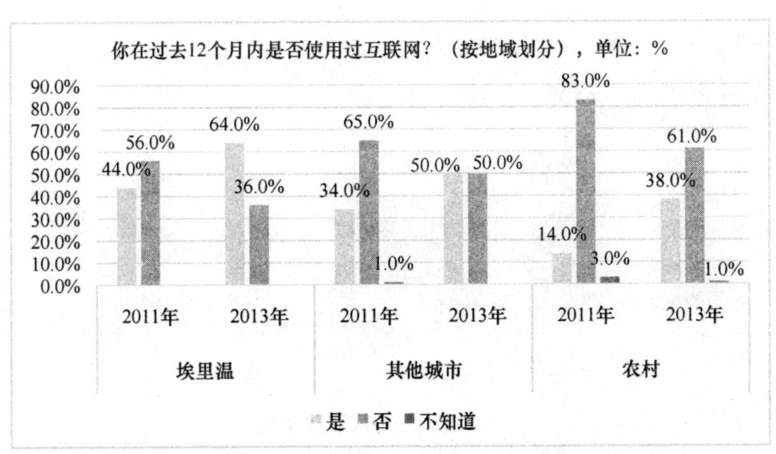

图7　2011年和2013年亚美尼亚16岁以上公民使用互联网情况（按地域划分）

数据来源：ARM 2011 & 2013。

其次，随着笔记本电脑和平板电脑在亚美尼亚各地的普及，互联网接入的主要设备也更多元。2011 年，亚美尼亚互联网用户主要为桌面互联网用户，69.67% 的网民接入互联网的主要设备是台式电脑。2013 年，亚美尼亚桌面互联网用户下降 9.67%，而移动互联网用户快速增长，增长了 6.2%。

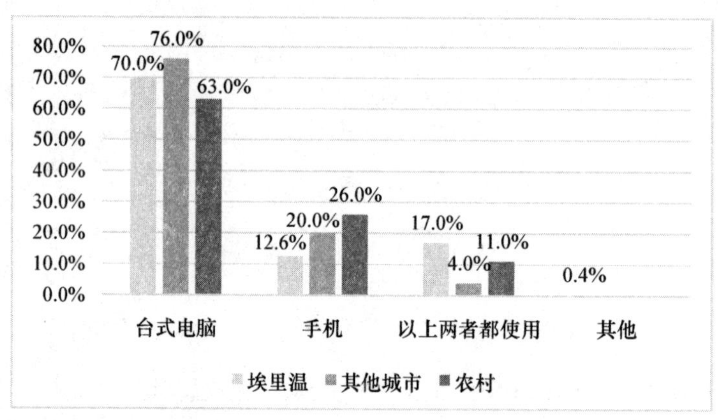

图 8　2011 年亚美尼亚公民主要接入互联网的设备（单位：%）

数据来源：ARM 2011。

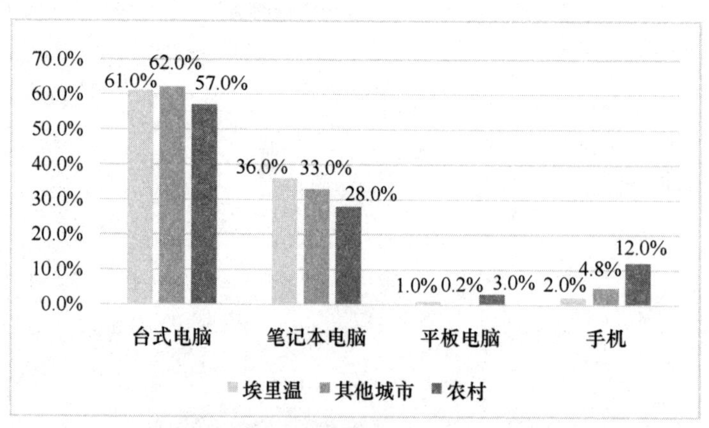

图 9　2013 年亚美尼亚公民主要接入互联网的设备（单位：%）

数据来源：ARM 2013。

2. 新媒体偏好

ARM 调查显示，受访者在线阅读的主题偏好排名前三的分别为政治（64%），社会事件（49%）和艺术、文化、文学话题（47%）。埃里温新闻俱乐部 2013 年 6 月至 7 月对 1in. am、Aravot. am、Civil-Net. am、News. am 等网站监测数据显示，在线文本出版物中，28. 4% 的亚美尼亚人阅读政治话题的内容（包括亚美尼亚的政府活动、外交及选举活动），21. 96% 的人阅读社会事件相关的内容，还有 18. 2% 的人主要阅读关于体育运动的内容。

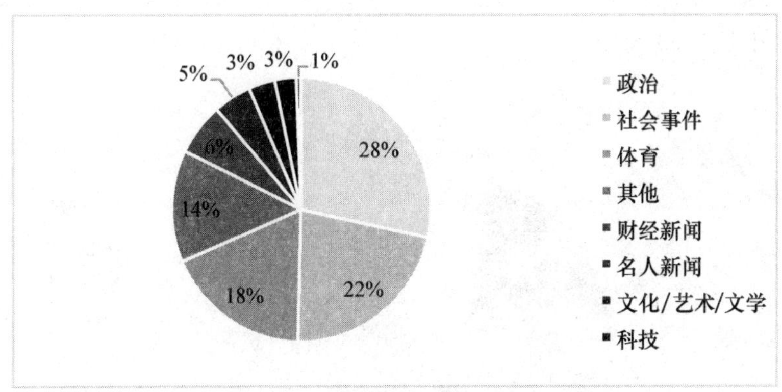

图 10　在线媒体的类型偏好（文本出版物）（单位：%）

数据来源：YPC 2013。

表 5　您喜欢在网上报纸/媒体上阅读哪些主题？（单位：%）

	2011 年	2013 年
政治	56. 0	64. 0
社会事件	33. 0	49. 0
艺术/文化/文学	43. 0	47. 0
体育	38. 0	26. 0
时尚	35. 0	28. 0
财经新闻	23. 0	18. 0
科技	31. 0	29. 0
名人新闻	41. 0	42. 0

续表

	2011 年	2013 年
求职公告	23.0	9.0
其他	5.0	3.0

数据来源：ARM 2011 & 2013。

此外，在多媒体出版物中，21.6%的人倾向于阅读具有社交内容的视频，18.7%的人倾向于阅读具有政治性内容的视频，15.8%的人倾向于阅读新闻。由此也可以看出亚美尼亚人在使用不同类型媒介中的内容偏好。

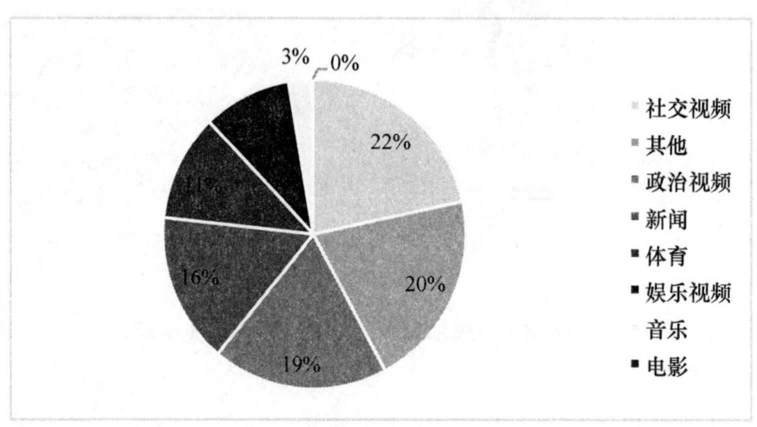

图 11　在线媒体的类型偏好（多媒体出版物）

数据来源：YPC 2013。

四、结语

本文对 2011 年至 2013 年亚美尼亚媒体格局进行了概述，并通过比较 ARM 2011 和 ARM 2013 调查结果与 YPC 2013 监测数据，初步对亚美尼亚公民的媒体偏好、信任度及看法进行了刻画。调查结果对于当前人们把握亚美尼亚传媒产业发展的同时，对政策制定者、学术研究人员、记者、非政府组织以及亚美尼亚公民也产生一定的积极影响。

由于当前涉及关于亚美尼亚媒体的相关研究较少，尤其是关于媒体和技术在社会中的作用以及它们对个人，群体和国家的影响的讨论。因此，研究小组希望本文的研究结果能够成为讨论媒体对亚美尼亚社会影响的开端。

参考文献

[1] 施玉宇、高歌等编著：《列国志：亚美尼亚》，社会科学文献出版社，2005 年版。

[2] CRRC, "Armenian Media Landscape 2011. Formative Research for the Alternative Resources in Media Program" at http://www.crrc.am/hosting/file/_static_content/projects/armedia%202011/CRRC_ArMedia%20Survey%20Report_ FINAL%20KP_ edited.pdf.

[3] CRRC, "Armenia 2011 Media Public Opinion and Preference Survey," at http://www.crrc.am/store/armedia/CRRC _ ArMedia _ 2011_Presentation_English.pdf.

[4] CRRC, "Armenia 2013 Media Public Opinion and Preference Survey," at http://www.crrc.am/hosting/file/_ static _ content/projects/armedia%202013/ARM_PPT_ENG.pdf.

[5] Shelton, J. (2014). Supporting media development in Armenia.

[6] Tsfati, Y., & Cappella, J. N. (2005). Why do people watch news they do not trust? The need for cognition as a moderator in the association between news media skepticism and exposure. *Media Psychology*, 7 (3), 251 - 271. doi: 10.1207/S1532785XMEP0703_2.

亚美尼亚移民概况*

王琛琛

一、移民情况

苏联的解体和新独立国家的形成伴随着空前的移民运动。在亚美尼亚，这种现象已经达到由于某些特定因素变得尤为突出：1988斯皮塔克大地震、亚美尼亚公民发生大规模暴力和屠杀、纳戈尔诺—卡拉巴赫地区冲突。[1] 这些事件以及土耳其和阿塞拜疆对亚美尼亚的经济封锁，造成了大量的移民流向亚美尼亚。

亚美尼亚大量移民开始于1988年。

1988—1992年间是大规模移民的第一阶段。如前所述，大规模移民的第一阶段受到某些特殊因素的制约。首先，由于大规模暴力和驱逐出境，超过40万人离开阿塞拜疆境内。纳卡问题导致该地区大量人口离开了他们的永久居住地。其次，在1988年，由于斯皮塔克地震，超过20万人（主要是妇女和儿童）被疏散到苏联的其他加盟共和国。后来（1989—1990年），大约16万名流散者返回亚美尼亚。

1992—1995年间是移民的第二阶段。大量的亚美尼亚移民出于对社会经济的担忧。面对苏联解体后的紧急危机，由土耳其和阿塞拜疆对亚美尼亚实施的经济封锁，让亚美尼亚人民忧心忡忡。当时移民主要是中高级资质的专家。[2] 他们因国家经济危机而失业。在这批移民潮中，几乎20%的人口离开亚美尼亚，因而导致大量人才

---

* 作者：王琛琛，亚美尼亚美国大学硕士研究生。

① http：//hdrstats. 联合国开发计划署 . org/en/countries/country_ fact_ sheets/cty_ fs_ ARM. html。

② 联合国开发计划署，HDI 指数，http：//hdrstats. 联合国开发计划署 . org/en/indicators/1406. html。

流失。根据不同的评估，自1992年以来离开亚美尼亚的人数从90万人增加到100万人。大规模移民及其对社会生活各方面的负面影响，使这种现象成为国家首要关注的问题。①

1995—2001年间是移民的第三阶段，以移民人数减少为特点。这种下降主要是由于该国社会经济状况的稳定而形成。另一方面，因前几年移民人数众多，该国的移民潜力大为减少。在这一时期，离开祖国的移民家庭团聚的进程变得非常重要。据报道，约有95万人在此期间移民。同时，有35万人返回亚美尼亚或移民到这里。②

考虑到在像亚美尼亚这样年轻的独立国家发生如此密集的移民潮，2000年，亚美尼亚通过了第一份关于移民政策的综合文件《关于移民人口的国家管制》。本文件是国家一级制定移民政策的第一次尝试，同时拥有其积极和消极方面。该文件强调了为国家利益促进移民的某些方法，以及旨在减少其他类型移民负面影响的措施。这一概念在2004年进行了审查，当时出现了与改变移民流动有关的一些挑战。

2010年12月30日，亚美尼亚政府通过了新的“移民国家监管构想”。移民的最新发展指出，移入和移出的过程对亚美尼亚都很重要。根据官方统计数据，2002年和2008年之间约61100人从亚美尼亚移居，约有9900人移民到该国。③ 显然，没有正式登记的移民以及重新移民到该国的人不包括在本统计数字中。一些其他资料表明，在2002—2007年间，有70多万人从亚美尼亚移民。与此同时，移入该国的人数约为60万人。④

然而，官方统计数字和研究数据表明，从亚美尼亚移民的主要方向是前往原苏联国家，特别是前往俄罗斯联邦（约占所有移民的75%）、其他欧洲国家（约15%）和美国（约10%）。从1998年开

① 联合国开发计划署：《移民与人类发展：机会与挑战》，Armenia 2009。

② http：//europeandcis. undp. org/home/show/87C7B39D - F203 - 1EE9 - B27B76D1ABF1CEE6.

③ Gagik Yeganyan，Chief of the Migration Agency of the Ministry of the Territorial Administration of the RA http：//www. dmr. am/ADMR/INDEX. HTML.

④ 联合国开发计划署：《移民与人类发展：机会与挑战》，Armenia 2009。

始，大约30%的人口开始了外来移民潮。

国内移民的变化没有外部移民那么明显。在经济急剧下降，政治和社会生活的影响下以及工业复合体具有一定封闭性，这让传统的内部人口流动（从农村到城市，从小镇到大城市）并没有呈现大量外迁的特征。20世纪90年代后期，随着政治和经济形势的稳定，国内移民路径再次恢复正常。[①]

二、移民总数

根据国家统计局的统计，2004—2008年从亚美尼亚移民的人数增加到40700人。在这一数字中，独联体国家有31300人（占移民总数76.9%人），其他国家有9400人（23.1%）。

2008年，国家统计局对亚美尼亚共和国境内的外来和国内移民进行了调查。根据调查结果，估计2002—2007年间有205620人从亚美尼亚移民。这一数字在该期间平均占该国总人口的6%。这些移民中有22%是男性，78%是女性。男性移民的平均年龄为36岁，移民女性为31岁。大约60%的男性移民和40%的女性移民接受普通中等教育，15.5%的男性移民和21.6%的女性移民受教育程度较高，15.5%的男性移民和18.1%的女性移民有中等职业教育。超过40%的移民表示，他们移民的主要原因是本国缺少工作，32.5%的移民离开亚美尼亚，因为他们不可能挣到足够的钱，确保适当的生活水准。没有任何国家殖民地的发展前景（7.3%）、家庭团聚、婚姻等家庭情况（7.1%）被确定为移民的其他原因。

亚美尼亚移民的主要目的地是俄罗斯联邦。超过76%的移民离开亚美尼亚去这个国家。只有3.4%的移民离开其他独联体国家，9.8%的移民居住在欧洲国家，4.8%移居美利坚合众国，4.2%的纳戈尔诺—卡拉巴赫共和国。[②]

---

① http://europeandcis.联合国开发计划署.org/home/show/87C7B39D - F203 - 1EE9 - B27B76D1ABF1CEE6.

② 亚美尼亚劳动与社会事务部，亚美尼亚国家数据服务，Report on Sample Survey on External and Internal migration in the Republic of Armenia，http://www.armstat.am/file/article/rep_ migr_ 08e.pdf。

在1997—2006年间，移民使亚美尼亚人口减少了0.6%。亚美尼亚移民占全国人口的比例很高（超过7%），主要是由于1988—1992年间阿塞拜疆难民的人数。2005年亚美尼亚移民占该国人口的26.9%。教育、科学和文化潜力的无管制外流，削弱了亚美尼亚的智力潜力，破坏了该国社会经济、科学、技术和文化发展的机会。①

三、移民类型

（一）难民与寻求避难者

亚美尼亚是《关于难民地位的公约》（1951年）及其1967年议定书的缔约国，并给予需要保护的难民地位或临时庇护的人。

根据难民署的数据，约有18000名来自亚美尼亚的被确认难民居住在国外。自2000年以来，这一数字增加了三倍以上（2010年居住在国外的亚美尼亚难民有5786人）。亚美尼亚难民人口排名前几位的国家有美国（在2009年底有7569名难民，占亚美尼亚海外难民总数的42%）、德国（3691名难民，20.5%）、法国（2803名难民，15.6%）、荷兰（1041名难民，5.9%）、奥地利（797名难民，4.4%）和瑞典（630名难民，3.5%）。②

据难民署说，从1999年起，从亚美尼亚来的寻求庇护者人数从1999提交的9616份申请，永久性地减少到2008年的4426份。然而，在2009年，它又增加了30%以上，达到6350份。申请的增加主要记录在法国（与2008年相比，增加了1037人，33.3%）和比利时（638人，58.1%）。

在过去10年（1999—2009年），亚美尼亚公民向世界各地提交了72296份庇护申请。亚美尼亚寻求庇护者的主要目的地国之一是

① International information Agency "News-Armenia", Interview with the Chief of the Representation of the Federal Migration Service of the Russian Federation in the Republic of Armenia Svetlana Stepanova, 09.07.2010, http://www.newsarmenia.ru/exclusive/20100709/42276045.html.

② 国家移民局信息，submitted to ICMPD via Embassy of the Republic of Armenia in Austria on October 21, 2010。

法国。在过去的10年中，法国共收容了15024个庇护申请。因此，申请的数量正在稳步增加，从1999年的272份申请到2009年的3112份。另一个重要目的地是美国（在过去10年中有9454个申请，但从2002年起，申请人数明显减少：从2002年的2147人减少到的2009年的266人）。近10年来，亚美尼亚公民在德国提交了将近8000份庇护申请书。因此，从亚美尼亚到德国的庇护申请数目正在增加。奥地利和比利时在1999—2009年间收到了7000多份申请。在奥地利，亚美尼亚寻求庇护者最多的是在2002年的2038个庇护申请。自那时以来，这个数字一直在稳步下降。2009年只有440名亚美尼亚寻求庇护者登记。

俄罗斯作为亚美尼亚绝大多数移民的目的地国，过去10年来，亚美尼亚公民只向其提交了63份庇护申请。

（二）劳工移民

亚美尼亚共和国国家统计局和劳工和社会问题部联合执行的一项调查表明，由于经济原因，来自亚美尼亚的全部移民中约有85%离开了原籍国。根据调查所做的估计①，2007年该国拥有17.5万名劳工移民。如上所述，从亚美尼亚移民的绝对多数移居俄罗斯。根据俄罗斯联邦移民局在亚美尼亚代表处表示，2009年，8.2万名亚美尼亚公民在俄罗斯合法受雇。2010年前5个月人数达到2.4万②以上；根据欧盟统计局的数据，2008年，1103名亚美尼亚人受雇于欧盟成员国，419人（38%）在波兰，275人在捷克共和国（24.9%），108人（9.8%）在塞浦路斯。在2009年，924名亚美尼亚公民正式在欧盟工作，436名（47.2%）在波兰，132名（14.3%）在捷克共和国，90名（9.7%）在意大利。③

---

① 联合国开发计划署：《亚美尼亚人类发展报告2009》，http：//hdrstats. 联合国开发计划署 . org/en/countries/country_ fact_ sheets/cty_ fs_ ARM. html。

② 联合国开发计划署：《亚美尼亚人类发展报告2009》，http：//hdrstats. 联合国开发计划署 . org/en/countries/country_ fact_ sheets/cty_ fs_ ARM. html。

③ 美尼亚劳动与社会事务部，亚美尼亚国家数据服务，Report on Sample Survey on External and Internal migration in the Republic of Armenia，http：//www. armstat. am/file/article/rep_ migr_ 08e. pdf。

调查显示，劳工移民中62.8%受雇于建筑业，10.5%在商业服务，6.8%在运输业以及4.2%在工业领域。① 根据俄罗斯联邦移民局在亚美尼亚的代表处的数据，在俄罗斯工作的亚美尼亚移民中有44.1%受雇于建筑部门，服务业占27.2%，运输和通信占12.1%，贸易部门占3.8%。②

目前，主要是由于经济原因，临时或季节性移民是亚美尼亚主要的移民模式。

根据社会学研究收集的数据，2007年10月至2009年12月期间，约有20万人（占16岁以上的总人口的7.9%）参与了劳工移民。年龄在20岁至54岁之间的人占移民总数的90.8%，所有劳工移民中有89.1%为男性。

作为移民的主要原因，93.5%的被调查者指出与就业有关的问题。关于劳动移民的地理问题，必须指出的是，主要的方向是俄罗斯联邦——所有来自亚美尼亚的劳工移徙者中有93%移居到目的地国。

除了季节性劳务移民外，还有另一批来自亚美尼亚居住在俄罗斯的移民，他们表示愿意长期移民。这些人在俄罗斯居住和工作2—3年，有时长达10年，但仍然是亚美尼亚公民。这些移民中的一部分邀请他们的家人和他们一起住在俄罗斯。据专家估计，这一类人的数量在2010年达到400—450人。③

（三）亚美尼亚留学生

亚美尼亚的外国学生人数约为5300人，其中1200名学生来自其他独联体国家的公民。关于在国外学习的亚美尼亚公民人数的官方统计数字尚不存在。根据欧盟统计局的数据，在2008年，521名

---

① 美尼亚劳动与社会事务部，亚美尼亚国家数据服务，Report on Sample Survey on External and Internal migration in the Republic of Armenia，http：//www.armstat.am/file/article/rep_ migr_ 08e.pdf。

② “Voice of Armenia”，26.01.2010，http：//www.golosarmenii.am/ru/19939/headlines/1287/.

③ “Voice of Armenia”，26.01.2010，http：//www.golosarmenii.am/ru/19939/headlines/1287/.

亚美尼亚公民获得教育居留证，其中136人持有波兰居住证(26.1%)，英国74名（14.2%），希腊67名（12.9%)。2009年，607名亚美尼亚公民获得教育居留证，其中波兰159个(26.2%)，英国97个（16%)，意大利67个（11%)。①

（四）游客和参观者

亚美尼亚游客人数由2001年123262人次增加到2009年的575210人次，增长4.5倍以上。在2001—2009年间，35.97%的游客来自俄罗斯联邦，35.94%来自格鲁吉亚，5.96%来自伊朗，3.18%来自美国，2.22%来自法国，1.84%来自德国，1.81%来自乌克兰，1.47%来自土耳其，1.25%来自英国，1.12%来自叙利亚。

（五）非法移民

亚美尼亚主要是移徙者的来源国，包括不正常移民。然而，它也面临着一些涌入的亚洲国家和中东国家的非法移民（例如，伊朗、伊拉克、阿富汗、巴基斯坦、孟加拉国、巴勒斯坦、埃及和中国)。作为一项规则，这些移民将国家作为“跳板”，以便将来前往俄罗斯，并进一步到西欧国家和美国。

据调查，在亚美尼亚移民总数中，只有30%人在其目的地国家合法登记了他们的就业情况。2007年至少有6.2万名亚美尼亚公民不定期地在国外居住或工作。大多数来自亚美尼亚的非法移民都居住在俄罗斯。土耳其非法流动人口状况的定性研究结果表明，亚美尼亚非法移民人数达到1.5万人。与大多数移居俄罗斯移民相反，移民到土耳其的主要是女性移民（最多94%人)。据欧盟统计局的统计数据，2009年，有1945名亚美尼亚公民非法移民在欧盟成员国境内生活。大多数非法移民在法国、德国和奥地利被逮捕。②

---

① “Voice of Armenia”, 26.01.2010, http://www.golosarmenii.am/ru/19939/headlines/1287/.

② http://europeandcis.联合国开发计划署.org/home/show/87C7B39D-F203-1EE9-B27B76D1ABF1CEE6。

（六）人口贩卖

亚美尼亚是贩卖人口，特别是强迫卖淫的妇女的来源国和遭受强迫劳动的妇女和男子的来源国①。

在阿拉伯联合酋长国和土耳其②，亚美尼亚妇女以被性剥削为贩卖目的。在俄罗斯，亚美尼亚的男性和女性都受到强迫劳动，而在土耳其，主要是亚美尼亚妇女遭到强迫劳动。有资料表明，亚美尼亚也是来自俄罗斯强迫劳动力的目的地国家。2009 年，亚美尼亚境内的外国贩运受害者可获准留在当地工作。③

四、推动移民的关键因素

社会经济状况不仅成为亚美尼亚移民的主要推动因素，也是亚美尼亚移民过程演变的主要因素。数据表明，93.5% 的受访人士表示移民的主要原因是与亚美尼亚就业有关的问题。这其中 46.5% 名受访者表示他们在亚美尼亚没有工作，43% 的人认为低收入是离开祖国的原因。

实际收入和低收入的急剧下降是另一个非常重要的推动因素。社会福利的大幅退化和公共卫生保健系统的严重下降，也被认为是恶化移民形势的推动因素。

五、移民的未来趋势

在研究的基础上，确定了亚美尼亚的移民流动有以下几种类型：劳动力移民、短期或长期移民以及学生移民。劳动力流动起着最重要的作用，例如就业问题仍然是形成国内和外部移民流动趋势的主

---

① EUROSTAT Database, data extracted 22.11.2010; http: //epp.eurostat.ec.europa.eu/portal/page/portal/population/data/database; detailed statistics are presented in ANNEX II of this Profile.

② http: //europeandcis. 联合国开发计划署 .org/home/show/87C7B39D - F203 - 1EE9 - B27B76D1ABF1CEE6.

③ US Department of State, Trafficking in Persons Report, 2010, Armenia.

要因素。

毫无疑问，亚美尼亚的经济形势将继续影响劳工移民的潜力，促使他们寻找新的劳动力市场和机会，为他们的家庭的需要和需要赚取足够的钱。预计在全球经济危机的情况下，由于目的地国的经济和就业状况恶化，部分劳工移民甚至长期移民将返回亚美尼亚。

然而，尽管经济危机对移徙者在国外的机会造成了负面影响，但移民的返回是微不足道的，在许多情况下，这只是一个临时决定。看来，来自亚美尼亚的移民接受了较低的收入水平或较低的海外职业水平，而不是返回家园。因此，外来劳动力移民的积极和消极影响很可能是亚美尼亚今后面临的一个重要问题。

此外，如果亚美尼亚的经济状况和就业政策在危机之后很快无法恢复，移民过程可能再次导致移民运动的升级。季节性工人可以决定留在国外更长时间，或者把他们的家人带到目的地国，年轻人会对亚美尼亚的前景感到失望，可以选择出国留学后移居国外或不回来。所有这些情况最终会导致亚美尼亚人口减少，甚至由于不断外流的人才外流和劳动力外流而导致经济增长放缓。

为了成功地返回部分移民人口，必须在亚美尼亚实施积极的社会经济和人口政策。他们应该特别考虑到，在移民中，生育年龄的人是很有代表性的。在这方面，就业问题仍然是社会经济发展最重要的问题，同时也与移民进程直接相关。最重要的是，亚美尼亚所有地区的创造就业机会有助于减少来自亚美尼亚的移民流动，吸引移民返回家园。

六、关于移民管理的建议

由于亚美尼亚主要是移民的来源国，亚美尼亚必须加入《保护所有移徙工人及其家庭成员权利国际公约》，这是该领域最重要的国际文件之一。《欧洲移民工人法律地位公约》是一项具有区域竞争力的文件，也是该领域的一项重要内容。加入这些国际文件将有助于保护海外亚美尼亚移民的权利和利益。

在移民领域的战略文件应包括规定建立国外的亚美尼亚移民以及通过提供在亚美尼亚共和国的移民管理系统的一个很好的平衡机

制，它一定程度上保障了亚美尼亚民族经济利益的权利。然而，在国家移民政策中，应优先考虑人类发展的目标。海外侨民组织必须努力保护移民在海外的权利。

除了涉及政府特殊利益的移民现象，移民的上升趋势也需要引起足够的重视。因此，应考虑进一步加强移民和移民立法的可能性。这将消除法律和其他法律行为之间的矛盾和不一致，并澄清不同政府机构有时重叠的行政责任。

促进海外亚美尼亚公民自由流动将是亚美尼亚移民政策发展的下一个目标。为了实现这一目标，亚美尼亚应开始简化谈判的入境程序，在国外创造正常的劳工机会，为获得亚美尼亚劳动力剩余的劳工配额组织临时的循环劳工移民组织。

亚美尼亚的人口发展趋势及其影响*

王鸣野

亚美尼亚是苏联加盟共和国中面积最小和人口最少的国家。据1970年1月统计，亚美尼亚共和国共有人口249.1873万人①。然而，几十年来，该国人口增长的曲线一直呈明显的下降趋势，尤其自苏联解体以来，亚美尼亚的人口形势更是不容乐观。1997年，亚官方公布的人口数字为370万人，但由于许多移民国外的人也被统计其中，所以，人们一般认为亚美尼亚的实际人口最多不会超过200万人②。众所周知，领土和人口是国家构成要素中最为重要的方面，亚美尼亚人口的持续下降将对该国的发展前景造成迫在眉睫的影响。

一、亚美尼亚人口的演变趋势考察

简单地讲，持续性下降是近半个世纪以来亚美尼亚人口发展的基本特征，其表现主要从两个方面展现出来：一个是人口总量不断下降，根据亚美尼亚国家统计局2016年1月1日官方统计数据显示，该国常住人口为299.86万，较上年同期减少1.2万人，自苏联解体以来首次少于300万③。亚美尼亚人口发展的另一个趋势是出生率不断降低，这一点从以下的图表可以清晰的看出来。

从下表看出，亚美尼亚的人口在近几年有微弱增长，但根据联合国的统计，亚美尼亚的人口仍将继续此前的下降趋势。比较保守的估计是，到2050年，该国人口将降为270万，2100年为180万，而最

---

* 作者简介：王鸣野，中国石油大学教授。

① ［美］泽夫·卡茨：《苏联主要民族手册》，人民出版社，1982年版，第198页。

② 关健斌：《亚美尼亚怪现象：海外移民数量多过国内人口》，2001年8月14日，http://news.sohu.com/87/77/news146247787.shtml。

③ http://am.mofcom.gov.cn/article/ddgk/zwrenkou/201609/20160901399286.shtml.

悲观的估计则是到2050年亚美尼亚的人口就会降到200万以下①。

表1　亚美尼亚历年人口统计数据及人口成长率

年份	人口数量	人口增长率
1975	2825650	2. 14%
1976	2882831	2. 02%
1977	2938181	1. 92%
1978	2991954	1. 83%
1979	3044564	1. 76%
1980	3096298	1. 70%
1981	3145885	1. 60%
1982	3192877	1. 49%
1983	3239212	1. 45%
1984	3287588	1. 49%
1985	3339147	1. 57%
1986	3396511	1. 72%
1987	3457054	1. 78%
1988	3510439	1. 54%
1989	3542720	0. 92%
1990	3544695	0. 06%
1991	3511912	-0. 92%
1992	3449497	-1. 78%
1993	3369673	-2. 31%
1994	3289943	-2. 37%
1995	3223173	-2. 03%
1996	3173425	-1. 54%
1997	3137652	-1. 13%
1998	3112958	-0. 79%
1999	3093820	-0. 61%
2000	3076098	-0. 57%

① Joshua Kucera: Armenia: Can the Government Reverse Demographic Decline? July 11, 2017. http://www.eurasianet.org/node/84326.

续表

年份	人口数量	人口增长率
1975	2825650	2.14%
2001	3059960	-0.52%
2002	3047002	-0.42%
2003	3036032	-0.36%
2004	3025652	-0.34%
2005	3014917	-0.35%
2006	3002911	-0.40%
2007	2989882	-0.43%
2008	2977488	-0.41%
2009	2968154	-0.31%
2010	2963496	-0.16%
2011	2964120	0.02%
2012	2969081	0.17%
2013	2970952	0.06%
2014	2973538	0.09%

资料来源：以上亚美尼亚人口数量数据来自国外人口网站及银行统计网站。

二、亚美尼亚人口演变趋势中展现出的几个显著特点

（一）移民他国成为亚美尼亚人摆脱各种经济、政治和安全困境的普遍选择

在苏联范围内，亚美尼亚人是移民意愿最强的民族之一。盖洛普民意调查机构2010年8月对约1000人的调查表明，亚美尼亚人的移民倾向率大概为39%[①]。据亚美尼亚官方统计，自苏联解体到2000年的十年间，移民国外的亚美尼亚人超过了70万。然而，根

① Marianna Grigoryan: Armenia: Russian Guest Worker Program Highlights Population Drain. March 25, 2011. http://www.eurasianet.org/node/63157.

据该国一些反对派领导人的估计，官方的统计数据并不准确，通过对面包、食糖消费指数以及其他经济和人口数据的研究，这十年移民离开的亚美尼亚人不是70万，而是100万。埃里温当地的一家报纸通过调查发现，在一个有1900套房间的社区，600套房已经无人居住①。约80%的亚美尼亚移民去了俄罗斯，其余多把美国、德国等西方发达国家作为目的地国。由于大量人口急于移民，亚美尼亚已经形成了一个有利可图的“移民产业”。根据国际移民组织（IOM）的调查，这种产业分为合法和地下两种，前者以合法的旅行社为代表，后者则主要由地下中间人构成②。

（二）死亡率、人均寿命和出生率陡然上升

从表1可以看出，20世纪90年代是亚美尼亚人口形势变化的转折点，即由以前的正增长一变而为负增长。然而，正如该表所表明的那样，在20世纪70年代和80年代，亚美尼亚的人口状况在苏联各加盟共和国中是最好的：该国在1979—1990年间的年均人口增长率为1.4%，人均寿命也是苏联各加盟共和国中最高的地区（1987年的平均寿命约为74岁）。当时亚美尼亚每个家庭平均养育小孩2.4个③，这个数字是除了中亚的穆斯林共和国外家庭平均养育孩子最多的共和国。这说明，苏联时期的亚美尼亚拥有相当好的卫生保健系统。然而，1988年12月发生的斯普塔克（Spitak）大地震一下子改变了亚美尼亚的积极的人口发展趋势。从上表看出，1988年亚美尼亚的人口增长率为1.54%，次年就陡降至1%以下。大地震中损失的人口多数处在生育年龄，这使国家的人口再生能力遭到了一次重创。苏联的解体进一步削弱了亚美尼亚的人口增长能力，尤其是政治动荡造成的经济大滑坡对人口形势的方方面面都造

① Mikhail Diloyan：Emigration Emerges as a Concern in Armenia. April 10，2000. http：// www. eurasianet. org/departments/insight/articles/eav041100. shtml.

② Ken Stier：Study Highlights Inefficiencies and Evils of Armenian Emigration. April 15，2002. http：//www. eurasianet. org/departments/business/articles/eav041602. shtml.

③ Haroutiun Khachatrian：Unfavorable Demographic Trends Cloud Armenia's Economic Prospects—Study. March 6，2005. http：//www. eurasianet. org/departments/business/articles/eav030705. shtml.

成了转折性的影响：到2000年时亚美尼亚的人口死亡率便攀升至约千分之八，增长了27%。与此同时，人均寿命也在下降，根据官方统计数据，2003年的人均寿命为72.3岁（然而，由联合国人口基金资助的名为《后苏联时期亚美尼亚的社会人口挑战》的研究报告指出，官方的估计并不准确，实际的人均寿命可能更低）。在死亡率上升和人均寿命下降的同时，亚美尼亚人口的出生率下降了一半，从而造成人口的自然增长率急剧下降，如1990年每千人生育16.3个孩子，2001年则急降为2.7个，2005年时大部分家庭只有一个孩子[①]。老龄化是另一个影响人口发展趋势的问题，根据亚美尼亚的官方统计，2004年时亚美尼亚的总人口中已经有10.6%超过了65岁[②]。

2004年底，欧洲安全与合作组织的一份关于亚美尼亚人口的研究给出的预测更加令人吃惊：如果以当时的趋势发展下去，那么到2025年，亚美尼亚的人口总量将下降为266万人[③]。

（三）人口性别比例严重失衡

众所周知，由于战争等原因的影响，原苏联各地一直存在着男多女少的性别失衡现象，然而，苏联解体后这一现象至少在包括亚美尼亚在内的外高加索地区发生着急剧的变化。高加索地区一直存在着重男轻女的传统，苏联之后这种现象卷土重来。近年来，亚美尼亚男孩的高出生率使其国内外的生育专家们倍感惊讶。他们担心造成这种情况的主要原因是选择性流产。亚美尼亚政府的统计数据显示，20世纪90年代早期以降，新生儿的性别失衡问题就变的逐年严重。2010年的国家统计局报告指出，2009年有23600名男孩

---

① Haroutiun Khachatrian: Unfavorable Demographic Trends Cloud Armenia's Economic Prospects—Study. March 6, 2005. http: //www. eurasianet. org/departments/business/articles/eav030705. shtml.

② Haroutiun Khachatrian: Unfavorable Demographic Trends Cloud Armenia's Economic Prospects—Study. March 6, 2005. http: //www. eurasianet. org/departments/business/articles/eav030705. shtml.

③ Haroutiun Khachatrian: Unfavorable Demographic Trends Cloud Armenia's Economic Prospects—Study. March 6, 2005. http: //www. eurasianet. org/departments/business/articles/eav030705. shtml.

出生，女孩为 20700 名。2010 年出生男孩 23800 名，女孩 20900 名。男女之比基本都在 114 : 100 之间[①]。然而，根据联合国人口基金（UNFPA）的数据，到 2012 年时亚美尼亚的新生儿的男女之比已达 114.5 : 100，这是该国成为仅次于中国（117.8 : 100）和阿塞拜疆（116.5 : 100）的全球第三大新生儿性别失衡国。UNFPA 的研究报告指出，这种情况“对亚美尼亚不断恶化的人口形势是一个沉重的打击”[②]。

（四）俄罗斯成为亚美尼亚移民的主要流向国

由于地理相邻，语言、文化及宗教相近，尤其是地缘政治和地缘经济的作用等原因，俄罗斯一直是亚美尼亚移民的首选目的地国。然而，由于人口下降造成的劳动力短缺压力日益加大，俄罗斯近年改变了对独联体各国移民顺其自然的态度，而是有意出台移民政策，加大对移民的吸引力度，像亚美尼亚人由于语言文化和宗教的相近尤其受到俄罗斯的青睐。2006 年，俄罗斯出台了一个名为“同胞”的计划，该计划旨在从原苏联共和国吸引劳工去俄罗斯人口稀少的地区去工作，每年的名额为 30 万人。“同胞”计划为加入者提供了优厚的条件，除了提供路费、工作和住宿外，还允诺移民加入俄罗斯国籍。该计划将“同胞”定义为能说流利俄语的原苏联地区公民，不论申请者过去在俄罗斯有没有家庭关系。申请者先要与俄罗斯有关机构签订为期两年的合同，然后可得到一份从护士到建筑工的工作。根据定居地和工作的不同，申请者还可得到 4000—8000 美元的一次性补助[③]。“同胞”计划本来在 2012 年 12 月 31 日终止执行，但俄罗斯总统普京却在同年 9 月发布政令予以延期，实际上该计划将永久有效。不仅如此，普京的政令还将移民的资格给予了移民的祖父母和成年兄弟姐妹，也就是说，移民的全家现在都

① Marianna Grigoryan：Armenia：Are Selective Abotions Behind Birth Ratio Imbalance？July 6，2011. http：//www. eurasianet. org/node/63812.

② Marianna Grigoryan：Armenia：Demographic Imbalance Prompts Move to Ban Fetus Sex Detection. July 22，2013. http：//www. eurasianet. org/node/67281.

③ Marianna Grigoryan：Armenia：Russian Guest Worker Program Highlights Population Drain. March 25，2011. http：//www. eurasianet. org/node/63157.

可以轻而易举地前往俄罗斯定居了①。

2014 年 4 月 21 日，俄罗斯总统普京就"同胞"计划再度颁布法令，规定获得俄罗斯国籍的移民须放弃原有国籍，并将移民获得俄罗斯国籍的期限从原来的五年大幅缩短至三个月，而针对移民的俄语考试每个月都在埃里温的俄罗斯—亚美尼亚大学举行②。

便捷而优惠的移民条件对亚美尼亚普通百姓产生了很强的吸引力。亚美尼亚主管少数民族与宗教事务的前领导人拉努什·哈拉迪安称，普京的 4 月 21 日法令"亚美尼亚人盼望已久，我相信很多人为了加入这个计划而放弃亚美尼亚国籍"③。根据俄罗斯移民局的数据，2013 年前往俄罗斯的亚美尼亚人增长了 20%，达到 67 万人之多④。这说明，亚美尼亚人移民俄罗斯的趋势在近期不会停止。

三、亚美尼亚的人口演变趋势对亚美尼亚内外发展的影响

（一）精英人口的流失严重影响民族国家建设

众所周知，富有凝聚力的人口和一定规模的领土是现代民族国家（nation-state）的基本要件。对苏联解体后出现的新国家而言，首当其冲的任务就是新的民族国家的构建，其中包括对本民族历史的重新认知、新的政治意识形态和制度的确立、国家发展战略的制定、对外政策理念的形成等。总之，新的国家需要新的国民，新国民是在对原有人群进行新的国家价值观塑造的基础上形成的。这种塑造需要三个基本条件：一是有相当数量的人文和自然科学领域的知识精英，这类人对塑造新的国家认同至关重要；二是成

① Marianna Grigoryan：Armenia：Labor Migration Program Causing Yerevan-Moscow Friction. October 23，2012. http：//www. eurasianet. org/node/66092.

② Marianna Grigoryan：Armenia：Russia's Offer of Easy Citizenship Sparks Concerns. April 30，2014. http：//www. eurasianet. org/node/6832.

③ Marianna Grigoryan：Armenia：Russia's Offer of Easy Citizenship Sparks Concerns. April 30，2014. http：//www. eurasianet. org/node/6832.

④ Marianna Grigoryan：Armenia：Russia's Offer of Easy Citizenship Sparks Concerns. April 30，2014. http：//www. eurasianet. org/node/6832.

规模的、有知识的、热爱新国家的年轻人口，这类人是构建新的民族国家的基本依赖力量；三是稳定的、具有强烈地区和国家认同的常住居民社会。没有稳定的居民社会就无法进行新的国家价值观的塑造。

如果用以上条件衡量独立以来亚美尼亚的民族国家塑造进程的话就不难发现，大量人口的流失使这一进程面临着严峻的挑战。首先，移民他国的人基本上都是亚美尼亚的知识和技术精英人群。这些人率先离开，紧随其后的是其家人、亲戚和朋友，从而由点带面地形成移民流。其次，对移民的输出国来说，最容易和最渴望移民的是年轻人群，对移民的接收国而言，最愿意接受的同样是年轻移民。这一点对亚美尼亚也不例外。独立以来，虽然缺乏准确的统计数据，但可以肯定的是，移民中的多数是年轻的、有劳动能力的人口。第三，由于大量人口离开造成的居民社会的解体趋势肯定已经出现，如俄罗斯的“同胞”移民计划不仅吸收年轻的劳动力人口，且其祖父母和兄弟姐妹都可以一起前往定居。这种连根拔起的吸收模式对亚美尼亚居民社会的破坏性可想而知。

（二）人口流失对经济发展的影响

就战争、政局动荡、内部冲突等驱动人口外流的几个重要因素来看，经济因素是促使亚美尼亚人对外移民的主要驱动力。和其他原苏联国家一样，亚美尼亚在苏联解体之后也经历了一个长期的经济大滑坡的深刻冲击。由于经济体量小、人口少、经济对外依赖性强，亚美尼亚至今仍无法完全从经济疲软中走出来。面对难以改变的宏观经济环境，亚美尼亚的普通百姓克服困难的最便捷途径便是利用各种关系移民他国，从而不可避免地对亚美尼亚政府恢复经济的努力造成影响。概括地讲，大量人口的移民对经济的影响主要体现在以下几个方面。首先，率先移民的多是技术人才和年轻人口。这类人是亚美尼亚发展经济的主力，他们的创新能力、劳动能力和消费能力对经济发展至关重要。由于人口大量外流造成的需求不足，埃里温的房价早在 2001 年就不值一提了[①]。据国际移民组织（IOM）的研究，在出走的人口中还有一个值得重视的现象，就是养家糊口的人更容易离开，男人离开的可能性是女人的两倍[②]。正是由于大量男人移民国外，虽然目前亚美尼亚新生儿中男孩远多于女孩，但整体的人口的男女之比仍然是女多男少。2011 年时亚美尼亚的男性在总人口中的占比为 48.5%，女性占比为 51.5%[③]。其次，大量人口的移民造成巨额资金外流，使本来就稀少的发展资金更为不足。2002 年国际移民组织对亚美尼亚移民问题的一份研究指出，为了尽快完成移民国外的目的，人们不得不掏钱求助于非法移民组织，自 1995 年到 2002 年间，由移民而催生的非法移民产业已经在亚美尼亚制造了至少 1 亿美元的资金外流[④]。最后，不能不指出的是，移民还造成了一个更为复杂的后果，即移民的汇款成了支撑家人生活和亚美尼亚经济活动的一个重要支柱。根据俄罗斯有关部门的统计，2012 年上半年从俄罗斯各银行汇往亚美尼亚的资金约为 7.074 亿美元，比 2011 年增加 12%[⑤]。2013 年通过银行汇往亚美尼亚的资金超过了 16 亿美元，其中约 86% 是来自俄罗斯的移民汇款。据亚美尼亚中央银行的数据，单 2014 年 1 月亚美尼亚收到的移民汇款就接近 1 亿美元，而来自俄罗斯的汇款的占比为 81%[⑥]。从以上数据可以看出，对亚美尼亚这样的小经济体来说，移民的汇款成了大量家庭得以维持生计，进而使亚美尼亚经济产生一定活力的重要推动力。由此便产生了一个难以克服的困境，即汇款越重要，就越需要移民，移民越多，人口危机就越严重。

---

① 关健斌：《亚美尼亚怪现象：海外移民数量多过国内人口》，2001 年 8 月 14 日，http://news.sohu.com/87/77/news146247787.shtml。

② Ken Stier：Study Highlights Inefficiencies and Evils of Armenian Emigration. April 15, 2002. http://www.eurasianet.org/departments/business/articles/eav041602.shtml.

③ Marianna Grigoryan：Armenia：Are Selective Abotions Behind Birth Ratio Imbalance？July 6, 2011. http://www.eurasianet.org/node/63812.

④ Ken Stier：Study Highlights Inefficiencies and Evils of Armenian Emigration. April 15, 2002. http://www.eurasianet.org/departments/business/articles/eav041602.shtml.

⑤ Marianna Grigoryan：Armenia：Labor Migration Program Causing Yerevan-Moscow Friction. October 23, 2012. http://www.eurasianet.org/node/66092.

⑥ Marianna Grigoryan：Armenia：Russia's Offer of Easy Citizenship Sparks Concerns. April 30, 2014. http://www.eurasianet.org/node/6832.

（三）人口危机对地缘政治的影响

亚美尼亚所处的南高加索在历史上就是一个地缘政治极为复杂的地区。这里的土耳其、阿塞拜疆、格鲁吉亚和伊朗等国相互之间关系复杂微妙，而俄罗斯、美国及欧洲各大国的介入又进一步增加了该地区地缘政治的复杂性。作为小国的亚美尼亚在这样的地缘政治环境中不时面临着生死威胁。苏联解体以后，亚美尼亚和阿塞拜疆因为纳戈尔诺—卡拉巴赫而引发的武装冲突至今无法解决，而亚美尼亚与土耳其因为1915年的大屠杀问题的困扰关系一直都没有实现正常化。可以说，亚美尼亚面临着非常现实的安全威胁。单从人口的角度看，亚美尼亚无法单独应对任何一场与邻国的长期武装冲突。单就亚美尼亚的主要威胁阿塞拜疆来说，该国2016年的人口为980万人，远远超过亚美尼亚。根据联合国的预测，阿塞拜疆的人口在2050年将达到1100万。阿塞拜疆的妇女一般都生育五个以上的孩子。该国政府为了鼓励生育，允许妇女提前退休，并给予养育小孩的妇女发放小额资助[①]。土耳其与亚美尼亚相邻，该国2016年的人口接近8000万，对亚美尼亚形成压倒性优势。土阿两国人种、语言、文化和宗教相近，在面对亚美尼亚时有共同的立场，这便迫使亚美尼亚不得不向俄罗斯和伊朗寻求帮助。

出生率的下降和男性人口的大量移民为维持稳定的兵源带来了严峻的挑战。1991年亚美尼亚仅出生男孩39000名，这些孩子到2009年进入服役年龄，即使他们全部入伍，其数量也不足以应对大规模的安全挑战。1995年和2008年亚美尼亚的男孩出生数量分别为25697和24000人[②]，数量一路下滑。如此低的男孩出生数量将使亚美尼亚难以维持一支有威慑力的军队。由于兵源不足，亚美尼亚在2009年就是否取消大学生免服兵役的法律展开了一场激烈的

---

① Joshua Kucera：Armenia：Can the Government Reverse Demographic Decline？July 11，2017. http：//www. eurasianet. org/node/84326.

② Gayane Abrahamyan：Armenia：Military Planners Confront Conscript Shortfall，Mull an End to College Exemption. July 29，2009. http：//www. eurasianet. org/departments/insightb/articles/eav073009a. shtml.

辩论。而不久前刚刚强化的阿塞拜疆军队更给这场辩论增加了紧迫感[①]。按照当时的法律，男大学生可以暂不服兵役，如果他们继续攻读博士学位的话，那么就可以永久免服兵役。支持大学生服兵役的一方建议修改原有法律，要求大学生大学毕业后进入军队服役。亚美尼亚国防部对质疑这项建议的教师和教育专家说，亚美尼亚军队需要人手。亚美尼亚教育部副部长阿拉·阿维迪西扬（Ara Avetisian）也支持修改原有法律，称“这项修改不可避免，为军队服务是国家最重要的事项之一”[②]。亚美尼亚的人口危机直接反映在该国与阿塞拜疆围绕着纳戈尔诺—卡拉巴赫的军事冲突中。拉钦（Lachin corridor）走廊是连接亚美尼亚本土和纳卡地区的关键地带。该地约有 3000 平方公里，自北面的克尔巴加尔（Kelbajar）正下方一直向南延伸至伊朗边界。1992 年 5 月“纳卡冲突”进入高潮时亚美尼亚军队夺取了拉钦走廊。猛烈的炮火将这里的城镇和乡村夷为平地，至少有 2 万阿塞拜疆人和库尔德人被迫逃离。1994 年停火协议签订以后，亚美尼亚将拉钦走廊改名为卡沙塔格（Kashatagh），同时实行了一系列巩固占领的措施，其中最重要的一项政策就是亚美尼亚化，即试图以大规模的移民定居行动消除阿塞拜疆在这一地区的影响。最初到来的移民确实是出于爱国热情的感召。然而，随着时间的推移，移民的数量不仅越来越少，而且原来定居下来的一些家庭也由于糟糕的社会经济环境而越来越多地选择离开。2002 年拉钦走廊的估计人口是 15000 人，到 2006 年时就只有 5000—6000 人了。与此形成鲜明对比的是，在冲突爆发前拉钦走廊的阿塞拜疆人口远远超过了 67000 人。可以说，亚美尼亚的人口危机很典型地以安全危机的形式在拉钦走廊展现出来。拉钦 AGAPE 儿童之家的主任塞缪尔·克恰连（Samuel Kocharian）痛心地说：“一开始人们由于爱国主义的感召而大规模地来这里定居，而现在人们则以同样

---

① Gayane Abrahamyan：Armenia：Military Planners Confront Conscript Shortfall，Mull an End to College Exemption. July 29，2009. http：//www. eurasianet. org/departments/insightb/articles/eav073009a. shtml.

② Gayane Abrahamyan：Armenia：Military Planners Confront Conscript Shortfall，Mull an End to College Exemption. July 29，2009. http：//www. eurasianet. org/departments/insightb/articles/eav073009a. shtml.

的热情和同样的规模离开。”①

不难看出，亚美尼亚的人口危机导致的地缘安全危机既是潜在的又是现实的。为了应对危机，亚美尼亚最可靠的求助对象就是俄罗斯。俄亚两国历史关系密切、文化相近，在高加索地区的地缘政治和地缘安全方面有共同的关切和共同的利益，两国事实上形成了相互依赖的关系。然而，这种依赖是一种极不对称的依赖，即对俄罗斯在经济、安全方面的依赖是亚美尼亚独立和生存的关键因素，而俄罗斯对亚美尼亚的依赖微不足道，多半带有象征性。由于这种不对称的依赖关系的存在，作为一个主权国家的亚美尼亚在苏联解体后一直处在一种独而不立的状态。

四、亚美尼亚应对人口危机的措施及其前景

（一）亚美尼亚政府对人口危机的态度

概括地讲，亚美尼亚政府对人口问题的态度经历了一个从顺其自然、矛盾犹豫到严肃对待的变化。亚美尼亚的有关研究机构和专家早就对本国的人口形势提出了警告。约在 2000 年学者弗拉基米尔·霍加别库安（Vladimir Khodjabekyan）就在一篇名为《移民损害国家》的文章中指出：无法控制的移民正在制造人口危机，亚美尼亚只剩下正在老化的人口。他要求政府立即采取行动改变这种情况，包括制定计划和强化管理制度以促进商业活动。然而，1999 年激进分子对议会的武力攻击使政府四分五裂，难以采取预防性措施，况且一些政治领导人还指责国外团体试图设置旅行限制和采取有力的行动驱逐非法的亚美尼亚人②。执政的共和党（the Republican Party）对关注移民问题的人这样解释：“兄弟你要知道，我们处在一个全球化的世界里，劳工移民很正常，全世界都有这个问题，

① Onnik Krikorian：Armenia's Strategic Lachin Corridor Confronts a Demographic Crisis. September 14，2006. http：//www. eurasianet. org/departments/insight/articles/eav091506. shtml.

② Mikhail Diloyan：Emigration Emerges as a Concern in Armenia. April 10，2000. http：// www. eurasianet. org/departments/insight/articles/eav041100. shtml.

亚美尼亚不是例外。"① 俄罗斯的"同胞"计划出台后，亚美尼亚官员没有公开表达任何反对的言论。亚美尼亚移民局的一位高官说："我们不认为这项计划对亚美尼亚是个问题，因为移民的数量并不像人们说的那么多。"② 时任亚美尼亚总理狄格兰·萨尔基西安（Tigran Sarkisian）的态度更耐人寻味，他说亚美尼亚两位数的通货膨胀和有限的工作机会正在激发普遍的不满，而"'同胞'计划却给政府提供了一个消化这种不满的有效途径"③，"让他们走吧，免得待在国内生事"④。现任亚美尼亚总统谢尔启·萨尔基斯扬（Serzh Sargsyan）在2014年回答关于移民的问题时回应道，移民非亚美尼亚所独有，这个问题的某些方面是政府所无法控制的，但不管怎样这个问题的严重性正在下降⑤。

尽管如此，亚美尼亚政府的态度还偶尔表现出矛盾和犹豫的一面。同样是狄格兰·萨尔基西安总理，在2011年对俄罗斯吸引亚美尼亚移民抱着一种理解和支持的态度，但在2012年10月3日的议会讲话中，他却指责俄罗斯的"计划"，认为在别的国家施行这种计划"不可接受"。在一周之后的亚美尼亚—俄罗斯政府间经济委员会会议上，亚美尼亚副外长沙瓦尔什·克恰里安（Shavarsh Kocharian）进一步向俄罗斯传达了明确的信息，称"只有亚美尼亚可以决定在自己的领土上干什么。由于我们已经表明了反对态度，这一计划显然不能在这里实施了"⑥。

上述的矛盾和犹豫可以看作是亚美尼亚政府对移民问题态度转化的前奏，因为人口问题的确变得日益严峻。根据亚美尼亚国家统

---

① Joshua Kucera：Armenia：Can the Government Reverse Demographic Decline？July 11，2017. http：//www. eurasianet. org/node/84326.

② Marianna Grigoryan：Armenia：Russian Guest Worker Program Highlights Population Drain. March 25，2011. http：//www. eurasianet. org/node/63157.

③ Marianna Grigoryan：Armenia：Russian Guest Worker Program Highlights Population Drain. March 25，2011. http：//www. eurasianet. org/node/63157.

④ Joshua Kucera：Armenia：Can the Government Reverse Demographic Decline？July 11，2017. http：//www. eurasianet. org/node/84326.

⑤ Joshua Kucera：Armenia：Can the Government Reverse Demographic Decline？July 11，2017. http：//www. eurasianet. org/node/84326.

⑥ Marianna Grigoryan：Armenia：Labor Migration Program Causing Yerevan-Moscow Friction. October 23，2012. http：//www. eurasianet. org/node/66092.

计局的数据，单在2011年1月和9月间，该国的移民就增加了8%，达到97100人。这种情况使得政府不得不改变态度，采取措施扭转人口的下降趋势。

（二）亚美尼亚政府应对人口危机的措施

实际上，为了鼓励国民生育，亚美尼亚在2012年就在政策方面迈出了一小步：给有三到四个孩子的家庭一次性提供100万德拉姆（约合2100美元）的补助，给有五个以上孩子的家庭一次性提供150万德拉姆（约合3130美元）。然而，这项补助并不足以打动亚美尼亚人。亚美尼亚国际与安全事务研究所（Armenian Institute of International and Security Affairs〈AIISA〉）的人口学家阿尔塔克·马尔科西扬（Artak Markosian）指出："这些钱也许够买一年纸尿布，干别的就不够了。你至少需要给三到四百万德拉姆，人们才会考虑值不值。"① 不难看出，小额资助对解决人口问题并不起作用。到了2017年5月，人们似乎才感觉得亚美尼亚政府终于要下决心面对人口问题了。

首先，总统谢尔启·萨尔基斯扬（Serzh Sargsyan）在2017年5月亚美尼亚新议会第一次会议上宣布了一个雄心勃勃的人口增长目标，要在未来的20年里使亚美尼亚的人口增加三分之一，到2040年全国人口应上升到400万。他说："未来几十年我们的任务是显著地改善亚美尼亚的人口形势。"② 按照萨尔基斯扬的讲话，新的人口增长计划将在三个方面发力：遏制向外移民、提高出生率和寿命、创造经济条件刺激移民回归。然而，迄今为止，政府尚未拿出具体的实施方案。萨尔基斯扬的一位高级顾问称，政府将在2017年年底出台一项长期战略，同时将出台的还有一项为期五年的中期计划，包括"具体措施和完成时间表"③。

---

① Joshua Kucera：Armenia：Can the Government Reverse Demographic Decline？July 11，2017. http：//www. eurasianet. org/node/84326.

② Joshua Kucera：Armenia：Can the Government Reverse Demographic Decline？July 11，2017. http：//www. eurasianet. org/node/84326.

③ Joshua Kucera：Armenia：Can the Government Reverse Demographic Decline？July 11，2017. http：//www. eurasianet. org/node/84326.

其次，禁止选择性流产，保证新生儿的性别平衡。早在2015年7月2日，亚美尼亚卫生部就向议会提交了一项法律草案，明确禁止所有选择性流产。为了杜绝所有漏洞，草案特别提出在怀孕的第12到22周期间没有医生的许可不准流产。在此期间，要求流产的妇女先要向医院呈递一份书面申请，然后等待三天。心理医生和专家将利用这三天时间帮助妇女明白流产的后果。为了阻止医生帮助怀孕妇女打掉女婴，草案还规定，违法医生将面临超出最低月工资55000德拉姆（合115.10美元）70—100倍的罚款①。

从上述两方面的举措可以看出，亚美尼亚政府确实对人口问题展现出了全新的态度，表明该国的人口政治正在发生变化。然而，这种变化对扭转人口的下降趋势到底作用几何尚难预料，因为亚美尼亚的人口问题面对着两个很难改变的事实：

第一，传统的家庭观的变化。在亚美尼亚传统社会，理想中的家庭是“七子绕膝共一桌”。而在当代，人们越来越看重多子女对家庭福利的影响。因此，联合国人口基金亚美尼亚处负责人嘉里克·哈依拉列特扬（Garik Hayrapetyan）指出，关键是要创造一种环境，使人们认识到在亚美尼亚每家最理想的孩子数仍然是三到四个，而不是欧洲的一到两个②。

第二，对外移民的独特挑战。亚美尼亚对外移民的独特性表现在三个方面：一是国民移民的意愿很强，二是移民的数量很大，三是移民的汇款对经济至关重要。要扭转国民外流的趋势，就要改变这三种因素。然而，冰冻三尺，非一日之寒，在可见的将来很难看到改变的希望。

① Marianna Grigoryan：Armenia Considers Ban on Gender-Specific Abortions，July 15，2015. http：//www. eurasianet. org/node/74246.

② Joshua Kucera：Armenia：Can the Government Reverse Demographic Decline？July 11，2017. http：//www. eurasianet. org/node/84326.

哈萨克斯坦教育改革与创新研究*

李发元　何纪君

哈萨克斯坦是中亚国土面积最大、综合国力最强的国家，人口为1702万。被称为“当代丝绸之路”的“欧亚大陆桥”横贯哈萨克斯坦全境，也是“丝绸之路经济带”沿线的国家。苏联解体虽然使哈萨克斯坦教育受到巨大冲击，但在独立后的20多年来，哈萨克斯坦政府积极探索教育改革与创新之路，取得了举世瞩目的辉煌成绩。“根据20世纪90年代初的诸多经济发展指标，哈萨克斯坦被列入发展中国家行列，但是按照哈萨克斯坦目前的居民教育知识水平、教学过程的有效性和科学研究潜力，远远高于很多发展中国家。”（阿依提拉·阿布都热依木，2012）

教育是民族文化发展的一项重要指标，哈萨克斯坦居民的教育指数和世界许多国家相比显得稳定良好。“1879年哈萨克斯坦所有居民中识字的仅为8.1%。经过100多年的努力，到1970年，哈萨克斯坦居民中识字的比例已达99.7%。据1989年统计，每1000名就业人口中，具有高等和中等完全和不完全教育的人数为925人，其中具有高等教育程度的人数为130人。”（叶玉华，2003）现在，哈萨克斯坦的教育事业随着国家政治、经济、文化的发展一起发展。经历了消除文盲、普及初等义务教育，而后普及七年制、八年制义务教育，再到普及完全中等教育，培养全面发展、有教养、有个性、能够将理论知识与实践相结合的一代新人。

---

* 作者简介：李发元，男，兰州大学外国语学院院长，教授，硕士，研究方向为俄语语言学与文化、中亚问题；何纪君，女，兰州大学外国语学院，硕士研究生，研究方向为俄语语言学与文化。

基金项目：中央高校基本科研业务费“一带一路”专项资金专项基金项目（项目号：16LZUJBWZX004）阶段性成果。

一、哈萨克斯坦教育体制

哈萨克斯坦教育体制由学前教育、初等教育、初级中等教育、高级中等教育（普通中等教育、职业技术教育）、高等教育、高等后教育等几个环节构成。

根据哈萨克斯坦教育法，1—5 岁的儿童可以在家里或学前教育机构接受学前教育。儿童在幼儿机构接受教育，一般从 3 岁开始，学前教育是初等教育的准备阶段。儿童从 6 岁开始接受初等教育（1—4 年级），然后是初级中等教育（5—9 年级 ）和高级中等教育（10—11 年级）。

在 9 年义务教育结束以后，大部分学生到普通中学接受高级中等教育，小部分学生选择进职业技术学校或中等职业学院，接受初等职业教育或进入专科学院接受中等职业教育。职业技术教育（初等职业教育）是中等教育的组成部分，它培养大众职业技术服务劳动人才，能够完成一定技术含量的经济领域人才，技术劳动行业的技能专家。职业技术教育一般在职业学校和职业中学进行，学制为 2—3/4 年。在这里学习费用全部由国家承担。

学生从高级中等教育毕业后，参加国家统一考试，成绩优秀者进入大学学习。那些未能考取大学的学生，将接受初等或中等职业教育，毕业后工作或再次参加高考接受高等职业教育。1999 年通过的哈萨克斯坦新《教育法》第 8 条规定，"国家保障每一个哈萨克斯坦公民免费接受学前、基础、初等和普通中等教育，并在竞争的基础上，以国家定向培养的方式接受免费的职业技术教育、中等后教育、高等教育和大学后教育。教育的免费部分通过国家教育机构的预算经费、有偿教育服务所获得的收入及其他资金来源实现。"

哈萨克斯坦的高等教育主要培养具备较高知识水平的人才并授予学士学位，学习期限为 4 年。哈萨克斯坦公民在完成普通中等、职业技术或中等后职业教育教学大纲课程后，可在竞争的基础上，即高考成绩优秀者中的一小部分获得免费的高等教育，获得免费高等教育的学生一般都是学习成绩拔尖的学生。根据考试成绩，学生获得国家资助的程度不完全一样，有些全免各种学习费用，有些免去学习费用的一部分，这取决于入学考试成绩。在大学学习期间，学校根据学生的学习成绩，给那些品学兼优，成绩优秀者，给予一定数量的奖学金资助。

大学后教育作为高等教育的延升阶段，教育的主要目的是培养较高水平的科技人才、管理干部以及社会需要的其他人员。硕士生有两种培养模式：学术性和非学术性。学术性硕士生的学习期限为2年；非学术性，即按专业方向培养的硕士生的学习期限一般为1年。通过硕士学位论文答辩并经国家学术委员会对其论文的最终鉴定，合格者可获得硕士学位。持有硕士学位的人员可报考博士学位研究生，哲学博士和其他专业博士学习期限不少于3年。

二、哈萨克斯坦教育改革的背景与目标

一个民族、一个国家的兴起应建立在教育事业发展的基础上，完善的教育体制是达到这一目的的关键。哈萨克斯坦的教育体制的改革与创新正是基于这一出发点，同时，随着世界经济的全球化，世界发达国家的教育处于不断创新之中，哈萨克斯坦的教育亦不甘落后，且改革与创新的力度不断加强，实施了以提高教育质量为目的的宏大教育改革工程。

哈萨克斯坦教育改革的主要目标是使教育体制更适合新的社会经济发展需要。“纳扎尔巴耶夫总统在2008年《提高哈萨克斯坦公民的福利是国家政策的主要目标》的总统令中提出‘努力将哈萨克斯坦列入世界前50名最具竞争力的国家行列’的宏大目标。”（Сайтимова Т.，2011）

哈萨克斯坦把教育列入《哈萨克斯坦—2030》最优先长期发展的战略规划之中。此战略规划把教育长期战略细分为5个发展纲要：哈萨克斯坦2005—2010年国家教育发展纲要；哈萨克斯坦2008—2012年国家职业技术教育发展纲要；12年制普通中等教育规划，即进一步完善培养体制和对科研人员和教师的评聘细则等；哈萨克斯坦在2005—2010年国家教育发展纲要框架内，即逐步完善高等教育机构和提高教育质量；但哈萨克斯坦在社会经济方面存在的问题严重阻碍了国家教育大纲的实施，如学生和教师存在严重的不稳

定性，农村和城市居民在享受优质教育资源方面存在严重的不平等性，现代化的教育资料和教材匮乏，英语教师严重不足，等等。

近几年哈萨克斯坦的教育与科学研究发生了巨大变化，特别是随着2011—2020年新的国家教育长期发展纲要的实施，并在此基础上、制定了新的《教育法》和《科学研究法》，在这两部法律中勾画了哈萨克斯坦未来教育和科学研究的蓝图。

三、哈萨克斯坦中等教育改革与创新

（一）创立“纳扎尔巴耶夫智慧中学”

根据纳扎尔巴耶夫总统关于在哈萨克斯坦境内建立20所以总统名字命名的“纳扎尔巴耶夫智慧中学”的建议，在哈萨克斯坦全境创建以总统名字命名的“特殊学校”，即“纳扎尔巴耶夫智慧中学”。这些学校在哈萨克斯坦境内挑选最优秀、最具发展潜力、天资聪颖的学生进入“特殊学校”学习。教育管理部门制定专门为智慧学校选拔优秀学生的标准，即学生的综合素质高、语言能力强、各门课程的成绩优秀，并编制了一套完整的选拔检测题，同时在选拔中还兼顾学生的年龄和心理素质等。

“纳扎尔巴耶夫智慧中学”是哈萨克斯坦培养创新型人才的实验平台，它借鉴国际先进的培养方案，同时结合其中等教育的优秀传统。在此基础上，为“智慧中学”制定专门的培养方案和教学大纲，特别强化数学、物理、化学和生物的教学，培养学生在这些学科方面的拔尖创新能力。

在培养机制和教学大纲的设定上既区别于国际普遍标准，也不同于国内的中等教育体制。教育管理部门在全国选拔优秀的教育管理者和专业教师在“智慧中学”从事管理和教学工作。在学校内部创新教学模式，强化在教学过程中学生主体作用和创造能力的培养，强化在教育过程中，学校和家长的信息交流，保持学生、教师、家长和管理者之间信息的畅通，构建四者之间的立体化信息交流平台。

（二）在学校实施多语教学

哈萨克斯坦在中等教育领域创新培养模式，实施多语教育。在1999年通过的《教育法》中对学习国语（哈萨克斯坦语）和其他语言给予极大关注，并规定不论是何种形式的所有制学校，都应创造条件并保证学生学习作为国家语言的哈萨克语，并不断提高其水平，同时允许使用其他语言教学的学校存在。哈萨克语在所有的俄语学校和少数民族语学校都是必修课，而俄语只在用哈萨克语教学的学校列为必修课。在中学阶段，哈萨克语和俄语都是必修课程。除了学习哈萨克语和俄语外，一些中学生还要学习作为母语的少数民族语言。政府出资的公办中学（1—11年级）还可用乌兹别克语、维吾尔语、塔吉克语以及乌克兰语、德语、东干语和塔塔尔语授课。

除了在正规的学校加强哈萨克语的学习外，政府还采取措施来吸引成年人学习哈萨克语。每一个政府部门都有一个语言部，它的职责是教授其员工学习哈萨克语。2007年，政府在不同地区开设了数个语言中心，负责提供免费的哈萨克语课程。为了吸引年轻人学习哈萨克语，政府还强调使用计算机技术来教授哈萨克语，政府还启动奖励计划来奖励母语非哈萨克语者学习哈萨克语。

1999年哈萨克斯坦政府制定了《1999—2010年各语言功能与发展政府纲要》，“纲要中承认俄语在哈萨克斯坦社会生活的所起的作用。同时，哈政府也清楚认识到，如何发挥语言作用，巩固民族与社会和谐发展的重要性。为此，2011年6月29日哈萨克斯坦政府批准了《2011—2020年哈萨克斯坦共和国语言的功能与发展国家纲要》。这个纲要的主要目标是制定一套和谐的语言政策以推广国家语言，使每个人都认识到国家语言是民族团结的一个要素，同时推广本国居民的所有其他语言”（Азбакирова Ж.，2005）。“在大力推广哈萨克语的基础上，同时发展哈、俄、英三语，预测到2020年，掌握哈、俄、英三语的人数比例分别能达到95%、90%、20%。由此可以看出，哈萨克斯坦政府对于哈萨克语的重视，采取不同措施来保障哈萨克语的推广，也给予俄语一定的空间，同时，为使国家积极参与国际社会活动，哈政府非常重视公民的英语学习。”（李发元，2016）政府明确规定，现代哈萨克斯坦公民应掌握三种语言，即哈萨克语（国语）、俄语（族际交际语）、英语。为此哈政府制定开展多语教育战略和实施纲要，为实施多语计划培养师资，并模仿国际教授英语标准制定用哈萨克语和俄语进行教学的模块，形成统一且先进的教授语言的教学法。把现有的国语教学国家中心，更名为多语教学国家中心。

2007 年国家语言中心选择一些中学开展多语教学试点，自然学科和数学用英语教学。根据纳扎尔巴耶夫总统的建议，从 2008 年新学期开始在一年级就引入英语教学。通过小学 5 年的英语学习，升入初中后，就可以用英语讲授所有课程。实施这一计划的最大障碍是缺乏合格的教师和教材。为此，从 2012—2013 学年开始，有关高校制定具体计划、采取有效措施，为中学培养合格的多语师资。同时哈萨克斯坦教育科技部选择了 20 所国立和州立大学设立专门为中学培养多语师资的系部。

最初只有 33 所中小学开展三语（哈语、俄语、英语）教学，现在已扩展到 700 多所。哈萨克斯坦的部分高校也已启动了三语教学模式。“纳扎尔巴耶夫智慧中学”和纳扎尔巴耶夫大学是开展多语教学的成功范例，为其他学校开展多语教学积累了丰富经验，为国家培养拔尖人才奠定了良好基础，也为青年的未来发展创造了有利条件。

（三）建立国家教育质量评估机制

建立国家教育质量评估机制是哈萨克斯坦政府实施教育改革和创新的又一重要举措。哈萨克斯坦政府在 2000 年 9 月 30 日颁布 448 号总统令，批准设立“国家教育质量评价机制”。其主要任务是：实施对各级和各阶段学生的学习成绩进行外部评价；对教育机构所提供服务的质量进行系统的比较分析；运用各种先进的教育统计方法保证教育活动结果的客观性、公证性和公开性；对学生的学习成绩与国际上其他国家学生的学习成绩进行比较研究。国家教育质量评估机制的设立对保证哈萨克斯坦政府提升教育质量发挥了不可小觑的作用。

从 2012 年开始，哈萨克斯坦成立了由政府牵头的国家教育质量评估监测机制。各个州成立教育质量评估局，但这些教育质量评估机构不属于当地教育部门管辖，而接受国家教育质量评估机构直接领导或指导，且独立开展工作。这些评估组织很快查处了205所不具备办学条件或没有办学资质的中小学，发现2000多名中小学教师没有教学资质，并很快解决了发现的问题，保证了教育教学的顺利、有效进行。

政府成立的教育评估机制采用发达国家使用的评判标准，为其教育质量的提升起到了重要作用。评估内容包括：学校教学硬件建设、教育质量、教学大纲的执行情况、学生对教学大纲规定内容的掌握程度，课程的开设情况等。教育质量评估机构每年出台各州和国家教育质量评估报告，对各州和国家整体教育情况向社会公布，这对提升教育教学质量起到了非常好的推动作用。

（四）组织学生积极参与国际项目

哈萨克斯坦教育部门为提升学生的科研能力和国际合作意识，积极组织学生参与国际有关项目。根据2005—2010年国家教育发展规划纲要，哈萨克斯坦2007年首次参与了TIMSS国际研究项目。“参与此项目的共有59个国家（42.5万名世界各国的9—12年级的中学生参加）。哈萨克斯坦141所中学的共3990名九年级学生参加了TIMSS－2007项目，其中5名学生在数学项目中取得较好成绩，11名选手在自然科学项目中获奖。”（Сайтимова Т.，2011）这证明，哈学生在基础学科和新型技术学科方面具有较好的发展潜力和竞争力。

PISA－2009国际研究项目每三年举办一次，此项目主要从三个方面对学生进行考察：阅读、数学及其他自然学科。2009年，哈萨克斯坦16个州的200个教育机构的5590名中学生首次参加了该项目。其中普通中学184名、职业技术学校17人，懂哈语的3194人、懂俄语的2396人。2012年哈萨克斯坦教育科技部在其本土成功举办了PISA－2012项目。

通过参加TIMSS－2007和PISA－2009等国际项目，教育部门发现，在学校教育中存在的主要问题是重视知识传授，忽视知识在实践中的应用。教育部门及时总结经验，不断改革教育体制和教学方法，改变培养模式，提高培养质量，使学生得到全面发展。同时，提升了教师和学生的国际化意识、国际合作意识、竞争意识和学生的求知欲。

（五）启动2012—2016年国家提升中学生能力计划

教育部门总结学生参加国际项目经验，及时制定了2012—2016年国家提升中学生实用能力计划。实行此计划的目的使哈萨克斯坦尽快挤入世界上最具竞争力50强国家。“为了达到这一目标，着力解决人才的培养模式，即培养学生的创新能力、创造性思维能力、创造性解决问题的能力、正确选择未来职业的能力和养成终身学习的习惯。这些能力应在完成9年制教育后，初步形成。”①

2012—2016年国家提升中学生能力计划在《哈萨克斯坦国家2011—2020年长期教育发展纲要》中得到进一步确认。此纲要的目的之一是为哈萨克斯坦培养知识渊博、体格健康和心智发达的公民，以满足哈萨克斯坦经济、社会快速发展的需要。

2012—2016年国家提升中学生能力计划涉及中学教育的综合改革，如教学内容的选择、教学方法的设定、教学硬件的保障等。这是一项针对性强、完整且系统的工程。它将为哈萨克斯坦教育未来的发展奠定坚实基础，也为哈培养拔尖创新人才创造了有利条件。

（六）实施12年制初等、中等教育体制

1991年哈萨克斯坦独立后，一直沿袭苏联的初等、中等教育体制，实行11年制教育体制。哈萨克斯坦教育科技部根据国际教育体制，并结合国内教育的实践经验，做出决定，从2008年开始，分阶段实施12年制教育制，到2020年完成从11年制普通初等和中等教育体制向12年制的转变。为此，国家划拨专款保障顺利过渡，并计划在5年内分阶段新建521所中学。

实行12年制教育制是哈萨克斯坦教育体制改革的又一重大举措。哈萨克斯坦政府实施这一改革的目的，旨在夯实中等教育基

① Национальный план действий по развитию функциональной граматности школьников на 2012—2016 годы. 2012.

础，加强学生的基础知识培养，为学生进入高校学习奠定良好基础，为培养创新型拔尖人才创造条件。

四、哈萨克斯坦高等教育的改革与创新

（一）高等教育体制改革

哈萨克斯坦高等教育体制的改革，是为了适应哈萨克斯坦社会“三个需求”而展开的，“三个需求”的具体内容是：

第一，现代教育如何满足国民日益增长的教育和文化需求；

第二，现代教育如何满足传承哈萨克斯坦的文化、社会、科学和教育遗产并使之世代相传的需求；

第三，现代教育如何尽快满足国家、社会、经济各个领域对高水平专业人才的需求。

为满足上述“三个需求”，哈萨克斯坦政府努力将其高等教育融入到国际高等教育领域，摆脱苏联教育体制的桎梏，使其高等教育更符合国际教育标准。为此，哈萨克斯坦教育管理部门对现行高等教育体制进行改革。2010 年 5 月 11 日与欧盟签署了博洛尼亚宣言。从现行的高等教育体制过渡到欧盟的博罗尼亚进程教育体制，实行三级学位制：学士、硕士和博士，学制分别是 4 年、1/2 年和 3/4—5 年 。采用“博洛尼亚体制”，这是哈萨克斯坦高等教育迈向国际化的重要一步，按照博洛尼亚体制方向的改革，使哈萨克斯坦高等教育体制获得了欧盟和国际社会的认可。

哈萨克斯坦政府为了使其高等教育质量得到国际社会认可，在高等教育领域完全执行欧洲高等教育标准。1997 年哈萨克斯坦加入欧洲地区承认的高等教育资格公约，即《里斯本公约》，相互承认高等教育文凭。哈萨克斯坦是最早加入该项公约的独联体国家。

2011 年制定并实施新的高等学校分类标准。依据世界各国经验把高等学校分为五类：国家研究型大学、国家大学、一般研究型大学、专科高校、学院。哈萨克斯坦高等学校的新分类引入了新的管理模式，提高了高校的竞争力。

在高等教育战略发展框架内，哈萨克斯坦政府主导实施 2011—

2020年国家长期教育发展纲要。纲要的主要任务之一是，进一步完善三级学位体系。现在无论是国立高校，还是私立高校均实行学士和硕士制，目前仅有两所国立大学（阿里—法拉比哈萨克民族大学和哈萨克国立亚欧大学）授权培养博士生并颁发博士学位。这两所高校与国外高校签订联合培养博士生协议，提升博士生培养质量。博士生在读期间，在教育科技部的协助下派往国外，跟随国外导师进行科学研究。每年近2000名国外的专家教授受邀到哈萨克斯坦高校进行学术访问和交流。

从2006年起，哈萨克斯坦在高等教育领域就明确提出以“博洛尼亚进程”作为高等教育改革的战略目标，其最终目的是提高本国高校教育质量，紧跟欧洲高等教育步伐，向世界教育强国迈进。教育科技部根据“博洛尼亚进程”的规则，研究高等教育的现代化体制和规律，尽快使哈萨克斯坦的高等教育体制完全符合“博洛尼亚进程”的要求，完全融入欧洲和国际教育体制之中。

从总体看，哈萨克斯坦高等教育体制的改革，取得了较好的成绩。学士教育构成其最广泛的群体，而硕士则是精英教育。政府和学校鼓励学士教育涉及到社会的各个专业领域，硕士则需深入了解某一学科领域，或掌握某一学科领域较为深厚的专业知识。而博士教育则是为国家培养具有创新意识的出类拔萃的高端人才，因此对博士生的培养要求很高，现在在哈萨克斯坦要获得博士学位不是一件容易的事。

博洛尼亚体系可使各个阶段的教育很好的衔接，使各个阶段的知识很好组合，并形成学科交叉，例如学士学习此类专业，而硕士则可学习相关的彼类专业，这样可以培养出交叉学科优秀的专家学者，如数学—经济专家、化学—生物专家、法律—经济专家等。但两级教育体制并不能完全满足现代社会的需要，知识需要随时更新，防止老化，新的教育体制应该是有相应的继续教育，并创造条件使人们有享受到终生教育的机会。

在哈萨克斯坦政府的引导和推动下，其高等教育体制的改革如火如荼地进行，并取得了一定的成绩，但随着改革的不断深入，哈萨克斯坦高等教育也迎来了不少新的问题和挑战。首先表现为如下几个方面：

第一，新的教育体制对学生知识的评价体系不够完善，社会认可度不高，在很多方面，新的教育体制对学生成绩的评价，表现不全面、不客观，甚至模棱两可。

第二，高等教育体制的巨变导致教育质量下降。有些高校的概念和认识跟不上形势变化的需要，对政府实施的高等教育改革，没有积极应对的态度和措施，有的高校甚至对改革无所适从，存在严重的等待和观望态度，导致教育质量不但没有提升，反而下降。

第三，高校教育不能完全适应新的教育体制，教师和学生的积极性没有得到充分发挥。主要表现为教师和学生对新的教育体制不适应，消极应对新的高等教育体制，出现严重的“水土不服”现象。

另外，用哈萨克语编写的教学法书籍和教材严重不足，用哈萨克语进行教学的条件不完全具备。教师英语水平普遍较差，学生英语水平更难以适应现代社会要求。政府采取强有力措施改变这种现状，鼓励教师、学生走出去参加国际学术会议，鼓励教师和学生在世界有影响的刊物发表学术论文。

（二）高等学校招生制度改革

从 2003 年度开始，哈萨克斯坦政府取消了各大学自主考试、自主招生的做法，实行国家统一考试，全国范围内考生公平竞争。各高校在录取新生时，根据考生志愿和成绩排列顺序进行，并张榜公布，受社会监督。国家统一考试这一做法，一方面限制了各大学择生的任意性，另一方面也限制了高校利用招生滋生腐败的行为。当然这种招生模式，在一定程度上也限制了高校招生的自主权，对一些具有特殊专长学生的选拔有一定影响。因此，这种招生制度是利是弊，仁者见仁，智者见智。但从公正角度考量，还是得到了社会的普遍认可，体现了公开、公平、公正的原则。

（三）设立国家教育基金

设立国家教育基金是哈萨克斯坦政府支持高等教育发展的一项重要举措，为此制定了实施国家教育基金办法和相应的法律草案。在该办法框架内由政府主导，并鼓励、引导高校和银行开展合作，设立国家教育基金。根据哈萨克斯坦教育科技部消息，从小孩出生之日起，家长就应在银行开设专门账户，开始为孩子储蓄教育基金，最多可储存20年。在国家教育基金框架内基金存款人在银行贷款支付学生学费时，可享受优惠条件。

根据哈萨克斯坦教育科技部统计，在教育基金投放使用的第一年就有1.7万人受益。政府可每年从教育基金中拿出5%作为国家奖学金，奖励品学兼优的拔尖学生，拿出7%救助特困学生。

（四）优化高校教育质量和布局

根据纳扎尔巴耶夫总统的指示，教育科技部成立了优化哈萨克斯坦高等学校咨询委员会，这是教育科技部直属的常设咨询机构。这个咨询委员会由议会议员、大学校长、媒体代表、企业界代表和工会代表组成。该机构的主要任务是为政府提供建议和咨询，就高校如何提高教育质量和管理水平、为国家培养合格的创新型人才为政府提供建议和咨询。

哈萨克斯坦政府在优化高校机制方面的另一重要举措是，严格控制私立高校数量，千方百计提高教育质量。政府计划把现有高校压缩一半左右，计划在每一个州只保留一所私立高校。在特大城市，如阿斯塔纳、阿拉木图、青木肯特、卡拉干达这几个大城市保留2—3所私立高校。但对现存高校不打算强行关闭，而是引导那些办学条件差、教育质量低的高校合并重组，整合教育资源，组建优秀的教育团队、优化师资结构。在人口数量较少的城市，国立高校也要合并重组，进一步优化教育资源。

（五）创建研究型大学

在激烈的国际竞争中，哈萨克斯坦的经济增长仍主要得益于对资源行业的过分依赖，这就使作为科学技术成果转化社会生产发展动力纽带的高等职业教育及普通高等教育的改革与发展显得尤为重要。根据国家2011—2020年教育发展纲要，哈萨克斯坦决定创建国家研究型大学，这也是贯彻落实纳扎尔巴耶夫总统关于建立国家创新经济的需要，是国家逐步摆脱依赖出口原材料、提高产品深加工、提升产品的智能含量和技术含量的需要。

纳扎尔巴耶夫大学是研究性大学的典型范例。这所大学是根据总统倡议按照国际标准建立的。它把教学、科研和生产一体化，为师生创造良好的科研环境和科研条件，尽快使国内高校的科研机构融入世界科研体系之中。

哈萨克斯坦能否建立先进和完善的高等教育体系，能否培养世界市场需求的高水平人才，这不仅关系到哈萨克斯坦加快工业创新发展规划的顺利实施，同时也将对实现国家经济增长模式转变，促进经济可持续发展，增进社会的和谐稳定和提高哈萨克斯坦在国际上的竞争力将起到不可替代的重要作用。哈萨克斯坦政府已通过决议，把国内几所著名大学改建成研究型大学，如阿里—法拉比哈萨克民族大学作为国内最著名的大学，也是哈萨克斯坦高校中的旗舰大学。其使命是培养造就一批具有现代意识、有竞争力的学者，以及造就一批为社会、经济、科技的发展解决重大问题的专家。

（六）改革学位体制，实施新的博士生培养计划

哈萨克斯坦独立之初，学位制延续了苏联的学位制度，即学士、硕士、副博士、博士。为了使其教育与国际接轨，2005 年哈萨克斯坦政府对其教育体制和学位制度进行了彻底改革。现在实行的学位制度是新型的欧盟模式，并在此基础上实施了新型的博士生培养计划。2011 年授予了第一批学位体制改革后的哲学博士学位，截至目前在读博士有 450 多名。教育科技部对博士论文的要求很高，规定在获得博士学位前，在国外知名刊物必须发表高水平的学术论文。但近几年的实践表明，博士生在国外刊物发表论文有一定难度，主要障碍是英语水平较低，不能用英语撰写论文。为此高校专门成立了学术论文写作指导中心，教授学生用英语书写论文的方法、并为研究者提供国外杂志名录等。

（七）实施"波拉沙克"未来人才培养计划

哈萨克斯坦政府在 1994 年设立"波拉沙克"总统奖学金计划，以资助那些品学兼优、且有天赋的优秀学生利用总统奖学金到国外重点大学研修，资助时间一般为 1—12 个月，派出人员的专业涵盖教学法、医学、工程技术、自然科学等学科。年轻的哈萨克斯坦公

民都有机会按此计划要求申报赴国外大学研修。如果外语水平达不到要求，可以经过半年的语言培训。享受资助赴国外研修人员不需要不动产抵押。申请程序是个人申报加单位推荐、专家评审、教育管理部门审批。

目前，哈萨克斯坦政府已与30多个国家的数十所大学建立了合作关系。“波拉沙克”总统奖学金计划平均每年资助100名公民赴国外留学。多数受资助学生到美国、英国和俄罗斯等国著名大学研修。

此计划实施的头几年派出人员主要以高校和科研院所的教师和科研人员为主，但现在派出人员的范围已扩大到卫生、企业、管理等领域。在派出人员的选择方面特别重视他们的的知识水平和对国家的忠诚度。

五、实施教师业务水平和能力提升计划

教育是一个国家的希望，是提升其综合实力的基础，一个好的教育取决于很多因素和条件，但教师是决定教育成败的最关键因素。哈萨克斯坦政府为了提高中学教师、中等专业学校教师和高等学校教师的业务水平和能力，政府通过决议，决定实施多层次、多元化的现代教师教育培养、培训机制。为此成立了三个全面提升教师素养的综合中心，即教学大师培养综合中心、提升教师技能综合中心和高等师范学校培养教师技能综合中心。

教学大师培养综合中心成立于2011年11月，该中心以“纳扎尔巴耶夫智慧学校”为依托，主要功能是传播并推广“纳扎尔巴耶夫智慧学校”的教学和管理经验。中心按照各门课程教学大纲要求，根据国际规则，制定了提高普通中小学各科教师专业素质纲要。该中心与英国剑桥大学合作，并与其专家结成合作伙伴。对中小学教师进行为期三个月的培训，给每个参加培训的合格学员颁发结业证书，此证书可作为学员将来晋职晋级，以及提高待遇的依据。目前，在各州以智慧学校为依托相继开设了教学大师分中心。2015年底政府再次做出决定，再建设15个“纳扎尔巴耶夫智慧中学”。

提升教师技能综合中心在运作方面不同于其他中心，它是以控股公司的模式运行。其管理模式、培训模式、对世界教育经验和"纳扎尔巴耶夫智慧中学"经验的传播都实行的是公司化管理的运作模式。

高等师范学校培养教师技能综合中心是以哈萨克斯坦高等师范学校为依托，成立的5个中心，并以师范大学为依托成立实验中学。

成立这三个综合中心旨在系统提高中小学教师和部分大学教师的专业素养，使教师的知识结构、知识素养及教学方法得到全面提升，并符合国内政治、经济、文化发展的需求、适应世界发展的需要。按新的要求和新大纲将对12万多名中学教师进行全面培训，以纳扎尔巴耶夫大学为依托对师范大学的教师进行逐步培训，并设立了中小学教师社会评价体系，使全哈萨克斯坦的中等教育步入新的轨道，教育质量达到一个新的水平。经过5年按新标准培养的师范大学毕业生走上中学教学岗位。力争每年根据西方发达国家的经验对全哈萨克斯坦的中等教育的教师进行为期两周的培训，并使其成为常态化。

参考文献

[1] Азбакирова Ж. С. 2005. Этнические особенности воспроизво дства населения Казахстана [J] . http：//www. demoscope. ru/weekly.

[2] Бекишев К. 2014. 3. Инновация в системе образования республики Казахстан [J] . Вестник Казахского национального ун-иверситета.

[3] Концепция 12 – летнего среднего общего образования [J]. — Астана, 2008.

[4] Национальный план действий по развитию функциональной граматности школьников на 2012—2016 годы [J] . 2012 (6) .

[5] Сайтимова Т. 2011. Система общего образования в Каза хстане: современное состояние и тенденции развития [J].

Волгоград.

［6］阿依提拉·阿布都热依木：《哈萨克斯坦独立后 20 年的教育现状探究》，《新疆师范大学学报（哲学社会科学版）》，2012 年第 1 期。

［7］李发元：《哈萨克斯坦的民族结构与语言状况解析》，《西南民族大学学报》，2016 年第 5 期。

［8］叶玉华：《哈萨克斯坦现代教育体系的发展》，《外国教育研究》，2003 年第 9 期。

区域学人才培养视角下的课程体系改革
——以大连外国语大学俄语专业为例*

安利红

一、建立连贯、开放的课程群体系

对俄语专业课程体系中的知识结构是应对区域学人才培养挑战的教学改革的大势所趋。将零散的课程整合成群，更加有利于形成课程之间的连贯与合力。对课程体系相关专业知识，如区域学知识的不断补充要求我们建立开放的课程群体系。我校俄语专业依托上和组织大学与俄罗斯交流院校合作，增设区域学专业方向，构建区域学课程群，以适应地方经济社会发展对知识复合型、国际化人才培养需求。经过一、二年级的俄语课及相关专业课的学习，成绩优良的学生可以申请三、四年级赴俄罗斯三所高校学习区域学专业课程，通过这种“2 +2”区域学人才培养模式可以获得中俄两所高校本科毕业文凭。

经过多年建设，目前我校俄语专业培养方案主要有四大模块化课程群：（1）俄语言语技能课程群，包括俄语基础课程群、俄语视听说课程群、俄语翻译课程群三个小课程群；（2）社会与文化课程群，包括当代俄罗斯社会生活、俄罗斯概况、俄罗斯文学、艺术、中国文化等课程；（3）国际贸易俄语课程群，包括俄语国际贸易实务、国际商务俄语口译、国际商务俄语笔译、俄罗斯企业概况；（4）区域学课程群，包括区域学导论，俄罗斯地理、历史、政治，俄罗斯区域学等课程。如下表所示：

---

* 作者简介：安利红，女，大连外国语大学教授，硕士生导师，主要研究方向为修辞学、篇章教学论。

表 1　大连外国语大学俄语专业课程群

课程群模块		课程设置与目标		
		课程设置	课程目标	能力培养
言语技能课程群	俄语基础课程群	（初、中、高级）俄语综合课（1—8 学期），（初、中、高级）俄语实践语法（1—4 学期）	俄语基础知识与综合技能	语言能力、学习能力
	俄语视听说课程群	俄语语音（第 1 学期）、初级俄语视听说（第 2 学期）、俄语会话 1—2（3—4 学期）、中级俄语视听说 1—2（3—4 学期）、高级俄语视听说 1—3（5—7 学期）	俄语基础知识与语言听说技能培养	语言能力、学习能力
	俄语翻译课程群	俄汉笔译（第 6 学期）、汉俄笔译（第 7 学期）、俄语口译（第 7 学期）、俄语写作（第 8 学期）	俄语基础知识与语言翻译技能培养	语言能力、学习能力、跨文化能力
社会与文化课程群		俄罗斯概况（第 2 学期）、当代俄罗斯社会生活（第 3 学期）、俄罗斯艺术（第 5 学期）、俄罗斯文学（第 6 学期）、中国文化（俄语）（第 7 学期）	俄语专业知识、人文知识与语言综合运用能力培养	语言能力、学习能力、创新能力、跨文化能力
俄语国际贸易课程群		国际商务俄语口译（第 6 学期）、俄语国际贸易实务（第 7 学期）、国际商务俄语笔译（第 7 学期）、俄罗斯企业概况（第 8 学期）	相关学科知识与语言综合运用能力培养	语言能力、学习能力、创新能力、跨文化能力
区域学课程群		区域学导论（第 1 学期）、俄罗斯地理（第 3 学期）、历史（第 4 学期）、俄罗斯区域学（第 4 学期）、俄罗斯政治（第 7 学期）等	相关学科知识与语言综合运用能力培养	语言能力、学习能力、创新能力、跨文化能力

现阶段，我们正在进行新一轮的培养方案修订，计划将社会与文化课程群与区域学课程群相整合。

二、建立协调互动的课程群体系

建立协调互动的课程群体系指专业课程群与非专业课程群、课堂教学与课外实践教学之间形成协调互动的有机联系。

（一）专业课程群与非专业课程群之间的协调

在外语专业的人才培养方案中，通识课，即非外语专业课程的学时占将近一半的比例。我们认为，通识课可以在完成自身课程目标的基础上与专业课协调起来，建立横向与纵向的联系，帮助学生更加有效地提高外语专业水平。

1. 借助汉语课程群提高外语专业学生的汉语水平

大学语文“是高校完善汉语母语教育的最佳课程平台”（郭海军、张旭东，2015：183）。我们建议每学期开设将大学语文课程，并细化不同阶段的课程目标，与学生的外语学习相呼应。应避免专业理论性过强，教学内容繁杂、与当下时代元素无关、不实用等问题。要让汉语课程成为外语学习的助力，例如，将汉语课程与外语的如翻译课程对接，形成协调合力，使学生在汉语课程上获得的具有实践意义的现代汉语常识及汉语语言应用的训练，提高学生的汉语水平，也是外语专业课程改革的重要方面。

2. 增强汉语课程的实用性

大学语文不同于中学语文，也有别于中文专业课程。对于学习本课程的外语专业学生来说，能够正确地使用祖国语言文字较流畅地进行口头和书面表达这一汉语课程目标具有更加重要的意义，“翻译水平不高或不理想除了目标语修养因素外，往往与汉语的造诣与修养有关”（庄智象等，2012：45）。汉语口头和书面表达能力欠缺，直接导致口译、笔译能力无法提高。

我们建议大学语文等汉语课程要合理设置汉语知识和技能课程。教学内容尽量与学生未来实际工作相结合。例如，可在汉语课上让学生尽量多熟悉未来工作中可能面对的不同交际场合的汉语文本类型，针对这些文本对学生进行汉语听、说、读、写全面训练，训练他们快速分析、抓住文本大意及写作类似文本的能力，并建立起相应的篇章模式。这样学生在外语专业课学习时很容易将类似的外语文本与汉语文本对应起来，有助于学生翻译能力的快速提高。

3. 加快适合外语专业学生使用的汉语教材建设

外语专业学生使用的汉语课程教材应注重普及性与实用性，不能把语法课当作语法研究课程来上。在教学内容上除保证汉语基础知识之上，应融合部分汉外对比的内容。目前的教材中这方面的内容几乎是没有的。因此，尽快编出适合外语院校的学生使用的汉语教材迫在眉睫。

4. 开设其他与区域学相关的通识课程

帮助学生建立起区域研究的相关概念。此外，还可利用综合性大学课程资源及网络课程资源，为学生提供更多的通识教育课程，来解决课程的横向宽度问题。

（二）校内课程体系与课外实践教学体系的协调互动

课外实践是外语人才培养过程中的重要一环，是课程体系的重要部分。课外实践课程可以在学生第二课堂活动、校外实习实践基地及国外学生实践的基础上形成，使之与课堂教学相呼应。

1. “课外”实践教学体系

主要包括在校内进行的第二课堂活动及外事活动。详细如下表：

表 2　课外实践教学体系

类别			时间	目标及能力培养
1	学习竞赛	书法比赛	第 1 学期字母学习结束后	俄语书写的规范
		朗读比赛	第 2 学期	俄语发音、语调等语音素质及对音色、音量、语速、情感表达等方面控制的能力
		单词竞赛	第 3 学期	强化学生对单词量重要性的认识，强化每日背单词的外语学习意识，提高学生记单词方法的科学性及效率

续表

类别			时间	目标及能力培养
1	学习竞赛	国情知识竞赛	第 2 学期	检查学生对对象国国情掌握情况，培养学生跨文化交际能力
		演讲比赛	第 4 学期	提高学生的语言组织能力及口头表达能力
		作文比赛	第 5—8 学期	提高学生写作能力
		戏剧大赛	第 1—8 学期	提高学生语言运用能力及组织能力
		翻译大赛	第 1—8 学期	提高学生翻译能力
		…		
2	与校内外籍人士的互动活动	特色讲座及互动活动	适时（俄语节、复活节、宇航节等）	加深对对象国国情文化的了解，在与外教及留学生的互动中提高俄语表达能力
3	与校外外籍人士的互动活动	接待外方访问团	随时	担任随行翻译及志愿者工作，提高俄语口译能力，积累外事活动经验
		接待孔子学院夏令营	暑假	担任翻译、中国文化教师及志愿者工作，提高俄语口译能力，跨文化交际能力，积累外事活动经验
		参加国际会议	适时	担任翻译及志愿者工作，了解国际会议组织流程，积累外事活动经验
4	实验班活动		每周	对优秀学生的外语学习能力进行极限挑战，充分挖掘学生的学习潜力

2. “校外”实践教学体系

主要指学生在校外参加的各种级别的外事活动及在校外实习实践基地进行的实践。校外实践教学体系详见下表：

表3　校外实习基地实践教学体系

课程	课程群				
	国际贸易课程群	机械装备课程群	石油工业课程群	汽车制造课程群	旅游课程群
1	销售知识与技能	公司对俄罗斯业务概况	中俄石油行业基础知识	独联体国家汽车出口市场形势分析	出境游行业情况概览
2	俄语专业翻译	国内外市场与行业发展	俄罗斯市场调研及专业术语	独联体国家汽车海外售后服务	旅游行业从业规范
3	客户接待	职场商务礼仪	工程项目管理	汽车理论及故障案例	中俄特色旅游线路制定
4	市场开拓	商务谈判案例分享	公司相关制度	合作协议洽谈	俄罗斯游客旅游偏好
5	策划展会	行业产品及公司产品概述	企业文化	俄罗斯子公司质量反馈、检查	旅游营销中的沟通技巧

课外、校外实践教学与课堂专业教学的结合可以加强学校课程内容与社会发展的联系，利用拥有对俄语国家业务的企业单位的资源，扩大延伸专业课程群课程内容的广度和深度。

三、课程群建设促进教学模式的改革

（一）课程群之间互相渗透，改革教学方法，推动教材建设

在新的课程群管理下，专业知识课程与言语技能课程要采取相互渗透的教学组织方式，使知识性的课程除了讲解专业知识以外，还承担一部分言语技能训练的任务；而言语技能课程在进行言语训练时多利用与专业知识有关的语言材料，从而使两类课程相辅相成。这就为教材编写提供了新的思路。

（二）整合通识课与外语专业课课程资源，更好地为培养专业人才服务

建立通识课教师与外语专业教师的常态沟通机制。例如，汉语课程教师与外语专业教师定期召开教学工作会议，了解学生的学习状况与需求，加强汉语课程的实践教学，共同制定课程的阶段性目标，实施教学改革，共同编写教材，从而使汉语课程与外语训练课程相互呼应，平行发展，有助于学生翻译时双语的顺利转换。

此外，充分利用网络精品课程、课外实习实践都能够使传统的课堂教学得到极大的延伸，从而拓展课堂教学的功能。

四、结语

连贯、协调、互动的课程群构成更加完善的课程体系，是贯彻顶层设计—人才培养方案的重要依据，体现了人才培养模式的理念。课程群的改革与调整直接引发师资培养、教学内容与方法的改革、教材建设等一系列教学相关问题。换言之，教师的专业进修与转向、教学内容的增减、教学方法的调整、配合新课程的教材编写等各项工作完成是保证新型课程体系及人才培养模式目标实现的必要条件。是一项复杂的综合性过程。

参考文献

[1] 郭海军、张旭东：《中华优秀传统文化教育与大学语文课程建设》，《东北师大学报（哲学社会科学版）》，2015 年第 2 期，第 181—184 页。

[2] 庄智象、刘华初、谢宇、严凯、韩天霖、孙玉：《试论国际化创新型外语人才的培养》，《外语界》，2012 年第 2 期，第 41—48 页。

“一带一路”背景下俄罗斯民众眼中的中国形象*

董　玲

俄罗斯是中国的重要邻国，近年来两国关系持续健康稳定发展，从睦邻友好伙伴关系提升到全面战略协作伙伴关系。面对国际形势瞬息变化，两国积极开展全方位合作，在国际和地区事务中保持密切联系，为维持地区和世界和平稳定做出了重要的贡献。在这样的大背景下，中国在俄罗斯的国家形象呈现出积极的发展趋势。进入21世纪，中俄两国关系持续稳定发展，多方面合作取得丰硕成果。下文首先回顾一下近年来两国关系的发展历程：

2001年7月，两国签署了《中俄睦邻友好合作条约》，将两国和两国人民“世代友好、永不为敌”的和平思想用法律形式固定下来。2003年5月，两国签署《中俄联合声明》，开始全面加强和发展睦邻友好和战略协作伙伴关系。2004年10月，两国签署《中俄国界东段补充协定》彻底解决了边界问题。2006年和2007年中俄分别举办了国家年活动，签署多个领域的合作协议。2009年9月两国批准了《中国东北地区与俄罗斯远东及东西伯利亚地区合作规划纲要（2009—2018年）》，确定了相互投资和地方合作的优先方向和重点项目。

2010年9月，两国签署《中俄关于全面深化战略协作伙伴关系联合声明》，两国关系持续稳定发展。2011年6月，在《中俄睦邻友好合作条约》签署十周年之际，两国元首共同宣布致力于发展平等信任、相互支持、共同繁荣、世代友好的中俄全面战略协作伙伴关系。2012年6月，两国元首签署了关于进一步深化平等互信的中俄全面战略协作伙伴关系的联合声明。2013年3月，两国签署了中

* 作者简介：董玲，女，大连外国语大学俄语学院讲师，研究生学历，研究方向为俄语语言文学、区域学。

俄关于合作共赢、深化全面战略协作伙伴关系的联合声明。2012 年和 2013 年两国共同举办“旅游年”，此后游客互访的数量逐年大幅攀升，通过旅游两国人民增进了相互了解。

2013 年 9 月，习近平总书记首次提出“一带一路”倡议，此后中俄合作得到进一步深化。2014 年 5 月，两国签署《中俄关于全面战略协作伙伴关系新阶段的联合声明》和《关于丝绸之路经济带建设与欧亚经济联盟建设对接合作的联合声明》，并共同庆祝世界反法西斯胜利 70 周年。同时，中俄能源和高铁合作取得新进展。2014 年和 2015 年两国共同举办“中俄青年友好交流年”，增进了青年之间的交流和理解。2015 年中国稳居俄罗斯入境游第一大客源国，赴俄中国游客人数已经连续三年呈增长趋势。

中俄关系的稳定发展促进了两国经贸、能源、人文等领域合作的顺利开展，增进了两国人民之间的相互理解和友谊。与此同时，两国人民之间的理解和友谊进一步推动各方面合作的深入开展，为两国关系的发展奠定了民意基础，并注入新动力。

俄罗斯民众也十分关注中俄关系的健康发展，他们关心的中国问题主要包括以下几个方面：中俄关系、经济合作、中国是否对俄罗斯构成威胁、中俄社会文化差异等。为此，俄罗斯三大民调机构，即社会舆论基金会（Фонд общественных мнений）、全俄社会舆论研究中心（ВЦИОМ）和列瓦达分析中心（Левада - Центр）于 2000—2016 年对俄罗斯民众进行了多次与中国有关的问卷调查。下文将这些问卷结果进行整理并总结近年来俄罗斯民众眼中的中国形象发生了哪些变化。

一、俄罗斯民众对中国的总体态度

为了能够对俄罗斯民众眼中的中国国家形象有一个总体了解，本文分析了俄罗斯列瓦达分析中心 2000 年到 2016 年间就俄罗斯民众对不同国家的态度进行的多次民调数据。从表 1 可以看出，绝对多数的受访者对中国态度友好。2016 年的民调数据显示，对中国态度好的受访者占 78%，不好的占 11%，难以回答的占 12%。通过纵向对比 2000 年以来的多次民调结果发现，大多数受访者对中国总体上持有正面的、积极的态度，而且基本上比较稳定：65%—78%的受访者对中国的态度为"好"，8%—22%的受访者对中国的态度"不好"，8%—15%表示难以回答。

表1　您目前总体上对中国的态度如何？（%）

	2000.07	2003.07	2005.08	2007.11	2009.10	2011.02	2014.05	2016.03
好	76	76	65	67	76	68	77	78
不好	15	16	22	22	15	21	8	11
难以回答	10	8	12	12	9	12	15	12

数据来源：列瓦达分析中心，http：//www.levada.ru/indikatory/otnoshenie-k-stranam。

表1中最近两次问卷结果显示，有77%—78%的民众对中国持友好态度。这一方面与俄罗斯所处的国内国际环境，如乌克兰危机的爆发和欧美国家对俄罗斯的制裁有关，另一方面与中俄两国关系深入发展、两国人文合作不断加强，有着密不可分的联系。近年来，中俄人文合作不断开展，如2006年中国举办"俄罗斯年"，2007年俄罗斯举办"中国年"；2008年汶川地震后俄罗斯第一时间派出援救队赶赴灾区，时任俄罗斯总统梅德韦杰夫还邀请500名灾区儿童到俄罗斯参加夏令营活动；此后，两国还相继举办了"语言年""旅游年""媒体年""青年交流年"等系列活动。随着中俄两国各方面合作不断深入开展，特别是经贸和人文领域的合作大大增进了两国人民之间的相互理解和信任。因此，俄罗斯民众对中国的总体态度越来越好。

二、俄罗斯民众对中俄关系现状和前景的看法

全俄社会舆论研究中心（ВЦИОМ）于2014年10月18—19日就俄罗斯民众如何看待中俄关系及其前景进行了问卷调查，结果显示49%的受访者认为中国是俄罗斯的战略和经济伙伴，36%的受访者认为中国是友好的国家和盟友，只有8%的人认为中国是俄罗斯政治和经济的竞争者，而将中国视为"敌对的国家"和"可能的反对者"的只有1%，另有6%的人表示难以回答（见表2）。

此前，该中心分别在2005年、2007年和2009年进行过类似的问卷调查，通过对比几次调查结果，可以发现俄罗斯民众对中俄关系的态度发生了明显的变化。表2反映了不同时期俄罗斯民众对当前中俄关系的看法。纵向分析几次民调数据可以看出，认为中俄两国是友好和伙伴关系的受访者大幅度增加，从2005年的56%增加至2014年的85%；而认为中俄两国是竞争和敌对关系的受访者则明显减少，从2005年的28%降低到2014年9%；同时，难以回答的比例也从16%减少到6%。

表2　您认为，当今中国是俄罗斯的________？（限选一个答案）

	2005年	2007年	2009年	2014年
战略和经济伙伴	34	36	41	49
友好国家、盟友	22	27	19	36
经济和政治对手、竞争者	24	21	24	8
敌对国家、可能的反对者	4	4	4	1
难以回答	16	13	13	6

数据来源：全俄社会舆论研究中心，https：//wciom. ru/index. php？ id = 236&uid = 115042。

可见，绝大多数俄罗斯人对当前的中俄关系持肯定态度，那么他们又是如何看待两国关系的前景呢？该中心的民调结果显示（见表3），2014年认为21世纪中国将是俄罗斯的友好国家和盟友的受访者达到43%，是2005年和2009年的两倍；认为中国将是俄罗斯亲近的伙伴的受访者达到36%，比2005年和2009年多9—10个百分点；而认为中国将是俄罗斯"危险的邻居"和"敌人"的受访者从2005年的31%降低到10%；表示难以回答该问题的人数也减少了一半。

表3　您认为，21世纪中国将是俄罗斯的朋友还是敌人？（限选一个答案）

	2005年	2007年	2009年	2014年
友好的国家、盟友	22	28	20	43
亲近的伙伴	26	24	27	36

续表

	2005 年	2007 年	2009 年	2014 年
危险的邻居、对手	25	20	24	9
反对者、敌人	6	4	5	1
难以回答	21	23	24	11

数据来源：全俄社会舆论研究中心，https：//wciom. ru/index. php? id = 236&uid = 115042。

分析表 2 和表 3 的数字可以看出，2005 年到 2009 年的三次民调显示俄罗斯民众对中俄关系的态度基本保持稳定，变化并不明显，超过一半的受访者对当前的中俄关系持肯定态度（58%、63%、58%），一半左右的受访者对中俄关系前景乐观（48%、52%、47%）。然而，在 2014 年的问卷中对中俄关系的现状和前景持积极态度的受访者突然大幅增加，分别达到 85% 和 79%。是什么原因促成这一明显的变化呢？本文认为，近年来，中俄两国关系的持续稳定发展是其内在基础，而突然爆发的乌克兰危机则是其外部推动力。乌克兰危机爆发以后，俄罗斯与西方国家的政治和经贸关系持续降温，经济制裁更使俄罗斯经济雪上加霜。在这种情况下，俄罗斯不得不加快东部发展战略，而中国在乌克兰问题上坚持不干涉别国内政的一贯主张也符合俄罗斯的利益。因此，在乌克兰危机之后，两国在政治、经济、能源等领域的合作得到迅速发展。

从俄罗斯民调数据可以看出，俄罗斯人对中国在乌克兰危机中的立场表示关注。表 4 显示，超过半数的受访者认为中国支持俄罗斯（占 55%），约有 1/3 的受访者认为中国保持中立（占 34%），而认为中国支持西方的受访者仅占 2%，另外 8% 的受访者表示难以回答。

表 4　您认为，在由乌克兰引发的俄罗斯与西方的矛盾中，中国支持哪一方？（限选一个答案）

中国支持西方	2%
中国支持俄罗斯	55%

续表

中国不支持任何一方，保持中立	34%
难以回答	8%

数据来源：全俄社会舆论研究中心，https：//wciom. ru/index. php？ id = 236&uid = 115042。

以上数据表明，2014 年俄罗斯人对俄中关系现状和前景的态度发生明显改善与乌克兰危机有着密切联系，绝大多数受访者认为中国支持俄罗斯或者保持中立，不支持西方。乌克兰危机发生以后，美国和欧盟与俄罗斯在政治上的对抗和经济上的制裁使俄罗斯陷入越来越孤立的处境，因此，俄罗斯需要寻求西方以外大国的支持。大多数俄罗斯人认为，中国没有参与西方对俄罗斯的经济制裁，并坚持不干涉别国内政的一贯原则就是对俄罗斯的最大支持。为了对抗西方的制裁、摆脱孤立的处境，俄罗斯需要中国这一重要的战略和经济伙伴。俄塔斯社发表的报道中认为，乌克兰危机的爆发让俄罗斯和中国越走越近，“为俄罗斯打开了通往东方的窗口”①。

我们十分高兴地看到越来越多的俄罗斯民众对中国持有好感，毫无疑问，这种变化与中俄两国关系持续升温和我国努力塑造良好的国家形象有着密切的关系。同时也不能忽视，2014 年俄罗斯民众对中国态度大幅好转的一个重要原因是国际局势的变化，不能全面地反映俄罗斯人眼中的中国形象。因此，在俄罗斯民众中树立良好的中国形象仍然任重道远。不仅需要两国政府之间不断开展多方面合作，同时也离不开两国人民之间的民间交流。

三、俄罗斯民众对中俄经济合作的看法

从以上俄罗斯人对待中俄关系的问卷中可以看出，多数受访者对中俄经济合作十分关心：2014 年有 49% 的受访者认为中国是俄罗斯的战略和经济伙伴，8% 的人认为中国是俄罗斯政治和经济的竞争者

① 《乌克兰危机加速俄罗斯的东方战略》，http：//tass. ru/mezhdunarodnaya-panorama/2231876。

（见表2）。那么，俄罗斯人是如何看待中俄经济合作的呢？在中俄经济合作中哪一方获利更多呢？全俄社会舆论研究中心就这一问题也做过问卷调查。结果显示，2014 年有 22% 的受访者认为中国在两国经济合作中获利更多，10% 的受访者认为俄罗斯获利更多，而认为双赢的受访者达到 60%，另有 8% 表示难以回答（见表 5）。

表 5　您认为，在俄中经济合作中哪个国家获利更多？（限选一个答案）（%）

	2005 年	2007 年	2009 年	2014 年
中国	53	45	40	22
俄罗斯	8	6	7	10
双赢	25	35	37	60
难以回答	14	15	16	8

数据来源：全俄社会舆论研究中心，https：//wciom. ru/index. php？ id = 236&uid = 115042。

将表 5 提供的多次数据进行对比，可以看出，2014 年以前的很长一段时间，约有一半的受访者认为中国在两国经济合作中获利更多。2005 年至 2009 年，认为中国获利更多的比例呈现下降趋势，从 53% 下降到 40%；而认为中俄双赢的比例不断提高，从 25% 上升到 37%。这一数字在 2014 年发生显著的变化，认为中国获利更多的人数急剧下降，从 2009 年的 40% 降低到 2014 年的 22%；而认为中俄双赢的人数大幅度上升，从 2009 年的 37% 增加到 2014 年的 60%；表示难以回答的人数也减少了一半。

看来，乌克兰危机不仅推动了中俄两国高层密切开展经济合作，而且也在一定程度上改变了俄罗斯民众对中俄经济合作的认识：越来越多的俄罗斯人认识到，中俄经济合作会为两国带来双赢。毫无疑问，两国政府和民间团体为加强相互信任和理解做出了巨大的努力，同时，乌克兰危机作为外部推动力也促成了数字的迅速变化。

由于受到西方的经济制裁，俄罗斯经济受到很大影响，许多俄罗斯民众希望借助中俄经济合作摆脱负面影响。表 6 的问题是中国能否取代西方成为俄罗斯的经济伙伴。数据显示，24% 的受访者认为中国完全可以取代西方成为俄罗斯的经济伙伴，50%的受访者认为某种程度上可以取代，16%的人认为不能取代，10%的人表示难以回答。其中，受教育程度越高的受访者给出肯定回答的比例越高，其中78%受过高等教育的受访者认为中国完全可以或某种程度上可以取代西方，而支持这一观点的人在受过初等教育的受访者中仅占56%，另外表示难以回答这一问题的受访者中，受过初等教育的比例明显高于受过高等教育的人数（3倍多）。

表6　俄罗斯与西方的部分经济联系因相互制裁而中断。您认为，中国能够取代西方成为俄罗斯的经济伙伴吗？（限选一个答案）（%）

	全部受访者	受教育程度			
		初等和不完全中等教育	中等教育	中等职业教育	高等教育（不少于三年的高等教育）
完全可以	24	19	26	22	27
某种程度上可以	50	37	46	53	51
不能取代	16	21	19	14	15
难以回答	10	24	9	11	7

数据来源：全俄社会舆论研究中心，https://wciom.ru/index.php?id=236&uid=115042。

可见，受教育程度越高的人对中俄经济合作有着更加积极的认识，与受教育较少的民众相比，他们的知识面更广，对国内国际局势有更好的把握，或者他们与中国的联系更多，对中国有着更深入的了解。为了使更多的俄罗斯人对中俄经济合作和中国的国家形象产生积极的认识，需要不断增进两国人民之间的交流和相互理解，这就要求两国政府和人民为此付出更大的努力。

四、俄罗斯民众对"中国威胁论"的看法

通过以上表格可以看出，俄罗斯民众对中国和中俄关系总体上持正面的态度，然而，对中国持戒备和敌对心理的人数仍然不少。就当前的中俄关系，2005年到2009年的民调显示，有21%—24%

的受访者认为“存在竞争”，4%认为中国是“敌对的国家”（见表2）。与此同时，对21世纪中俄关系的前景，2005年到2009年有20%—25%的受访者认为中国是“危险的邻居和对手”，4%—6%的人认为中国是“敌人”。受访者对中俄关系的现状和前景的看法在2014年突然大幅下降，8%—9%的受访者认为中国是“竞争者或危险的国家”，1%认为是“敌人”（见表3）。

俄罗斯“社会舆论基金会”（Фонд общественных мнений）在2014年4月也做过中俄关系的问卷，其结果与全俄社会舆论研究中心相近，即绝对多数的俄罗斯人认为中国是对俄罗斯友好的国家。但是，仍有19%的受访者认为中国的强大会“威胁”到俄罗斯的利益（表7）。

表7　您认为，中国的强大会威胁到俄罗斯的利益吗？

	2006年3月	2007年2月	2009年10月	2014年4月
威胁	41	39	44	19
不威胁	36	37	39	57
难以回答	23	22	17	24

数据来源：俄罗斯“社会舆论基金会”，2014年4月6日的问卷，http：//fom. ru/Mir/11460。

将四次民调结果进行对比发现，2006年到2009年三次结果变化不大，持“中国威胁论”的受访者占40%左右；而2014年发生十分明显的变化，认为中国会“威胁”到俄罗斯利益的受访者从44%下降到19%，而认为“不构成威胁”的受访者从39%增加到57%。可见，2014年俄罗斯民众对“中国威胁”的担忧极大地减少了。如前所述，这种变化的内在因素在于两国关系的良性发展和两国人民之间交流的深入，而其外在推动力与乌克兰危机爆发后国际局势的变化密切相关。

此后，全俄社会舆论研究中心分别在2015年10月和2016年5月就中国对俄罗斯的“威胁”程度做过调查，2015年的结果显示

60%的受访者认为不构成威胁①；2016年56%的受访者认为不构成威胁②。通过对近十年民调数据的分析，我们发现，2006—2009年持“中国威胁论”的民众在39%—44%之间，略高于持反对意见的民众36%—39%，另有17%—24%的民众表示难以回答；2014年持“中国威胁论”的人数明显减少，只有19%，而57%的受访者认为中国对俄罗斯不构成威胁；但在2015年和2016年两次问卷中，虽然反对“中国威胁论”的人数仍然超过半数，占56%—60%，但是有超过30%的受访者认为中国在某种程度上对俄罗斯构成“威胁”。

以上数据可以看到，“中国威胁论”在俄罗斯民众当中还存在一定的影响。这无疑会影响俄罗斯人对中国国家形象的认知。因此，为了树立良好的国家形象，需要中国政府和人民共同努力，增进两国人民之间的交往和互相理解。我们要让世界看到，中国是热爱和平的国家，中国人民是勤劳善良的人民。

以上分析表明，近年来，俄罗斯民众对中国的总体态度、对中俄两国关系的现状和前景持积极的态度。然而，被西方鼓吹多年的“中国威胁论”仍然存在于一部分俄罗斯人的观念之中。是什么原因让“中国威胁论”始终没有从俄罗斯人的观念中消失呢？本文认为，除了国内国际政治因素之外，其深层的原因在于中俄两国历史文化的差异，在于俄罗斯人对中国和中国文化感到陌生和疏远。

五、俄罗斯民众对中国文化的态度

俄罗斯民众是否对中国和中国文化感到陌生和疏远呢？2015年4月俄罗斯“社会舆论基金会”就俄罗斯人对中国的兴趣做了问卷调查，包括以下问题：

---

① 全俄社会舆论研究中心，https://wciom.ru/zh/print_q.php?s_id=1043&q_id=72177&date=04.10.2015。

② 全俄社会舆论研究中心，https://wciom.ru/zh/print_q.php?s_id=1077&q_id=74757&date=15.05.2016。

问题 1. 您曾经看过有关中国的文章书籍或者电影电视节目吗?	
看过	47%
没看过	49%
难以回答	3%
问题 2. 您想不想去中国?	
想去	57%
不想去	39%
难以回答	5%
问题 3. 如果让您选择去一个国家，您会首选去中国还是某个欧洲国家?	
去中国	28%
去某个欧洲国家	49%
难以回答	23%
问题 4：您认为，中国人的文化、生活方式和价值观与俄罗斯人差别很大吗?	
差别很大	65%
差别不很大	17%
难以回答	18%
问题 5：比较而言，您更喜欢中国文化还是欧洲国家的文化?	
更喜欢中国文化	10%
更喜欢欧洲国家的文化	29%
两者同样喜欢	33%
两者都不喜欢	22%
难以回答	6%
问题 6：一些人认为总的来说俄罗斯在传统、文化和历史上更接近欧洲，另一些人认为更接近亚洲。您同意上述哪一种观点?	
更接近欧洲	55%
更接近亚洲	18%
难以回答	28%

数据来源：俄罗斯“社会舆论基金会”网站，http：//fom. ru/Mir/12150。

通过上述表格中的数据可以得出以下判断：

第一，俄罗斯民众对中国缺乏深入了解。问题 1 的结果表明，49% 的受访者没有看过有关中国的书籍文章或影视节目，暂不讨论这些书籍或节目的内容如何，至少表明许多俄罗斯民众对中国缺乏了解。因此，要想树立良好的中国形象，首要的任务是增进俄罗斯人对中国的了解，特别是中国和平发展的理念。为此，我们需要继续开展官方和民间的各方面交流，推广有关中国的俄文书籍，推出介绍中国的电影或电视节目，或者有针对性地制作能够体现中国国家形象的宣传片。

第二，俄罗斯民众更喜欢欧洲国家和欧洲文化。问题 2 显示有 57% 的受访者想去中国，但是让受访者在中国和某一个欧洲国家之间做出选择的时候（问题 3），只有 28% 的受访者选择去中国，接近半数（49%）的受访者选择去欧洲国家。可见，在中国和欧洲国家的比较中，俄罗斯人更喜欢欧洲国家。这不仅仅是因为欧洲国家的经济发达，更主要的原因是俄罗斯人更喜欢欧洲文化。问题 5 表明，29% 的受访者更喜欢欧洲文化，只有 10% 的人更喜欢中国文化，33% 两者同样喜欢，22% 两者都不喜欢。

第三，俄罗斯人认为其历史和文化传统更接近欧洲。从问题 5 看出，65% 的受访者认为中国人的文化、生活方式和价值观与俄罗斯差别很大。而问题 6 表明，55% 受访者认为俄罗斯在历史和文化传统上更接近欧洲，18% 认为更接近亚洲，28% 难以回答。这与该中心 1999 年的调查结果接近：45% 接近欧洲，16% 接近亚洲，38% 难以回答。

以上问题可以看出，即使在两国关系不断升温的今天，俄罗斯人对于中国和中国文化的了解仍然不多。其原因一方面在于俄罗斯与欧洲有着共同的文化起源和历史上的密切联系：公元 988 年，基辅罗斯大公弗拉基米尔正式接受基督教，并下令让全体罗斯人受洗，从此，罗斯进入基督教世界。另一方面在于中俄两国间的人文合作开展得还不够深入：上述问卷显示，有一半受访者没有看过与中国有关的书籍文章或者影视节目，而与之形成鲜明对照的是关于欧洲国家和欧洲文化的书籍和节目种类繁多。

小结

本文通过分析俄罗斯三大民调机构的问卷，考察了俄罗斯民众眼中的中国形象变化。结果显示，近年来，俄罗斯民众对中国的态度越来越好，持“中国威胁论”的人数不断减少，越来越多的人相信中俄经济合作会带来双赢的效果；与此同时，俄罗斯人对中国和中国文化的兴趣不断增长，特别是中国提出“一带一路”倡议和乌克兰危机之后，对中国持积极态度的受访者比例大幅度提升。然而，需要指出的是，仍然有许多俄罗斯人对今天的中国完全不了解或者知之甚少，2015 年的问卷显示约有一半的受访者表示没有看过与中国有关的书籍文章或者影视节目。

综上所述，进入 21 世纪以来，中俄两国关系保持健康稳定的发展，在短短十几年内就从睦邻友好伙伴关系提升到全面战略协作伙伴关系，各领域合作不断开展，两国在国际和地区事务中密切开展合作，为维持地区和世界和平与稳定做出了重要的贡献。毫无疑问，这是中国国家形象在俄罗斯呈现积极发展趋势的主要原因。此外，俄罗斯人对中国形象的认知也存在一定的偏差，其主要原因在于俄罗斯的历史文化传统，即俄罗斯与欧洲文化有着共同的渊源，而对中国文化感到陌生和疏远。因此，要建立良好的国家形象，不仅需要两国政府继续加大合作力度，更需要加强中俄两国的文化交流，不断增进两国人民之间的相互理解和信任，让俄罗斯人民看到中国人民热爱和平、热情友好的本质，看到中国是一个不谋求霸权地位的礼仪之邦、和平之邦，中国愿意与世界各国和平共处、共同繁荣。

杜金“新欧亚主义”及其发展评析*

荆宗杰

俄罗斯当代著名的地缘政治学家、国际“欧亚主义运动”领导人、当代俄罗斯“新欧亚主义”思想流派的创立者、前莫斯科大学社会学系保守主义研究中心主任亚历山大·格里耶维奇·杜金（1962年—）多年来一直通过各种方式宣传自己的“新欧亚主义”思想，虽然在俄罗斯对杜金评价褒贬不一，但杜金及其某些思想观点在俄罗斯思想界的影响不断增长。2014年乌克兰危机以来，一些西方媒体把普京的对外政策的急剧转变，看成是杜金的“新欧亚主义”对克里姆林宫的影响发挥了作用，认为正是杜金的激进意识形态“成为今天俄罗斯的对内对外政策的基础”。法国《新观察家》报把杜金称为“普京时代的拉斯普京”，土耳其媒体则称杜金为“俄罗斯的基辛格”。美国《国际事务》网站则称杜金为“普京的智囊”①。随着杜金“新欧亚主义”影响的不断增大，有必要对杜金“新欧亚主义”进行分析。

一、杜金“新欧亚主义”的产生

欧亚主义是最早产生于20世纪20年代俄罗斯国外侨民中的一种思想流派，该思想从地缘文明角度出发，认为俄罗斯文明既不同于西方，也不同于东方，而是一种独特的欧亚文明。希望俄罗斯走一条不同于西方资本主义道路，也不同于十月革命开辟的社会主义道路的独特的“欧亚主义”之路。由于欧亚主义坚持传统主义，具

---

* 作者简介：荆宗杰，男，大连外国语大学俄语学院讲师，研究方向为俄罗斯思想史、区域学。

① http：//www. foreignaffairs. com/articles/141080/anton-barbashin-and-hannah-thoburn/putins-brain. 2015 - 03 - 04.

有保守主义的某些特征，通常被归类于保守主义范畴。

苏联解体后，随着俄罗斯自由主义激进改革的受挫，苏共传统意识形态的被弃，俄罗斯社会需要一种能摆脱危机的新的意识形态，这种新的意识形态思想应该具有尊重传统价值和保持社会发展的渐进性和连续性，务实的渐进的改革方式，把现实与过去的历史之间的空隙逐渐缩小，以使广大俄罗斯民众适应时代的变化的特点。保守主义的价值主张正符合这些要求，于是保守主义逐渐被俄罗斯的统治精英所重视。从20世纪90年代中期开始，各种政党和政治人物纷纷在自己的竞选纲领中加入保守主义色彩的主张。正是在这种社会背景下，杜金作为“第三道路”方案的“新欧亚主义”思想产生了。

最初，杜金是在“保守主义革命”的思想框架下对古典欧亚主义进行介绍和宣传的。在杜金1991年发表的《保守主义革命》一文中，俄罗斯的古典欧亚主义就被杜金作为“保守主义革命”思想的一个流派加以介绍。随后几年里，杜金在俄罗斯的一些刊物上大力宣传德国魏玛共和国时期的“保守主义革命”思想，并结合当时苏联末期的社会现状，提出“第三条道路”的“新欧亚主义”思想主张。杜金的所谓“第三条道路”就是既不赞同苏联时期的共产主义思想，同时也反对西方自由主义思想，主张走一条介于两者之间的“第三条道路”——“保守主义革命”的道路。在杜金看来，“保守主义革命”既不是一味地追求恢复一切传统的保守主义，也不是左派意义上的革命，而是在认识到现代社会危机根源的基础上，进行反对激进的、恢复无危机的传统的一种革命。

杜金认为在20世纪20年代，作为“第三道路”的主要代表的“保守主义革命”思想在俄罗斯集中体现在欧亚主义思想上。杜金把欧亚主义称为“斯拉夫主义的未来派”，因为“他们把传统主义、甚至复古主义与满足人民渴望社会公平、非资本主义，甚至可能是社会主义发展道路的努力结合在一起”。古典欧亚主义的关于俄罗斯“既不是西方，也不是东方”的阐述，被杜金理解为是“保守主义革命”的“第三道路”在地缘政治主题上的体现。因此，正是俄罗斯的地缘政治特点和它的历史命运使“保守主义革命”有种亲俄罗斯的性质。所以说，杜金的“新欧亚主义”思想起初是以“保守主义革命”思想为基础，旨在为苏联解体后的俄罗斯寻找“第三道路”，并用其填补俄罗斯意识形态真空。

杜金最初是通过反共的欧洲“新右翼”思想了解“保守主义革命”思想的。杜金早在1983年就与欧洲右翼神秘主义者们有联系，开始痴迷于神秘主义，并鄙视西方的民主思想。自认为是右翼民族主义知识分子的杜金在1988—1989年间加入了具有右翼保守主义色彩的民族—爱国主义阵线“纪念”组织，并很快就进入了该组织的中央委员会，成为领导者之一。20世纪90年代初杜金在“保守主义革命”的“第三道路”立场上对自由主义激进改革持坚决反对态度。苏联的解体给俄罗斯人民造成巨大的冲击，这令杜金重新反思其“反共”立场，并开始与左翼阵营接近，从“右翼欧亚主义”转向“左翼欧亚主义”，他与俄共等左翼组织联合组成“红—褐色”反对派联盟。杜金曾声称“与左翼阵营实现思想结合的公分母就是欧亚主义范式”。1993年，他与作家爱德华·李蒙诺夫一起建立了民族—布尔什维克党。该党的指导思想就是“保守主义革命”思想，杜金则是该党的头号理论家。

与“苏联最后一个欧亚主义者”列夫·古米廖夫的欧亚主义思想相比，杜金的“新欧亚主义”并不是直接源自20世纪20年代俄罗斯海外侨民中产生的古典欧亚主义思想。杜金“新欧亚主义”的思想来源要复杂的多，主要包括传统主义、“保守主义革命”思想和古典欧亚主义思想。这些不同流派的思想都认为现代社会——西方自由主义正处于危机之中，只有用传统，特别是东方的传统才能拯救危机中的西方。对西方自由主义和民主制进行了深刻的批判。杜金的“新欧亚主义”就主张用传统主义思想来进行国家治理，比如，“思想统治”和“人民参与”。这些都是与自由主义的自由、民主价值观截然相反的国家管理理念。杜金就明确声称：“自由主义是‘思想统治’理念的反命题。”

总之，杜金“新欧亚主义”主要的几种思想来源的明显的共同点就是坚决地反对西方自由主义立场。杜金的“新欧亚主义”延续这些思想的反自由主义特性，同时还有明显的保守主义特点。

二、杜金“保守主义”——从“实践到哲学”的转变

随着俄罗斯社会逐渐趋向保守主义，杜金也脱离了激进的右翼民族主义党派，从叶利钦政府的反对派向中间立场转变。1998年，杜金成为时任俄罗斯国家杜马主席谢列兹奥夫的顾问，不久开始用“新欧亚主义”正式代替“民族—布尔什维主义”作为自己思想的新名称。特别是普京上台后，杜金实现了他自称的“新欧亚主义”从“哲学到政治”的转变。早在普京执政之初，杜金及其政治组织就宣称是“激进的中派立场”，全力支持普京，并称普京为“欧亚主义的总统”，力求推动“新欧亚主义”成为普京时代的俄罗斯“民族思想”。杜金也积极组建各种政治组织，从“‘欧亚’全俄社会政治运动”（2001年）到组建“欧亚党”（2002年），再到至今仍然存在的“国际欧亚主义运动”组织（2003年），以及“欧亚主义青年联盟”（2005年），这些不同时期的组织都是普京政府的积极支持者，杜金及其政治组织还与普京的政权党——统一俄罗斯党（简称“统俄党”）有着各种密切的联系。随着保守主义在俄罗斯社会中的声望不断提高，特别是统俄党2009年把“俄罗斯保守主义”列入党纲，一贯追求为当代俄罗斯社会填补政治意识形态真空的杜金开始强调其“新欧亚主义”的保守主义色彩。同时杜金还积极向俄罗斯主流思想学术界靠拢，2008年杜金被莫斯科大学社会学系聘为教授，2009年在莫斯科大学社会学系开设保守主义研究中心，杜金任该中心负责人，直至2014年7月被解聘。在莫斯科大学任教期间，杜金依然领导“国际欧亚主义运动”，但更多精力放了在他所热衷的保守主义理论体系的构建上，于是，杜金从一名边缘的社会政治活动家又转变为主流的社会政治思想学者，杜金的“第四政治理论”正是在这期间提出的。

“第四政治理论”的说法是杜金从法国“新右翼”哲学家阿兰·德·伯努瓦那里借用来的。伯努瓦在其著作《反对自由主义》一书中认为在20世纪存在自由主义、共产主义、法西斯主义三种源于西方现代社会思想的主要意识形态。第二次世界大战结束法西斯

主义失败了，1991年冷战结束，苏联解体，而伯努瓦认为自由主义也正在消失，因为“这三种意识形态都是源于现代性，当现代性转向后现代时，它们的消失也是必然的”，人类应寻求第四种意识形态。杜金以俄罗斯社会现实为基础，吸收伯努瓦的反自由主义思想，提出他的“第四政治理论”。杜金声称“第四政治理论”是“后自由主义的替代选择方案”：它应是“反对后现代”、反对“后工业社会”的、反对“实现自由主义的意图”的、反对“全球化和它的逻辑和技术基础”的理论。杜金认为应该首先从保守主义开始，也就是说他用“保守主义”作为“第四政治理论”。

杜金把当代保守主义分类三类：首先是“基础保守主义”（原教旨保守主义），又被杜金称作“传统主义”，这一思想流派的代表人物是法国传统主义者雷内·格农等人。传统主义者的观点主要是反对现代性和后现代主义，推崇传统社会价值观。其次是“自由—保守主义”，杜金又称之为“现状保守主义”，它的主要特点是“赞同现代性的普遍趋势，还赞同现代性的最前卫的表现形式”。第三种是“保守主义革命”，这是20世纪20年代前后德国魏玛时期的保守主义思想流派，代表人物是斯宾格勒、卡尔·施密特等，此种意识形态和政治哲学能够辩证地看待保守主义与现代性之间的关系，主张从保守主义立场出发，进行一场反自由主义的社会思想革命。

杜金在论述欧亚主义与保守主义的关系时，认为“欧亚主义属于保守主义意识形态范畴……对于欧亚主义者来说，在保守主义中只有自由—保守主义不能被接受的”。[①] 由此可见，杜金所说的作为替代自由主义的“第四政治理论”是反对自由主义的保守主义，这实质上就是杜金以往宣传的“新欧亚主义”。

三、杜金保守主义与统俄党的“俄罗斯保守主义”

在自由主义思潮因激进改革受挫而日渐式微，俄罗斯社会逐渐

① Дугин. А. Г, 《Четвёртая политическая теория》, Санкт-Петербург, Амфора, 2009. С. 98.

趋于保守主义的情况下，俄罗斯各政治势力开始用保守主义色彩的口号来包装自己，特别是各时期的政权党提出了各自的保守主义主张，形成所谓的“官方保守主义”。最典型的“官方保守主义”要属支持普京的统一俄罗斯党的保守主义纲领。统俄党的“俄罗斯保守主义”主张尊重传统价值、强国思想、社会取向的改革、中间政治路线，这与杜金的保守主义也就是“新欧亚主义”思想十分接近。但统俄党的保守主义并未真正形成统一的意识形态立场，在2005年前后，统俄党内部形成了以安德烈·伊萨耶夫为首的“社会保守主义”和以弗·普利金为代表的“自由保守主义”党内辩论俱乐部。“社会保守主义”派别强调传统价值观和社会国家，以及强国战略，但也不排斥自由主义思想，具有社会民主主义的中派色彩；而“自由保守主义”则更倾向自由主义价值，强调公民个人权利，但反对激进的社会变革方式。

统俄党的“俄罗斯保守主义”是一个包含了自由主义和保守主义等多种意识形态的开放性的思想纲领，它最明显的特征是为了实现俄罗斯发展战略采取的实用主义。政权党的性质决定了统俄党本身也没有固定统一的政治纲领的政党，它的指导思想基本上是在对普京、梅德韦杰夫等人思想的解读基础上形成的，该党的作用主要是为了帮助普京政府获得竞选的胜利以及确保议会多数顺利施政。而普京本人也曾多次声称自己是“自由主义者”，但时而又称自己是“保守主义者”，这种看似矛盾实则实用主义的表态，决定了统俄党的“俄罗斯保守主义”注定也是“实用主义”[①] 的。虽然当代俄罗斯社会日趋保守主义，但俄罗斯的基本政治制度未变，其政治发展趋势只是从叶利钦时期的激进，逐渐向普京的稳健风格转变。普京奉行实用和中庸的政治路线，时而宣称要遵守人类普世的文明价值，时而表明要提倡爱国主义和尊重民族传统，恢复俄罗斯的强国地位；这种保守主义与自由主义相互夹杂的实用主义更合乎俄罗斯当前社会现实的需要。

总之，统俄党的“俄罗斯保守主义”具有明显的“中派主

---

① 《冯绍雷谈普京和俄国政治》，http：//www.guancha.cn/feng-shao-lei/2014_03_06_211481_2.shtml，2014年10月21日。

义”——实用主义特点，其性质被杜金称作是保存现状的“自由—保守主义”。虽然“俄罗斯保守主义”与杜金的“保守主义”在部分政治理念上相似或相同，但总的来看两者是存在本质区别的。

结语

杜金几十年来不断发展自己的“新欧亚主义”思想，如今用保守主义充当自由主义、共产主义和民族主义意识形态之后的“第四政治理论”，实质依然是他以往的“新欧亚主义”思想，该思想包含传统主义、“保守主义革命”思想和古典欧亚主义等思想成分。

随着俄罗斯社会趋向保守主义，杜金从反对派走向了中间立场，杜金坚信普京最终将走向欧亚主义道路，他不断通过各种方式宣传自己的“新欧亚主义”思想，希望能够影响普京的执政路线。从思想的性质来看，杜金的“新欧亚主义”无论是在哲学思想上还是政治现实纲领中都具有明显反对西方自由主义的特征。当前俄罗斯政府虽然已经抛弃自由主义激进改革，明确提出保守主义的发展理念，但无论是叶利钦时期，还是普京时期，俄罗斯社会的本质上依然是西方自由主义性质的，这与杜金的“新欧亚主义”存在着本质的不同。杜金的“新欧亚主义”不可能成为普京时期的“俄罗斯思想”。

参考文献

［1］Дугин. А. Г, 《Консервативная революция》, М.: Арктогея. 1994.

［2］Михаил Диунов: *Русский кочевник* // “Русский журнал”, май, 2008.

［3］Дугин. А. Г, “Основы Евразийства”, М,: “Арготеря-Центр”, 2002.

“一带一路”建设背景下中国国家形象塑造话语建构*

王楠楠

中国国家形象塑造的一个重要手段是通过传播方式，让国内及国外公众了解并熟知中国国家政策方针、中国经济发展、文化底蕴等，从而随着时间的推移，中国国家形象通过公众的解读与认识逐渐扎根于心。在国际交往中，语言是交流的基础。语言本身是一个国家软权力的重要组成部分，以语言为媒介产生的话语具有建构功能，话语将影响其他国家对它的了解和认识，决定它在世界上的位置。因此合理提出国家政策方针对中国国家形象塑造具有重要意义。“一带一路”合作发展理念和倡议的提出为中国塑造良好的大国形象打下了坚实的基础，并增强了中国在国际上的话语权。

一、多学科视角下的国家形象研究

管文虎教授在《国家形象论》中剖析了国家形象的概念：“国家形象是一个综合体，它是国家的外部公众和内部公众对国家本身、国家行为和国际各项活动及其成果所给予的总的认识和评定。”（管文虎，1999：23）这一界定被学界引用多次，颇具影响力。国家形象是国家力量和民族精神的表现和象征，是主权国家最重要的无形资产，是综合国力的集中体现。国家形象作为一个心理学概念被引入学术研究领域，是着眼于认知领域的一个核心概念，它突出的是一个国家（包括公众）对另一个国家政治、经济、社会、文化

* 作者简介：王楠楠，女，大连外国语大学上海合作组织大学中方校长办公室干事，大连外国语大学东北亚研究中心博士生，研究方向为国际政治语言学。

基金项目：本文为大连外国语大学研究生创新立项“中俄关系在中俄大众传媒话语中的建构研究”（YJSCX2016－130）的阶段性成果。

等方面状况的认知和评价，是一个强调主体价值标准的判断。对于像中国一样正在崛起中的国家，优化国家形象，争取国际对本国实力增长后的信任和理解，这是正在崛起的国家必须进行的重要工作。同时，国家形象综合了政治学和国际关系的概念，伴随着全球化的到来，国与国之间交往不断密切，国家形象作为一个概念逐渐凸显。美国政治学家肯尼斯·博尔丁作为国家形象研究的奠基人认为，国家形象是一个国家对自己的认知以及国际体系中其他行为体对它的认知的结合；它是一系列信息输入和输出产生的结果，是一个结构十分明确的信息资本。肯尼斯·博尔丁率先从国家空间、国家实力和国家意愿三重维度对国家形象进行考量，论述了国家形象和国家体系的关系，并由此奠定了国家形象研究的基础。（陈薇，2014）此后，学者从各自的学科领域出发，对国家形象进行深入研究。

政治学领域的国家形象研究结合现实主义和建构主义理论。摩根索在《国家间政治》中提及的"威望政策"奠定了西方国家形象研究的现实主义路线。现实主义流派将国家形象看作国家利益的范畴，作为一种无形的"政治武器"为国家"寻求权力、保持权力和展示权力"。（余红、王琨，2014：167－172）建构主义流派认为国家之间的关系是被建构的，国家身份的定位与认同是社会互动的结果，因此，人们对于国家的形象建构，通过整合外部信息，在交流与认同中赋予其意义。建构主义理论通过考察国家在国际社会中的关系和互动来理解国家利益和行为，为国家形象的塑造提供理论依据。

现代心理学认知理论认为，对外界事物的认知是认知主体对外来信息进行接收、编码、储存、提取和利用的过程。国家形象是一种认知和话语的建构，国家形象的本质在于国内外公众对目标国家的总体印象、态度和评价。国家形象的形成包括认知、情感和行为三部分。认知涉及国家的外在形象，情感代表国家在人们脑海中的刻板印象，认知和情感共同构成行为的依据。

传播学领域注重国家形象传播的研究，既包含了对认知对象国的国家实力和国家意愿的综合考虑，也受到认知环境、媒介再现和目标受众等要素的综合影响。传播学者运用框架理论、议程设置理论、符码理论等理论工具对国家形象的他者塑造进行理论分析，专注媒介国家形象的研究，综合考虑历史文化社会等因素，形成完整、多元和客观的国家形象认知。

不同学科对国家形象的研究侧重点不同，政治学侧重从国家利益、国家互动和国际关系的角度研究国家形象，社会心理学注重国家形象的认知和评价分析，传播学尤其关注国家形象塑造过程中的传播机制，学科与学科之间存在理论上的交叉应用，国家形象研究的理论视角是动态发展的，其多学科性和跨学科性为国家形象的研究提供新的途径。本文立足于分析国家形象的国际传播，综合多学科理论对国家形象进行跨学科研究，借助话语分析法探究全球媒介事件背景下俄罗斯媒体对中国国家形象认知的话语建构。

二、语言、文化及意识形态的话语分析

话语是一系列的社会文化符号，以各种语言形式为基本载体，话语符号一旦确定，也意味着权力的形成，社会便有了各种规则和秩序，所以说，人类社会创造了话语符号，话语符号也影响了人类社会。"人类的一切认识都是通过话语获得，任何脱离话语的事物是不存在的。人与世界的关系是一种话语关系。"（王治河，1999：159）话语分析是"一门从语言学、文学理论、人类学、符号学、社会学、心理学以及言语传播学等人文科学和社会科学发展起来的交叉学科"。（梵·迪克，2004：18）

自哲学中出现了语言学转向，索绪尔创立了结构主义语言学，符号学得到发展，人们开始重视话语研究对人类社会的重要性。早期的话语分析主要运用结构主义方法来描述语言现象。20 世纪 50 年代中期，乔姆斯基创建了"转化生成语法"，向结构主义语言学发起了挑战。由韩礼德创建的"系统功能语法"将语义作为语言研究的中心，打破了结构主义语言学对形式的偏好。该学派重点关注语言的意义，认为交流的目的是意义的传递，这些观点成为语言学话语分析的重要理论来源。语言学话语分析从研究抽象的语言体系转向语言使用。60 年代，社会语言学的出现标志着话语分析转向社会学研究。

随着人文社会科学的发展，60年代美国人类学家和语言学家海姆斯（转自王德杏，1998：100）首先提出话语文化学，他注意到作为语言的基本体现和文化组织的重要因素的言语行为，将话语文化学定义为"是关于作为一种活动的话语的情景与使用、模式与功能"的学科。海姆斯提出的话语文化学是对语言使用研究的重大贡献。他提出的分析和描述言语社区的话语模式的范畴为话语分析提供了一种基本理论框架。语言是社会活动的基础，是文化、社会全体和社会机构中人类关系的基础，对语言的理解不能停留在形式与符号层面，对于"使用中的语言"话语尤其如此。话语的社会学转向将意义从文本中解放出来，注重意义的社会性、建构性、历史性、语境性以及解释性。

20世纪70年代，以罗杰·福勒和巩特尔·克莱斯等为代表的西方语言学家创建了批评性话语分析法，为了明确地说明语言与意识形态之间的密切关系，福勒等（1979）将话语界定为"符号化于语言中的意识形态"。80年代，费尔克拉夫力图说明语言与社会变迁的紧密联系。根据批评性话语分析理论，话语的生成和理解是话语与语境相互作用的结果，因此话语是由社会因素决定的，同时作用于社会。话语蕴含有文本现象而不单指纯文本，含有概念性因素而不等同于概念，它包括人的活动、语言的活动及姿势性动作，有着社会斗争和意识形态的意义指向。（金德万、黄南珊，2006：53－57）在批评性话语分析视野下，媒体中的报道就是不同的具体话语，通过描述世界、生产报道作者预期的意义和知识。批评性话语分析把媒体看作一种社会和话语机制，主要通过语言方式来调节组织社会生活以及社会知识、价值、观念和信念的生产。（张昆，2015：242）

三、"一带一路"合作发展理念的提出有益于良好国家形象的塑造

改革开放以来，中国经济快速增长，综合国力显著提升，然而中国的国际话语权并没有得到相应提升。随着中国全面融入现有国际体系，对话与合作取代对立与对抗，成为中国与西方关系的基

调，但这也并不意味着中国与西方享有平等的话语权。国家政策是国际话语权发挥作用的重要基础。一国制定与实施的合理合法、互惠有效的内外政策，对于提升该国的国际话语权的效果最易显现，也是国家谋求国际话语权较容易有所作为的领域。所以，中国在大量引进西方话语的同时，也应具有创建"自己的话语"的意识和能力，并输出自己原创而富有影响力的概念和话语，避免在国际话语权竞争中陷入"人云亦云"的尴尬局面。

"一带一路"合作发展理念是依靠中国与有关国家已有的双多边机制及区域合作平台，借用古代丝绸之路的历史符号，主动发展与沿线国家的经济合作伙伴关系，共同打造政治互信、经济融合、文化包容的利益、命运、责任共同体。其充分考虑中国和其他国家间的语言和文化差异，表述易于被其他国家理解，避免了由于语言、文化差异而产生的话语意义缺失和理解差异，从而切实地提升了中国国际话语权并树立了良好的负责任大国形象。

中华文化是世界主流文化之一，不仅对东亚地区的国家拥有巨大的感召力，对十七八世纪的西方文明也产生过重要影响。历史上，西方对古代中国形象的美化和认同，主要建立在对中国传统文化的欣赏和向往之上。因此，发掘中国传统文化精髓，积极推动传统文化的现代化，从中提炼出具有普遍意义的价值观念，在国际社会推而广之，对于提升中国的国际话语权、塑造良好国家形象具有积极作用。丝绸之路是起始于古代中国，连接亚洲、非洲和欧洲的古代陆上商业贸易路线，最初的作用是运输中国古代出产的丝绸、瓷器等商品，后来成为东方与西方之间在经济、政治、文化等诸多方面进行交流的主要道路。千百年来，在这条古老的丝绸之路上，各国人民共同谱写出千古传诵的友好篇章。随着时代发展，丝绸之路成为古代中国与西方所有政治经济文化往来通道的统称。因此借用古代丝绸之路提出"一带一路"合作发展理念，在传递中国传统文化的同时，巧妙地与中国国家政策方针融会贯通，让世界更清楚明晰中国和平发展路线并快速接受中国所提出的外交新概念。

四、针对国际社会对“一带一路”消极评价提出合理化建议

尽管沿线国家对中国“一带一路”倡议表现出了积极参与的愿望，但随着具体项目上的持续推进，“一带一路”倡议也招致了国外媒体和学界的质疑。

基于一些消极因素，在对外传播时，我们应根据变化的世界格局及中国目前所处的国际舆论环境，对已有的传播理念、方式、策略进行适时转向。

弱化“崛起”理念，强化“共享”理念。在最近十几年里，“和平崛起”一直是中国在国际上表述自我身份的重要叙事框架。应该说，这种表述改善了中国一直以来所处的“沉默的他者”的话语处境。但同时，这种表述也以一种抗争性的崛起成为西方世界所恐惧的“强大他者”。尤其是金融危机后中国经济依然坚挺的现状，让西方国家的衰退感和对世界霸主地位的焦虑感进一步扩大。因此，在这种语境下，我们应该摈弃既有的宣传思路，尽可能地弱化“崛起”理念，强化“共享”理念，尽可能少使用“桥头堡”“西进”等概念，多使用“倡议”“经济合作”“文化交流”等软性词汇。可通过多种渠道加强对美国政界、学界、商界等公共外交，强调“一带一路”是“经贸之路、和平之路”，所倡议的是合作性、开放性、非排他性和互利共赢性，淡化零和博弈及对抗色彩，让世界知道中国的发展是一种正能量，对世界各国来说将是长期的利好消息。

弱化政治色彩，强化文化吸引。美国著名学者约瑟夫·奈在他的软权力理论中谈到，把思想文化渗透作为一个国家重要的精神力量加以利用，可以达到“不战而屈人之兵”的目的。换言之，“润物细无声”的文化传播才是对外传播的最高境界。反观国际舆论对“一带一路”倡议的报道，我们发现，“‘一带一路’所潜在具有的文化功能被人为地割裂与剥夺，沦为一个硬梆梆的带有强烈社会意识形态的工具，阻碍了它在全球的传播认同度。”丝绸之路本身是一个“文化符号”，理应在对外传播时摆脱“唯政治论”的态度。

一方面，我们可加强各种形式的文化对话，不断挖掘并发现中西文化中的共通之处，强调“世界文明”的共生理论，扩大中国与沿线各国的共识，并在人类的共有价值上争取他们更多的情感共鸣。另一方面，我们可在与其他国家共同的体验中寻找和探索“一带一路”的文化传播形态、挖掘历史上的“丝路故事”和“丝路人物”，通过讲好中国故事，传播中国声音，提升中国话语权。

弱化同一传播，强化差异传播。“一带一路”沿线65个国家，44亿人，不同民族、不同宗教信仰、不同意识形态、不同利益需求，决定了此次传播的复杂性、综合性。为此，在“一带一路”对外传播上，我们应摒弃原有笼统的态度，尽可能实现差异化传播、精准化传播。对于美国、俄罗斯等大国，我们重点应放在增信释疑工作上。要在加强联系和对话中，多强调中国没有与其他大国“一争高下”的意愿，化解其对世界“领导”地位的担忧；多强调中美在“一带一路”建设中的合作潜力，以及中俄在中亚合作的协调性和非竞争性，并欢迎美、俄参与“一带一路”建设的务实合作项目。对于日本、印度等相邻国家，重点应放在化解敌视工作上。在交往发展中，发挥地缘优势，加强民间交流对话，增强邻国民众对中国的好感度，注重话语传播的艺术性，加强中国媒体在邻国的影响力，化解“中国威胁论”在亚洲的西方话语霸权。对于沿线国家特别是中小国家，重点应放在平等合作工作上。要在沟通协调基础上，多倾听和考虑相关国家的利益和诉求，多开展涉及医疗、教育、文化等惠及普通民众的实事，以实际行动降低“中国掠夺论”等西方论调的舆论基础。对于沿线那些存在争端的国家，重点应放在妥善处理敏感问题上。要在进一步推进过程中，多强调共建共享、合作共赢，增强中国与东盟国家的相互信任，增进各方对“一带一路”的规划和一些具体项目的了解，拉近双方民心，从而减少“一带一路”建设障碍。

参考文献

[1] R. Fowler B. Hodge G. Kress T. Trew. 1979. Language and Control [M]. London: Routledge and Kegan Paul.

[2] 梵·迪克著，曾庆香译：《作为话语的新闻》，华夏出版

社，2004 年版。

[3] 管文虎：《国家形象论》，电子科技大学出版社，1999 年版。

[4] 王德杏：《英语话语分析与跨文化交际》，北京语言文化大学出版社，1998 年版。

[5] 王治河：《福柯》，湖南教育出版社，1999 年版。

[6] 钟馨：《东方“他者”——〈泰晤士报〉描述中国的宏观语义 2001—2010》，张琨：《跨文化传播与国家形象建构》，武汉大学出版社，2015 年版。

[7] 陈薇：《媒介化社会的认知影像——国家形象研究的理论探析》，《新闻界》，2014 年第 16 期，第 34—38 页。

[8] 匡文波、任天浩：《国家形象分析的理论模型研究：基于文化、利益、媒体三重透镜偏曲下的影像投射》，《国际新闻界》，2013 年第 2 期，第 92—101 页。

[9] 罗以澄、叶晓华、付玲：《〈人民日报〉（1997—2006 年）镜像下的美国国家形象》，《新闻与传播评论》，2007 年第 Z1 期，第 91—103 页。

[10] 李少军：《论中国双重身份的困境与应对》，《世界经济与政治》，2012 年第 4 期，第 4—20 页。

[11] 余红、王琨：《国家形象概念辨析》，《中州学刊》，2014 年第 1 期，第 167—172 页。

[12] 金德万、黄南珊：《西方当代“话语”原论》，《西北师大学报》，2006 年第 43（5）期，第 53—57 页。

[13] 辛斌：《批评话语分析中的认知话语分析》，《外语与外语教学》，2012 年第 265（4）期，第 1—5 页。

图书在版编目（CIP）数据

“一带一路”背景下的欧亚人文交流研究/孙玉华主编．—北京：时事出版社，2018. 12

ISBN 978-7-5195-0266-9

Ⅰ．①一…　Ⅱ．①孙…　Ⅲ．①文化交流—欧洲、亚洲—文集
Ⅳ．①G150. 5－53②G130. 5－53

中国版本图书馆 CIP 数据核字（2018）第 233682 号

出版发行：时事出版社
地　　址：北京市海淀区万寿寺甲 2 号
邮　　编：100081
发行热线：（010）88547590　88547591
读者服务部：（010）88547595
传　　真：（010）88547592
电子邮箱：shishichubanshe@ sina. com
网　　址：www. shishishe. com
印　　刷：北京旺都印务有限公司

开本：787×1092　1/16　印张：15. 25　字数：250 千字
2018 年 12 月第 1 版　2018 年 12 月第 1 次印刷
定价：108. 00 元